안재홍 언론사상 심층연구

안재홍 언론사상 심층연구

초판 1쇄 발행 2013년 12월 30일

편   자 I 민세안재홍선생기념사업회
발행인 I 윤관백
발행처 I 

편   집 I 심상보
표   지 I 박애리
영   업 I 이주하

등   록 I 제5-77호(1998.11.4)
주   소 I 서울시 마포구 마포동 324-1 곳마루 B/D 1층
전   화 I 02)718-6252 / 6257팩스 I 02)718-6253
E-mail I sunin72@chol.com
Homepage I suninpub.co.kr

정가   19,000원
ISBN   978-89-5933-496-4 (세트)
       978-89-5933-680-7   94900

·잘못된 책은 바꿔 드립니다.

※이 책은 평택시의 후원으로 제작하였습니다.

민세학술연구총서 003

안재홍 언론사상 심층연구

민세안재홍선생기념사업회 편

선인

차례 | 안재홍 언론사상 심층연구

일제강점기 언론사연구와
안재홍의 「조선신문소사(朝鮮新聞小史)」

김영희

일제강점기 언론사연구와 안재홍의 「조선신문소사(朝鮮新聞小史)」

1. 머리말

　우리나라 최초의 근대 신문이 출현한 구한말의 언론인들 대부분은 당대의 대표적인 개신유학자들이었다. 이들은 언론활동을 경세(經世), 즉 사회현실의 개혁을 주장하는 정책론의 일종이며, 사학의 근대적 변형으로 인식하여 언론활동을 전개했다.[1] 구한말의 언론인들은 나라의 근대적인 개혁과 자주독립을 당시의 절박한 시대적 과제로 인식했다.[2] 이들은 이와 같은 시대 과제 해결을 위해서는 무엇보다 민중을 계몽하여 개화개혁으로 나아가야한다고 보고, 일종의 사회운동의 수단으로 신문을 발행한 것이다. 이런 활동으로 초기 언론인의 지사주의적 전통이 형성되었다고 평가된다.[3] 안재홍은 일제강점기와 미군정기에 신문사의 논설위원, 부사장, 사장 등으로 언론현장에서 활동한 언론인이면서, 대표적인 비타협적 민족주의 운동가로서 신간회운동

---

[1] 천관우(1967), 「장지연과 그 사상」, 『백산학보』 3호. 506쪽; 김영희(1994), 「생성기 한국 근대언론사상의 형성」, 『언론학보』 14집, 한양대 언론문화연구소, 96~99쪽.

[2] 채백(2006), 『독립신문 연구』, 서울: 한나래 참조.

[3] 박용규(2004), 「안재홍의 언론활동과 언론관」, 『민주사회와 정책연구』 6호, 214쪽.

등 사회운동에 참여하는 한편, 자신의 전문을 역사라고 밝힐 정도로 역사에 특히 관심을 가져,[4] 역사관련 논저를 다수 집필한 역사학자였다. 이 시기 안재홍은 민족운동을 위한 수단으로서 언론의 역할을 강조하고, 신문기자는 일개 지식직공(知識職工) 이상의 지도자적 혹은 국사(國士)적 기풍을 지녀야 한다고 인식했다.[5] 이런 점에서 안재홍은 구한말 이래의 지사주의적 전통을 이어받은 대표적인 언론인 유형이라고 할 수 있다.

안재홍은 『조선일보』에 1924년 9월부터 1932년 그만둘 때까지 사설 약 980편, 석간의 시평 약 470편을 썼다고 한다.[6] 이밖에도 사론이나 기행문 등을 기명으로 많이 연재했다. 매우 활발하게 글을 쓴 논객형 언론인이이라고 할 수 있었다. 그런 언론인 안재홍은 신문사 연구에서도 주목되는 글들을 남겼다. 그는 신문역사를 다루며 우리나라에서 처음으로 사(史)자가 붙은 글인 「조선신문사론」을 1927년 1월 5일부터 3회에 걸쳐 『조선일보』에 연재했다. 이어 그는 그 내용을 보완해 1935년 7월 6일에서 7월 27일까지 『조선일보』에 「조선신문소사」를 17회 연재했다. 또한 1935년 9월 언론 전문잡지 『쩌날리즘』 창간호에 「新聞史草 오십년간의 회고(1)」라는 글을 발표했다.

안재홍이 1927년 기고한 「조선신문사론」은 1927년 조선총독부가 발행한 조사자료집 21집의 서론 언론기관의 사상과 추이(言論機關と思想の 推移)에 일본어로 번역해 수록되었다.[7] 이 글은 또한 1928년 9월 창간된 『新聞春秋』

---

4) 안재홍(1949), 髑髏哲學의 사도로 되었다. 『삼천리』 2호, 『民世安在鴻選集』(1999), 100~101쪽. 안재홍선집간행위원회가 펴낸 『民世安在鴻選集』에 수록된 글은 이하에서 발표했던 년도를 먼저 밝히고, 『선집 5』와 같은 형식으로 줄여 그 쪽수를 표기하기로 한다. 「조선신문소사」의 경우는 선집 쪽수만 표기한다.

5) 안재홍(1930), 「기자도덕에 관하여」, 『철필』 창간호. 『선집 4』, 322~323쪽.

6) 천관우 해제(1978), 『선집 4』, 398쪽.

7) 朝鮮總督府 官房文書課(1927), 『朝鮮の言論と世相』 調査資料 21輯, 朝鮮總督府, 1~21쪽.

에 제1회분이 수록되기도 했다. 1935년 집필한 「조선신문소사」는 해방 이후 1947년 4월 창간된 언론 전문잡지『신문평론』제1호에서 5호까지 5회로 나누어 재수록되었다. 이와 같이 한국 신문의 역사를 주제로 한 안재홍 글이 번역되고 재수록되었다는 것은 그의 글들이 당시에도 상당한 평가를 받았다는 것을 말해준다고 생각된다.

안재홍에 대해서는 1980년대 이후 연구가 본격화되어 그의 정치사회사상과 역사 연구를 주제로 한 연구들이 꾸준히 수행되어왔다.[8] 이런 연구들을 통해 정치사상가이며 역사연구자인 안재홍에 대해 여러 측면에서 이해가 깊어지고 있다고 생각된다. 언론인으로서의 안재홍의 활동이나 그의 언론관과 언론인식에 대해서는, 언론인으로서의 그의 활동과 영향력에 비해 연구가 상당히 늦어져 2000년대 이후 본격 조명되기 시작했다.[9] 한편 한국언론사의 연구동향을 살펴보는 대부분의 논의에서 그의 「조선신문사론」과 「조선신문소사」를 일제강점기의 대표적인 언론사 연구 성과로 설명하고 있다.[10] 특히

---

8) 한영우(1994),『한국 민족주의 역사학』, 일조각; 김수태(2003), 「안재홍의 신민족주의와 사회사 연구」,『한국근현대사연구』제24집, 91~118; 정윤재외 4인(2002),『민족에서 세계로-민세 안재홍의 신민족주의론』, 서울: 봉명; 정윤재외 3인(2005),『민세 안재홍 심층연구』, 한국학중앙연구원 편, 서울: 황금알.; 김인식(2011), 「민세주의와 민세학의 정립을 제안하며」, 민세안재홍선생기념사업회,『안재홍의 항일과 건국사상』, 서울: 백산서당; 류시현(2011), 「1930년대 안재홍의 '조선학운동'과 민족사 서술」,『아시아문화연구』제22집, 경원대학교 아시아문화연구소, 25~52 등 참조.

9) 조맹기(2002), 「안재홍의 신민족주의 언론사상」, 정윤재외 4인,『민족에서 세계로-민세 안재홍의 신민족주의론』(161~198), 서울: 봉명; 박용규(2004), 「안재홍의 언론활동과 언론관」,『민주사회와 정책연구』6호, 210~235; 정진석(2008), 「안재홍, 언론구국의 국사」,『한국사 시민강좌』43집, 348~361, 일조각; 박용규(2012), 「광복이후 안재홍의 언론관과 언론활동」, 제6회 민세학술대회 발표논문집,『언론구국(言論舊國)의 국사(國士) 안재홍』, (사)민세안재홍선생기념사업회·한국언론학회, 28~42; 안종묵(2012), 위의 논문집, 1~27; 윤상길(2012), 「민세 안재홍 집필 신문기사 및 논설에 대한 내용분석」 :「선집」수록 기사를 중심으로, 위의 논문집, 43~57 등 참조.

10) 정진석(1983),『한국언론사 연구』, 서울: 일조각, 412~413쪽; 이광재(1990), 「언론사연구

「조선신문소사」는 "신문사를 신문 자체의 발달로서만 살피려 들지 않고, 정치정세와 시대상이라는 넓은 시야에서 파악하려 했는데, 이는 그 후의 언론사 연구의 방향을 제시"한 것으로 평가되고 있다.[11] 일제시기 언론연구 동향을 개관한 연구에서도, 언론사에 관한 대표적인 연구 성과들을 소개하면서 안재홍의 조선신문소사가 초기 언론사 연구물로서 가치가 높다고 평가했다.[12]

그러나 안재홍의 신문사 연구를 독립된 주제로 고찰한 연구는 아직 없는 형편이다. 이에 따라 안재홍이 한국신문사 가운데 어떤 주제에 주목하여 어떤 시각과 방법으로 설명하고 있는지에 대해 구체적으로 알려진 것이 별로 없다. 어떤 이유로 그의 글이 그 후의 언론사 연구의 방향을 제시했다고 평가되는 것일까? 실제 안재홍의 글은 현대 한국언론사 연구에 어떤 영향을 미쳤는가? 이 연구는 이런 문제들에 주목하여 안재홍의 「조선신문소사」를 한국언론사의 연구사적 시각으로 고찰하려는 것이다. 구체적으로 이 글은 먼저 일제강점기 언론사를 주제로 한 주요 논의들 가운데 안재홍의 연구가 갖는 의의는 무엇인지 살펴보고자 한다. 다음으로 안재홍의 「조선신문소사」의 연구시각과 접근방법이 무엇인지 살펴보고, 안재홍의 한국신문사 시기구분 문제를 검토할 것이다. 또한 안재홍은 연구 대상 시기의 신문현상을 어떻게 설명하고 해석, 평가하고 있는지 고찰할 것이다. 이를 바탕으로 안재홍의 접근방법과 해석은 현대 언론사 연구와 어떤 관련이 있는지, 안재홍의 언론사

의 회고와 전망」, 한국언론학회 (편), 『한국언론학 연구 30년: 성찰과 전망』, 195~238쪽; 김민환(2002), 『한국언론사』 개정판, 서울: 나남출판. 25~26쪽; 김영희(2009b), 「한국의 언론사 연구 50년 : 성찰과 과제」, 한국언론학회 50년사편찬위원회 편, 『한국언론학회 50년사』, 361쪽 등 참조.

11) 정진석(1983), 위의 책, 412쪽.

12) 이민주·양승목(2006), 「일제시기 언론연구의 위상과 동향」, 『한국언론학보』 50-6호, 17~18쪽.

연구의 연구사적 의의는 무엇인지 논의할 것이다. 이 글은 이러한 문제들에 대해 관련 자료를 분석, 검토하여 비판적으로 해석하는 문헌 연구방법으로 고찰하고자 한다.

2. 일제강점기 언론사 관련 주요 논의

〈표 1〉은 일제강점기에 이루어진 언론의 역사에 관한 주요 논의들을 국사편찬위원회 역사정보통합시스템(http://www.koreanhistory.or.kr/), 일제강점기 잡지 영인본들, 국립중앙도서관 디지털자료 등을 조사하여 정리한 것이다. 1910년대부터 비교적 꾸준하게 언론의 역사를 정리한 글들이 발표된 것을 알 수 있는데 실제로는 같은 필자의 비슷한 내용의 글이 중복 발표한 것도 적지 않다. 그 주요 내용을 살펴보면서 안재홍의 「조선신문소사」의 의미를 검토하기로 한다.

1916년 3월 4일 『매일신보』에 실린 삼소거사의 「조선신문계의 회고와 我報」는 『매일신보』 3,000호 특집으로 기고한 것인데, 『한성순보』와 『한성주보』는 언급하지 않고 『독립신문』을 우리나라 신문의 효시로 설명하고 있다.[13] 그러나 『황성신문』의 창간을 사실과 다르게 설명하고, 특히 『대한매일신보』를 악덕 신문으로 평가하는 등 철저하게 식민지당국의 입장에서 개화기 신문 상황을 의도적으로 왜곡해서 서술했다. 1924년 6월 1일 『매일신보』 신축사옥 낙성식을 기념한 특집호에서 희산학인(希山學人)은 구한말에 발행한 주요 신문들을 간략히 설명했는데, 특히 『漢城新報』를 비롯한 일본어 신문과 친일

---

13) 三笑居士(1916), 「조선신문계의 회고와 我報」, 『每日申報』, 1916.3.4. 3면.

경향의 신문들을 비중 있게 정리한 경향이 있다.[14]

수춘학인은 차상찬의 20여개가 넘는 호(號) 가운데 하나다. 따라서 이 표에서 차상찬의 글이 3편이고,[15] 1925년 『개벽』 59호의 일기자의 간략한 글도 잡지 『개벽』의 주요 필진으로 활동한 차상찬의 글일 가능성이 있다.[16] 차상찬의 글 3편은 거의 비슷한 내용인데, 분량이 가장 많은 1935년 『개벽』 신간의 구성을 살펴보기로 한다. 차상찬은 조선신문의 역사를 1. 조선신문의 기원 2. 조선신문의 창설시대(1883년~1888년경) 3. 미국계 신문시대(1896년~1898년) 독립신문, 경성신문, 매일신문 4. 황(皇), 제(帝) 양 신문 병립시대, 5. 전성기와 암흑기, 6. 3신문 정립시대로 구분했다. 먼저 조선신문의 기원에서 세계신문의 기원으로 로마, 중국, 중세유럽의 신문적 현상을 간략하게 살펴본 후, 조선시대 『조보』를 설명했다. 이어서 구한말의 주요 신문을 개관했는데, 『독립신문』 등 세 신문을 미국계신문으로 구분한 것이 색다르다. 이 기간의 친일적인 신문과 일본어 신문도 소개했다. 이어 그는 한일 강제병합이후 10년간을 조선 신문이 없는 암흑시기로 표현하고, 3·1운동 이후의 시기에 대해서는 『동아일보』, 『조선일보』, 『조선중앙일보』의 창간과 1935년 현재 모습을 간략하게 설명했다. 차상찬의 글은 시대 순으로 주요 신문의 현황을 정리한 수준이고 사실관계에 오류도 적지 않다. 잡지편집과 발행을 담당했던 차상찬이 편집상 필요에 따라 기고한 글들로 생각된다.

신문사에 관한 이종수의 글도 확인된다.[17] 1931년 발표한 이종수의 글은

---

14) 希山學人(1924), 「40유여년간 변천만흔 조선신문계」, 『每日申報』. 1924.6.1. 4면.

15) 壽春學人(1930), 「朝鮮新聞雜誌 沿革及 發行史」, 『별건곤』 30, 1930.7. 22~27쪽; 차상찬(1935), 「조선신문발달사」, 『개벽』 신간4, 2~12쪽; 차상찬(1936), 「조선신문발달사」, 『조광』 11월호, 1936.11, 40~52쪽.

16) 일기자(1925), 「조선언론계의 沿革」, 『개벽』 59호, 1925.5, 63~65쪽.

17) 이종수(1931), 「조선신문사, 사상변천을 중심으로」, 『동광』 28, 1931.11, 69~75쪽; 하정

주요한(당시『동아일보』논설위원)과 안재홍의 글을 많이 참고했다고 밝히고 있다. 1934년 이종수가 하정(霞汀)이라는 필명으로 발표한 글은 1931년 발표 내용에서 압수, 삭제건수 등을 제외하고, 결론을 추가한 것으로 그 내용이 대부분 같다. 1931년의 그의 글은 다음과 같이 시기를 구분했는데, 1910년 이후도 구분해서 설명하고, 세 신문이 탄압 받은 수치를 소개한 것이 주목된다.

1. 서언
2. 1910년 이전
   A. 한성순보시대(1883~1888년), B. 독립신문시대(1896~1905년) (1)독립신문 (2)황성신문, (3)제국신문 C. 대한민보시대(1905~1910년) (1)대한매일신보 (2)대한민보 (3)국민신보 (4)만세보
3. 1910년 이후
   A. 암흑기(1910~1919년) B. 부흥기(1920년) (1)1929년 3신문 삭제, 압수 건수 (2)1930년 3신문 삭제, 압수 건수 (3)1920~1930년 정간(停刊) 건수 (1)동아일보 (2)조선일보 (3)시대일보, 중외일보, 중앙일보

<표 1> 일제강점기 언론사 관련 주요 논의

	삼소거사	조선신문계의 회고와 아보(我報)	매일신보 1916. 3. 4. 3.
한국언론사	희산학인	40유여년간 변천만흔 조선신문계	매일신보 1924. 6. 1. 4.
	일기자	조선언론계의 연혁	개벽 59호 (1925, 5).
	수춘학인	조선신문잡지 연혁 급 발행사	별건곤 30호 (1930. 7)
	차상찬	조선신문 발달사	개벽 신간 4호1935. 4.)
	차상찬	조선신문 발달사	조광 2-11호(1936. 11)
	이종수	조선신문사, 사상변천을 중심으로	동광 28호(1931. 12)
	하정	조선신문발달사-사상변천을 중심으로	신동아 4-5호 (1934. 5)

(1934), 「조선신문발달사-사상변천을 중심으로」, 『신동아』 5월호, 52~59쪽.

	안재홍	조선신문사론	조선일보. 1927.1.5~1.9 (3회)
	안재홍	조선신문소사	조선일보. 1935.7.6~7.26(17회)
	안재홍	신문사초, 50년간의 회고(1)	쩌날리즘 1935.9. 창간호
	최남선	고사천자(古事千字) -추(秋) 춘추관	매일신보 1935.9.11~11.27(44회)
	최남선	고사천자 -수(收) 수의(收議)	매일신보 1935.11.30~12.30(22회)
	임우성	조선신문사	비판 8월호(1938.8).
	이종수	조선잡지발달사	신동아 4-5,(완)4-6호 (1934.5~6)
	이종수	조선잡지발달사	조광 2-12호(1936.12)
	최영수	조선신문만화의 과거현재급(及)장래	신동아 4-5호 (1934.5)
세계언론사	이관구	언론압박에 대한 사적 고찰	현대평론 2-1호(1928.1)
	장봉조	중국신문사 개관	현대평론 2-1호(1928.1)
	유해송	쏠죠아신문의 발달사고(發達史考)	비판 16 (1932.9)
	인왕학인	세계신문사	신동아 4~5월호(1934.5)
	최정해	세계신문사(1)	평론 1-1(1936.1)

한편 안재홍은 일제강점기에 조선신문의 역사를 주제로 다룬 3편의 글을 발표했다.[18] 가장 먼저 발표한 「조선신문사론」은 1927년 『조선일보』에 3회 연재한 것인데, 서술대상 범위가 신문의 기원으로서 『긔별』을 언급하고, 『한성순보』, 『독립신문』, 『황성신문』 및 『제국신문』에 대해 설명했다. 1935년 7월 『조선일보』에 17회 연재한 「조선신문소사」는 「조선신문사론」을 보완하면서 시기상으로 조선시대 인쇄 『조보』에서 한일 강제병합이 되던 1910년까지의 신문현상을 다루면서 시기를 구분하고, 신문발행의 정치사회적 배경, 신문체제와 참여 인물, 신문논조, 주요 신문기사에 나타난 당시 사회상, 신문

18) 안재홍(1927), 「조선신문사론」, 『조선일보』 1월 5~9일; 안재홍(1935a), 「조선신문소사」, 『조선일보』 7월 6~ 26일, 『선집4』, 279~315쪽; 안재홍(1935c), 「新聞史草 50년간의 회고(1)」, 『쩌날리즘』, 관훈클럽 신영연구기금(1992), 『쩌날리즘 · 新聞評論』 영인본, 한국언론전문지총서 2, 4~7쪽.

체제, 신문광고 등을 설명하여 일제강점기에 발표된 신문사론 가운데 분량이 가장 많다.[19] 한편 1935년 9월의 「신문사초(新聞史草), 50년간의 회고」는 주로 『한성순보』를 중심으로 설명한 것으로, 긔별지 사진을 소개했다는 점에서 의미가 있다. 이 글은 연재하는 것으로 계획되었으나, 『쩌날리즘』이 창간호만 발행하고 중단되면서 더 계속되지는 못했다.

최남선의 『고사천자(古事千字)』(1935~1936, 1973 영인)는 『매일신보』에 1935년 6월 19일부터 1936년 12월 31일까지 365회 연재한 내용을 모아 영인한 것이다.[20] 이 가운데 1935년 9월 11일부터 44회 연재한 「추 춘추관」편은 국사를 기록하는 춘추관을 설명하면서 사초(史草)의 중요한 재료인 조보의 제작 방법, 조보의 내용, 조보와 긔별의 관계, 기별의 일종인 분발에 대해 관련 사료를 근거로 설명했다.[21] 또한 조보의 유래, 선조대 인행조보의 역사적 의미 및 세계 신문의 기원에 대해 고찰했다. 1935년 11월 30일부터 22회 연재한 「수(收) 수의(收議)」편은 전근대시대 여론수렴 제도를 주제로 고대시대부터 조선시대까지 조정의 의견수렴제도에 대해 설명했다.[22] 최남선이 발표한 이 내용들은 우리나라 전근대시대의 여론과 공의(公議) 수렴제도, 언관(言官)의 언론활동 및 조보발행에 관해 다양한 문헌들을 활용한 본격적인 고찰이 일제강점기에 이루어졌다는 점에서 주목된다. 1938년 발표된 임우성의 「조신신문사」는 『한성순보』에서 시작하여 구한말의 신문과 일제시기 조선

---

19) 안재홍(1935b)은 「조선신문소사」를 연재한 후 조선일보에 「新聞人淪落記」(7.27~7.29)를 기고했다. 이 글은 구한말에 활동한 신문인들의 한일병합 이후의 동정을 간략하게 소개한 내용이다.

20) 고려대학교 아세아문제연구소 육당전집편찬위원회편(1973), 육당최남선전집4, 『古事千字』. 서울: 현암사; 고려대학교 아세아문제연구소 육당전집편찬위원회 김종식 편(1975), 육당최남선전집15 『총목차 종합색인 년보』, 서울: 현암사, 280쪽.

21) 고려대학교 아세아문제연구소 육당전집편찬위원회편(1973), 위의 책, 79~129쪽.

22) 위의 책, 130~155쪽.

인 경영 신문들에 대해 대체로 그 이전에 발표된 같은 주제의 글을 참고해서 신문의 역사를 간략하게 정리한 글이다.[23]

일제강점기에 잡지의 역사는 이종수에 의해 정리되었다. 그는 잡지발달사를 1934년에 『신동아』에 2회로 나누어 발표했고, 1936년 거의 같은 글을 『조광』에 발표했다. 1934년 발표한 글에서 이종수는 조선잡지의 발달은 조선문화의 다른 방면에서와 같이 정치적 변동을 따라 일한병합을 전후로 하여 2기로 대별할 수 있다고 하면서 다음과 같이 자세하게 시기를 구분했다.[24]

(1) 1910년 이전(정치잡지시대) - 독립협회월보, 소년

(2) 1910년 이후 가. 1919년(3·1운동) 이전 - 청춘, 태서문예신보 나. 1919~21년(신경향파대두전) - 창조, 개벽, 페허 등 다. 1922~25년(방향전환기 이전) - 조선지광, 신생활, 신천지, 동명, 페허이후, 조선문단 라. 1926~금일까지 (a) 문예운동, 동광, 별건곤, 삼천리, 군기(群旗) (b) (1931년 이후) 비판, 집단, 동광속간, 신동아(신문사경영잡지), 신가정(동상), 중앙(동상)

이 글은 시기구분의 근거와 체계를 갖추고 있어 우리나라 잡지발달사 초기의 대표적인 성과로 평가된다. 한편 신문만화의 과거와 현재를 다룬 최영수의 글은 신문만화를 주제로 한 최초의 글이라는 점에서 의미가 있으나 매우 간략한 분량이다.[25]

일제강점기의 언론사 논의 가운데는 세계 언론의 역사를 다룬 글도 발표되었다. 1928년 발표한 이관구의 글은 언론 통제를 언론압박이라는 표현을

---

23) 임우성(1938), 「조선신문사」, 『비판』, 1938.8, 2~10쪽.

24) 이종수(1934), 「조선잡지발달사」, 『신동아』 5월호, 60~64쪽; (완)6월호, 68~72쪽.

25) 최영수(1934), 「조선신문만화의 과거 현재及장래」, 『신동아』 5월호, 97~98쪽.

사용하여 중세 유럽에서 19세기 유럽의 언론통제사를 고찰했다는 점에서 의의가 있다.[26] 이 글은 일본과 조선의 언론탄압도 다루는 것으로 계획되었으나 계속되지는 않았다. 이관구는 후쿠다 도쿠조(福田德三)의 논문 「언론압박(言論壓迫) 300년」을 참조했다고 밝혔다. 한편 같은 잡지에 실린 장봉조의 「중국신문사 개관」은 제3절 제4항목 "공화(共和) 이후의 중국신문"에서 시작해 제4절 "중국신문의 제특징", 제5절 "중국신문 현상개관" 및 "결론"으로 구성하여 완성된 글이다.[27] 이 글은 중국신문 역사를 매우 전문적으로 정리하고 있고, 능소호(能少豪)의 『최근(最近) 50년 북지나신문사략(北支那新聞史略)』, 진리제(秦理齊)의 『중국보지진화소사(中國報紙進化小史) (1872~1922)』, 소진청(邵振靑)의 『신문학총론(新聞學總論)』 등 5개의 참고문헌을 밝혔다는 점에서 주목된다.[28] 당시 중국의 신문학과 신문역사에 대한 학문적 관심이 있었고, 관련 문헌들을 읽은 사람들도 있었음을 말해준다.

1934년 인왕학인은 로마(羅馬)시대의 아구타 세나투스와 아구타 데월라부터 시작하여 독일에서 뉴스인쇄 판매하는 제도에 대한 설명을 거쳐 정기간행 신문과 신문광고를 다루고 의견 발표신문을 거쳐 보도전문신문으로서의 영업신문을 성격을 설명했다.[29] 인왕학인도 뷰츠히여 교수의 서술이라면서 참고문헌을 밝혔다. 뷰츠히여 교수는 칼 뷔허(Karl Bücher)교수일 것이다. 뷔허는 1922년에 간행한 저서 Die Entstehung der Volkswirtschaft에서 저널리즘

------

26) 이관구(1928), 「言論壓迫에 대한 史的 고찰」, 『현대평론』 제2권 제1호, 국학자료원 (1993) 영인판, 37~42.

27) 장봉조(1928), 「中國新聞史 槪觀」, 『현대평론』 제2권 제1호, 국학자료원(1993) 영인판, 43~55. 『현대평론』 그 이전 호를 조사했으나 장봉조의 글이 없다. 따라서 어느 지면에서 발표를 시작했는지 현재로서는 알 수 없다.

28) 장봉조가 밝힌 다른 두 문헌은 申報社의 『最近之 50年』과 영문백과사전 The Encyclopedia Senica(S. Conling, 1917)이다.

29) 仁旺學人(1934), 「세계신문사」, 『신동아』 5월호, 36~41쪽.

의 기원(Die Anfange des Zeitungswesens)을 다루고 있다.[30] 최정해도 「세계
신문사(1)」을 쓰면서, 오노 히데오(小野秀雄)의『세계신문사』를 토대로 했다
고 밝혔다.[31] 이 글은 세계 신문의 기원에서 수서신문, 인쇄신문의 출현, 정
기간행의 신문까지 설명했다. (1)이라는 표시로 보아 연재할 예정이었던 것
으로 생각되는데, 이 글을 게재한 잡지『평론』이 창간호만 발행하고 중단되
면서 이어지지는 못했다.

어떻게 이런 문헌들을 참고한 것일까? 그 무렵 일본에서는 1929년 도쿄대
학(東京大學)에 신문연구실이 설치되었고, 1932년 죠치대학(上智大學) 전문
부(專門部)에 신문학과(新聞學科)가 설립되었다.[32] 조치대학 신문학과에는
설립 당시부터 조선인 유학생들이 꾸준히 입학했다.[33] 두 기관의 설립을 주
도한 오노 히데오는 독일에서 저명 독일 언론학자들과 교유하며 독일언론학
을 연구했던 언론사학자로『일본신문발달사(日本新聞發達史)』(1922),『도해
신문발생사(圖解新聞發生史)』(1932),『현대신문론(現代新聞論)』(1934) 등을
간행했다.[34] 또한 1922년 식민지조선에 활발했던 민립대학(民立大學) 설립
움직임을 억누르기 위해 창설된 경성제국대학에 히나카(日中梅吉) 교수와
오쿠라(奧平武彦) 교수가 오노 교수의 조언으로 독일 신문학 관련 문헌도
다량 구입해 소장했다고 한다.[35] 따라서 당시 신문의 역사에 관심이 있었다
면 이런 책들을 참고했을 것이다. 세계 신문사를 살펴보는 글에서 뷔허와

---

30) 이해창(1973),『독일 新聞學연구』개정판, 서울: 이화여자대학교 출판부, 157~187쪽.
31) 최정해(1936),「세계신문사(1)」,『평론』1-1호, 1935.1, 19~23쪽.
32) 小野秀雄(1971),『新聞研究 五十年』, 東京 : 每日新聞社, 245~246, 257쪽.
33) 임근수(1977),「한국신문학의 성립과 발달」, 차배근 외,『한국신문학 50년사』, 희관임
    근수박사 화갑기념논총, 서울: 정음사, 12~13쪽.
34) 小野秀雄(1922),『日本新聞發達史』, 大阪 : 大阪每日新聞社; 小野秀雄(1932),『圖解新
    聞發生史』, 東京 : 新聞學研究會; 小野秀雄(1934),『現代新聞論』, 東京 : 時潮社.
35) 임근수(1977), 앞의 글, 12쪽.

오노 히데오가 언급된 것은 이와 같은 서적들을 참고했다는 것을 말해준다. 글의 내용으로 보아 최남선이나 안재홍도 이런 종류의 문헌을 접했을 가능성이 있다.

이상에서 일제강점기에 발표된 언론의 역사와 관련 주요 논의들을 살펴보았다.[36] 일제강점기는 언론현상에 대해 역사적으로 고찰한 글들이 본격적으로 출현했는데, 조선시대와 그 이전의 여론 수렴제도, 인행조보와 같은 전근대 언론현상도 고찰 대상이었고, 서양신문사, 중국신문사 등 세계 신문의 역사도 관심을 받은 주제였음을 알 수 있었다. 1910년대 강제병합이후 조선인이 신문을 발행하지 못하던 시절에 대해 조선총독부 기관지『매일신보』가 발행되고 있었음에도 대부분 암흑기로 설명하거나 시기구분에서 아예 제외하고 있는 점은 특징적이다. 이상의 글 가운데 연구사적으로 주목되는 것이 이종수, 안재홍, 최남선, 장봉조, 인왕학인의 글이다. 그 가운데서 우리나라 신문의 역사를 중심으로 하면 안재홍의 두 편의 글이 분량도 많고, 접근방법이나 주제 범위 등의 측면에서 일제강점기 신문사 연구를 대표하는 연구 성과로 평가할 수 있다.

---

[36] 이밖에 이 시기의 언론사 연구로 김현준의 「동아세아(일본·중국 및 한국)에 있어서의 현대신문의 생성발전」이 있다. 이 연구는 1928년 2월 독일 라이프찌히 대학교에서 독일어로 작성한 박사학위논문으로 비교신문사적인 접근방법을 활용해 동아시아 3국의 신문 생성과정을 고찰한 연구로서 연구의의가 있다. 그러나 이 논문 내용은 그간 국내에 알려진 적이 없다가 1977년 번역 소개되었다(차배근 외.『한국신문학 50년사』. 희관임근수박사화갑기념논총. 서울: 정음사. 362~394쪽). 따라서 시기적으로 일제강점기의 연구이지만, 외국에서 외국어로 수행된 연구이므로 여기서는 논의에서 제외하기로 한다.

3. 안재홍의 신문사 연구 배경과 신문사 시기구분

1) 안재홍의 조선학에 대한 관심과 신문사 연구

안재홍이 1927년 발표한 「조선신문사론」은 3회 연속 광고 면을 제외한 신문 한 면의 전체 지면에 게재한 것으로, 신문 기고문으로는 분량이 매우 많은 특별한 사례라고 할 수 있다(〈사진 1〉 참조). 8년 후인 1935년 발표한 「조선신문소사」는 시기와 내용을 보완한 것으로, 안재홍이 신문의 역사에 대해 꾸준히 관심을 갖고 있었음을 말해준다(〈사진 2〉 참조). 그해 9월에 발표한 「신문사초(1)」은 연재를 계획한 것으로 안재홍이 신문 사료에도 관심을 갖고 관련 사료들을 수집했다는 것을 알 수 있다.

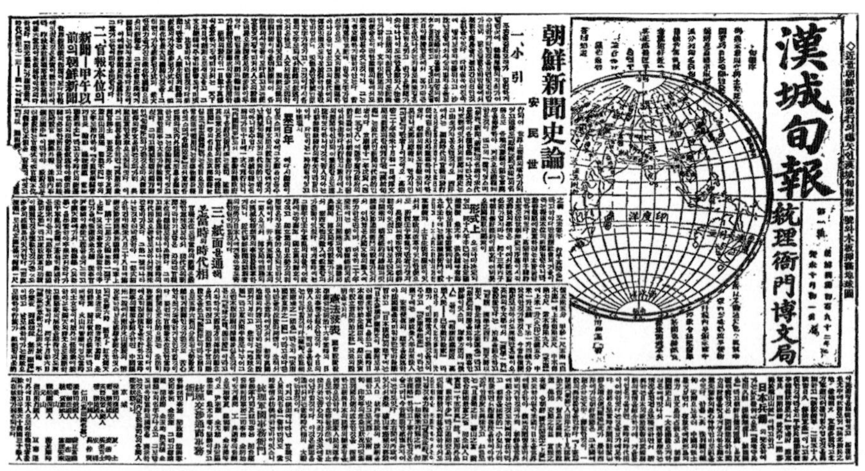

〈사진 1〉 조선신문사론 1회(조선일보 1927. 1. 5. 조간 4면)

여기서 안재홍이 어떻게 우리나라 신문의 역사에 관심을 갖고 이런 글들을 발표한 것인지 검토가 필요할 것이다. 1920년대는 한국사 연구에서 사회사 연구의 기틀이 마련된 시기로 평가된다.[37) 3·1운동으로 한국사회의 다양한 국면에 주목하게 만들었다는 것이다. 안재홍도 자신의 역사 연구에서 역사 사회학적 접근과 사회사적 접근을 강조하고 있다. 뒤에서 살펴보듯이 「조선신문소사」는 신문발행의 정치사회적 배경, 신문논조, 주요 신문기사에 나타난 당시 사회상을 서술하는 내용이 많은 부분을 차지하고 있다는 점에서 신문의 사회사라고 할 수 있다. 또한 조선신문의 시초로서 인쇄조보와 긔별을 설명하고, 세계 신문의 기원을 언급하는 비교사적인 접근도 있었다. 이에 대해서는 최남선의 선행 작업을 참고한 면도 있었지만, 역사적 발전단계에서 동서양을 막론하고 유사한 제도와 형식이 나타난다고 인식했던 안재홍의 역사관이 바탕이 되었다고 생각된다. 실제 안재홍은 조선사 연구에서 당시 다른 역사학자들에 비해 비교사적인 접근을 많이 활용한 인물이었다.[38]

한편 1930년대는 일본이 주도하던 조선 연구에 대응하여 비타협적 민족주의 진영의 민족관과 국가관을 바탕으로 조선 역사와 문화 연구와 관련된 학술운동으로서 조선학운동이 본격화되었다.[39] 1934년 안재홍은 정인보 등과 함께 정약용 연구를 공통분모로 해서 조선학운동을 주도했다. 안재홍에 있어 조선학은 광의로는 "온갖 방면으로 조선을 연구·탐색하는 것이지만, 협의로는 조선에 고유한 것, 조선 문화의 특색, 조선의 전통을 천명하여 학문적으로 체계화하는 것을 의미한다."[40] 이때 조선학의 목적은 "세계문화에 조선색을 짜넣는 것"으로,[41] 조선의 정체성을 찾는 운동이었다.

---

[37] 김수태(2003), 앞의 논문, 92~93쪽.

[38] 이진한(2005), 「民世 安在鴻의 조선사 연구와 新民族主義論」, 『한국사학보』 제20호, 고려사학회, 330쪽.

[39] 류시현(2011), 앞의 논문, 26~27쪽.

[40] 안재홍(1934), 「朝鮮學의 문제」, 『신조선』 12호, 한영우(1994), 앞의 책, 207쪽에서 재인용.

[41] 안재홍(1934), 「신조선춘추」, 『신조선』 6호, 박찬승(2002), 「1930년대 安在鴻의 民世主義論」, 『한국근현대사연구』 제20집, 정윤재 외 4인 공저, 『민족에서 세계로-민세 안재홍의 신민족주의론』, 서울: 봉명, 72쪽에서 재인용.

〈사진 2〉 조선신문소사 1회
(조선일보 1935.7.6. 2)

안재홍이 1927년 「조선신문사론」을 발표하고, 1935년 이를 보완해 「조선신문소사」를 저술한 것은 이러한 안재홍의 학문적 시각과 관심을 그대로 보여주는 작업이라고 할 수 있다. 다시 말해서 「조선신문소사」는 안재홍의 조선학 연구의 한 성과이며, 언론인 출신 역사학자로서 우리나라 신문현상의 역사에 특히 관심을 갖고 신문이라는 매체를 주제로 다루면서 사회사적 시각을 활용했고, 신문의 기원을 설명하면서 비교사적으로도 접근한 것이다. 이런 접근방법은 현대 언론사 연구사에서 최초의 본격적인 한국 신문사 통사로 평가되는 최준(1960)의 저술에 영향을 미쳤다고 생각된다.[42] 이 책은 전체적으로 정치사회적 배경 설명이 많은 부분을 차지해 안재홍의 서술방식과 비슷하고, 정치사회 상황에 대한 설명과 주요 신문에 대한 평가도 안재홍의 해석과 매우 유사하다. 제1부 제1장은 "신문전사적(新聞前史的) 현상"이라 하여 『조보』와 인행조보를 다루고 있고, 제2부 일제 식민지시대의 1910년에서 3·1운동 이전 시기를 "제1차 언론암흑시대"로 구분한 것도 안재홍의 논의를 참고한 것으로 보인다. 『한성순보』의 「순보서」를 김윤식이 집필했다는 설명은 안재홍을 직접

---

42) 최준(1960), 『한국신문사』, 일조각(1970 증정판, 1990 신보판).

인용했다.[43) 따라서 일제강점기 대표적인 신문사 연구 성과인 안재홍의 연구는 최준의 저술에 영향을 미쳤다고 말할 수 있을 것이다.

2) 안재홍의 신문사 시기구분

「조선신문소사」의 연구범위는 전근대 신문현상인 조선시대 인행조보와 구한말 개화기의 신문현상이었는데, 안재홍은 시기구분을 독립해서 서술하지 않고, 시기별로 각 시기의 성격을 설명했다. 이를 정리하면 다음과 같다.[44)

> 신문의 시초 - 기별, 인행(印行) 조보
> 제1기 갑신(甲申, 1884년)시대 - 한성순보, 주보시대
> 제2기 광무(光武, 1896~1904)시대 1) 독립신문
>   2) 황성신문, 제국신문의 주위(主位)시대
> 제3기 을사(乙巳, 1905년)시대
> 제4기 기미(己未, 1919년) 이후의 신시대

안재홍은 우리나라 최초의 근대 신문인『한성순보』가 처음 출현한 시기를 제1기로 하여 계미(癸未, 1883년) 이후 4, 5년간의『한성순보』와『한성주보』 발행기간을 갑신시대로 불렀다. 이것은 1884년 갑신정변으로 한성순보 발행이 중단되던 전후의 시기를 포함하려는 의도로 생각된다. 이렇게 제1기를 설정한 후, 먼저 신문의 시초로서 조보와 인행조보에 대해 설명했다. 이어 제2기는 건양(建陽) 병신(1896년) 이래 광무(光武) 7년(1903년) 전후 러일전쟁

---

43) 위의 책, 18쪽.
44)『조선일보』, 1935.7.6.~7.26,『선집 4』, 279~315쪽.

발발 이전까지의 기간을 광무 연호를 사용해 광무시대라 했다. 광무시대는 당시의 대표적인 신문을 중심으로 1) 독립신문시대와 2) 황성신문(皇城新聞), 제국신문의 주위(主位)시대로 나누었다. 제3기는 그 이후 순종 융희(隆熙) 4년(1910) 나라가 일본에 강제 병합되던 경술변국(庚戌變局)까지를 융희시대라고 할 만하지만, 1905년 을사년 11월의 조약은 한국과 조선인의 운명을 결정짓는 획기적 사건이었으므로 그 사회적 변화상황을 고려하여 을사(乙巳)시대로 하는 것이 더 적절하다고 설명했다. 조선문의 민간신문들이 1910년 한일병합 조약을 전후하여 전부 문을 닫은 사실에 대해 안재홍은 "국사(國史)에 순(殉)한 신문사(新聞史)", 곧 나라의 운명에 따라 함께 죽은 신문역사라는 표현을 사용했다. 제4기는 기미(己未, 1919년) 이후의 시대를 신시대로 부르고 나중에 따로 서술하겠다고 했으나, 실제 집필하지는 못했다. 이와 같이 안재홍은 신문을 발행하고, 중단 또는 폐간되는데 영향을 미친 당시 정치사회적 배경을 시기구분의 중요한 기준으로 삼았다. 제4기는 기미 이후의 시기로 하여 강제병합 이후 3·1운동이 일어나기 이전 기간을 제외했다. 제4기를 서술했다면 이에 대한 설명이 있었을 것이지만, 총독부 기관지『매일신보』가 발행되고 있었으나, 조선인 경영 신문이 발행되지 않았기 때문에 시기구분에서 제외한 것으로 보인다.

앞에서 살펴본 일제강점기의 다른 신문사 관련 논의에서도 이 기간을 암흑기로 설명하거나 시기구분에서 제외했다는 점에서 당시의 시대인식이었던 측면도 있을 것이다. 이러한 인식과 시기구분은 현대 언론사 연구사에서 대표적인 언론사 방법론 연구로 평가되는 임근수의 연구에 영향을 미쳤다고 생각된다. 임근수는 한국 커뮤니케이션사의 시기구분에서 일제시대를 커뮤니케이션의 변모·쇠퇴의 시대로 구분하고, 1910년에서 1919년의 기간을 제3무신문기(지하신문기)로 설명한 것이다.[45] 임근수는「조선신문소사」를 1947년

『신문평론』 1호에서 4호까지 재수록된 내용을 읽었는데,[46] 그가 직접 원용한 것은 손진태의 신민족주의사관이었다. 신민족주의사관에서 임근수는 민족을 중심에 두고 세계사 속에서 국사의 위치를 파악하면서, 실증적인 방법론과 사회경제사관의 장점을 취하려는 입장으로 지금까지 발전한 최선의 국사관(國史觀)으로 이해하고 원용한 것이다.[47] 그런데 손진태의 신민족주의사관은 안재홍의 영향을 받은 것으로 평가된다.[48] 따라서 안재홍의 사관과 시기구분은 손진태를 매개로 하여 임근수의 연구에 영향을 미쳤다고 할 수 있을 것이다.

4. 「조선신문소사」의 주요 내용과 안재홍의 해석

1) 조선 신문의 시초 - 긔별과 인행조보

안재홍은 조신 신문의 시초로서 조보와 관련해 "선조(宣祖) 11년 무인(戊寅, 1578년) 당시의 이른바 유수배(游手輩)가 정부의 양해를 얻어서 조보(朝報)를 인행(印行)하여 팔아서 자생(資生)을 하였는데 행한지 수월(數月)에 상

---

[45] 임근수(1975/1984), 「한국 커뮤니케이션사 연구의 방법에 관한 일고찰」, 『언론과 역사』, 서울: 정음사, 226~230쪽. 물론 임근수는 지하신문의 존재를 괄호 안에 표시하여 언론현상을 좀 더 복합적으로 설명하려고 했다.

[46] 『신문평론』 5호 수록내용은 『선집 4』의 「조선신문소사」 11. 민중적 절망상태와 12. 國史에 殉한 新聞史로 임근수는 글의 마지막 부분은 읽지 못한 것으로 보인다.

[47] 임근수(1975/1984), 앞의 논문, 217~226쪽.

[48] 김수태(2000), 「신민족주의사학론」, 『역사민속학』 11, 105쪽; 이진한(2011), 「손진태의 삶과 신민족주의 사학의 전개」, 민세안재홍선생기념사업회 편, 『남북민족지성의 삶과 정신』, 서울: 선인, 186~187쪽.

(上, 선조)이 진노하시사 모두 원지(遠地)에 유배당하였다."고 서술했다.[49] 그러면서 등용하지 못하면 생계가 어려운 조선시대 양반 유생이 정계의 동향을 담은『조보』를 인쇄하여 판매해서 생활했다는 점에서 창의적인 신문인이라고 평가했다. 또한 유배라는 것은 일제시기 출판법 위반이나 신문지법 위반 또는 보안법 위반으로 금고 1년 또는 그 이상의 엄한 정도의 형벌이라고 설명했다. 조선의 신문사가 필화사(筆禍史)와 함께 시작되었다는 것이다. 신문이 통제와 탄압 속에 발행되었던 역사에 대해 안재홍이 잘 이해하고 있었음을 짐작하게 한다. 그는 우리나라 최초의 신문으로 출현한『한성순보』의 역사에 대해서도 다음과 같이 평가했다.[50]

조선의 신문사는 수난사(受難史)로 시작되었으니 멀니 수3세기 앞시시의 일은 현대 일과 인연이 멀은 자이요 고종 20년 말 10월 1일로써 근대 신문사의 제1페이지를 출발한 한성순보 이래의 역사도 실은 그 익년인 갑신 12월 4일 개혁당의 실패사의 전야담(前夜譚)의 한 토막으로 기록된 것이다.

안재홍은『조보』와『저보』를 구분해 설명했다. "조보가 분명한 관보이거니와 이에서 파생된「저보(邸報)」가 있으니, 조선 상대(上代)에는 각도부군(各道府郡) 등 지방행정청에서는 중앙지에 반드시 경주인(京主人)이 있어 관계의 소식을 각각 그 자기 지방에 적어 보냈던 것이다. 이는「긔별」로서 아칭(雅稱)하여「저보」라고 한 것이다."[51] 관보인『조보』를 긔별서리들이 필사하여 긔별군사가 이를 각 지방에 전한 것을『긔별』또는『저보』로 설명하고,

---

49)『선집 4』, 279쪽.
50) 안재홍(1935c), 앞의 글, 5쪽.
51)『선집 4』, 280쪽.

그 내용을 빨리 쓰기 위해 일종의 속기법으로 간체(簡體)문자도 생겼고, 긴급할 때는 호외와 같은 『긔별』이 있었다는 것이다. 이와 같이 필사한 『긔별』 또는 『저보』가 양반계층을 중심으로 수요가 있다는 것을 알고 『조보』를 인쇄하여 판매하는 사람들이 있었는데, 몇 달 안 가 국왕이 이를 알게 되어 국가 기밀 누설이라 하여 엄하게 금지시키고, 관련자들을 유배 보내면서 중단되고 말았다.

여기서 주목되는 것은 안재홍이 『조보』와 『저보』를 구분하고 『긔별』, 즉 『저보』와 인쇄해 판매했던 인쇄조보를 신문의 기원으로 설명한 점이다. 안재홍이 쓴 「신문사초」에는 400여 년 전(1500년대 전반)의 "조선최초의 신문이라고 할 긔별지(寄別紙)" 사진을 실었다(〈사진 3〉 참조).[52] 현대에서 천관우도 "조보는 조정이 발표하는 보도 그것이요, 저보는 그것을 필사하여 경향 각지로 전달되는 보도, 곧 일종의 書翰新聞을 지칭하는 것으로 보이며, 기별은 곧 저보의 우리 고유의 표현이었던 것이라 할 수 있다."고 하여 안재홍과 같은 관점에서 『조보』와 『저보』를 구분해 설명한 바 있다.[53] 결국 내용상 『조보』와 『저보』는 동일한 것이지만 신문적 기능을 한 것은 『긔별』(『저보』) 또는 인쇄조보라는 점을 안재홍은 구분해 설명한 것이다. 안재홍이 정보를 정기적으로 전달하고, 판매하는 신문의 본질과 기능에 대해 분명하게 인식하고 있음을 말해준다.

조선신문의 기원으로서 인행(印行)조보를 설명하면서 안재홍이 활용한 접근방법은 비교사적인 방법이었다. 안재홍은 조보와 신문(新聞) 및 신보(新報)라는 것이 중국의 송대(宋代)부터 있었고, 구주에는 로마제국 때에 정치

---

52) 안재홍(1935c), 앞의 글, 6쪽.
53) 천관우(1963), 한국 新聞前史의 몇 가지 문제, 고재욱선생화갑기념논총편찬위원회 편, 『민족과 자유와 언론』, 서울: 일조각, 439쪽.

군사의 여러 소식을 순서대로 편집하여(編次) 경사(京師)로 보내기도 하고 혹은 공중에게 게시했다는 역사적 사실을 소개한 것이다. 신문의 기원에 관한 이런 서술은 다음에서 살펴보듯이 최남선의 선행 작업을 참고한 것으로 볼 수 있으나, 안재홍은 고대사를 저술할 때도 비교사적 방법을 자주 활용하고 있어 비교사직 접근이 그에게 낯선 방법은 아니었다.[54]

〈사진 3〉 안재홍이 소개한 寄別紙(1500년대 전반)

『조보』 자체에 대한 언급은 다른 문헌에서도 많이 발견되지만, 『조보』가 신문의 기원이라는 사실은 유길준(1895/1995)이 1895년 간행한 『서유견문(西遊見聞)』 제17편의 신문 항목에서 처음 언급한 것으로 알려져 있다. 유길준은 "신문을 시작한 근원을 추구해보면 우리나라의 조보(朝報)같이 관리에게 베껴서 돌리다가, 그 뒤에 일반인 가운데도 부유한 자들은 세를 내고 받아보았다. 그러다가 삼백년 전에 이르러서야 영국과 이탈리아 두 나라에서 인쇄하여 발행하는 신문이 나오게 되었다."고 설명한 것이다.[55] 안재홍도 이 책을 보았을 가능성이 많지만, 안재홍이 직접 참고한 것은 최남선의 글이었다. 안재홍은 1927년 1월 5일 「조선신문사론」 1회 기고문에서 "세계 신문지의

54) 『선집 3』 참조.
55) 유길준 지음, 허경진 옮김(1895/1995), 『서유견문(西遊見聞)』, 서울: 한양출판, 394~395쪽.

기원이 모다 관보(官報)에 잇섯든 것은 사실(史實)이 증(證)하는 바이라. 작추(昨秋) 본사 신축낙성기념의 째에 최육당(崔六堂)씨 이를 서술하야"라고 밝힌 것이다.『조선일보』는 1926년 7월 5일 견지동에 새 사옥을 준공했는데,[56] 최남선은『조선일보』사옥 준공을 축하하는 자리에서 신문의 기원이 관보라는 사실을 언급한 것으로 생각된다. 최남선의 이러한 논의는 그가 1935년 9월 11일부터 1935년 11월 27일까지『매일신보』에 연재한『고사천자(故事千字)』「추(秋) 춘추관(春秋館)」편에서 확인된다. 최남선은 여기서 서양 신문의 기원을 먼저 설명하면서, 조선시대 인쇄조보의 발행이 서양 인쇄신문 발행과 비슷한 시기라는 점을 주목하고, 만일 인쇄조보가 탄압으로 중단되지 않았다면 세계 최초의 인쇄신문의 영예를 차지했을 것이라며 다음과 같이 설명했다.[57]

　　朝報의 인행(印行)이 본디 중조(中朝)를 방(倣)한 것이요, 또 불과 3, 4朔間 발행에 그쳤을 법하되, 선조(宣祖) 정축(丁丑)은 서력 1577년에 당하여 16세기 하엽 서양 報紙의 권여(權與)시대로 더불어 서로 비등함을 기(奇)타 하겠다.

　　서양 신문지의 기원에 관하여는 제설이 분분하고, 우리 「奇別」의 류(類)는 로마시대에 이미 Actuarii라는 관리의 손에 편집 발행되던 Acta Diurna라는 일종의 관보(官報)가 있기도 하며, 15세기 말에는 單張 폴리오版의 紙面에 시사를 통보하는 일종의 報紙가 행하기도 하였지마는, … 정기 간행하는 報紙의 始는 혹 1588년 7월 1일의 영국 「잉글리쉬 머큐리」, 혹 1615년의 독일 에게놀프 엠멜이 창간한 Frankfurter Journal을 거언(擧言)하는데, 전자는 우리 선조 정축에 뒤지기 11년, 후자는 29년이니, 만일 조보의 인행으로 하여

---

56) 조선일보사사편찬실(2010),『조선일보 90년사(상)』, 조선일보사, 189~190쪽.
57) 고려대학교 아세아문제연구소 육당전집편찬위원회 편(1973), 앞의 책, 98쪽.

금 구애없이 존속함을 얻었던들, 그 세계 新聞紙 史上에 있는 영요(榮耀) 어떻게 컸을지를 헤아리지 못할 것이다.

이러한 최남선의 글을 참고하여 안재홍은『조보』가 관보이며, 인행조보가 우리나라 신문의 기원이라고 설명한 것이다. 안재홍은 이어 "긔별은 통지(通知)란 말이니 보(報)를 의미함이요, 보(報)는 보도(報道)로서 각성(覺醒)을 의미"한다고 해석했다.[58] 보도를 각성으로 해석한 것이 흥미롭다. 새로운 것을 전달받는다는 것은 자극을 받는 것이므로 각성이라고 유추한 것으로 보인다. 안재홍은 보(報)가 각성이라는 해석의 연장선상에서『한성순보』의 창간의의를 설명했다.

2) 제1기 갑신시대 – 한성순보

안재홍은『한성순보』가 우리나라 근세 보장(報章)의 시초이며 관보(官報)이면서 개국진취와 자립자강의 국가적 노력의 선봉을 보였다고 그 발행의의를 높이 평가했다.[59]

구원한 쇄국고립의 고루몽매하던 국제지식에서 바쁘게 지견을 넓혀 세계에 구하여야 하겠다는 계몽과 선전적인 경향임을 볼 수 있었던 것이다. 바꾸어 말하자면 세계를 몰랐던 만큼 자아인 국가, 민족조차 뚜렷이 의식하지 못하였던 쇄국몽중(鎖國夢中)의 바로 전대(前代)인 우리 선민(先民)들이 비로소 허둥지둥 자기들 앞에 새로 전개된 세계를 쳐다보고 그때로 국가 민족을 헤아려 만지기도 하면서 문명개화로 어설픈 총총걸음을 치려던 것임을

---

58)『선집 4』. 280쪽.
59) 위의 글, 282쪽.

그 지면을 통해서 알 수 있다. 우리의 신문사(新聞史)는 그대로 곧 민족소장사(民族消長史)인 것이다.

안재홍에 의하면 『한성순보』의 창간사는 당시 『한성순보』를 발행하던 박문국이 소속된 통리아문(統理衙門) 협판(協辦) 운양 김윤식이 썼다고 한다. 그는 『한성순보』 창간사가 "사회의 정촉(灯燭 촛불과 등불)이요, 인민의 거울임을 자임하고, 포폄과 권징으로 양민을 지도 계몽할 포부를 보였다."고 해석했다.[60] 또한 중국이 천하라고 믿던 국견(局見)을 타파하고 비로소 자아를 세계문화의 대조 속에 해방하려는 염원과 의도, 그리고 서구의 기계문명과 과학문명이 동방의 해륙을 침습하면서 풍우가 나부끼는 조선에 스며들려는 것을 염려하는 마음을 읽을 수 있다고 설명했다. 내정에서 농잠, 광산의 개발과 인구유호(人口流號) 등 민정의 쇄신과 정확을 꾀하고, 밖으로 안남(베트남), 면전(미얀마), 인도 등 약소 국민의 위급한 상황을 계속 보도하여 스스로 경계하고 독려하는 한편, 서양 문물과 병비(兵備), 메이지 유신 중이던 신흥 일본의 국정개혁 상황을 소개하여 국가·인민의 운명으로 하여금 위난을 미연에 방지하려던 개화 선구자들의 고심의 자취가 뚜렷하다는 것이다.[61]

내정을 근심하고 병비를 마련하고 외교로는 항쟁에 긴장하면서도 기기학(器機學)을 배우고 신 기계를 구입하고 약소국에 공동한 의분을 가지고 신흥인국(新興隣國)을 동경하고 이외의 미합중국에는 기대되는 외교사절을 보내는 등 개화독립당 선구자들의 우심충충(憂心忡忡) 노력 분발하던 모습이 역력히 나타나 당시의 지면이 일부 개화의 실록인 관(觀)이 있게 한다.

---

[60] 위의 글, 283쪽.
[61] 위의 글, 287~288쪽.

안재홍은 특히 창간호에 실린 지구전도 그림과「지구도해」,「지구론」,「주
양(州洋)에 대해 논함」과 같은 기사의 의미에 주목했다. 중국 중심의 세계관
을 극복하고 "지루하던 쇄국몽(鎖國夢)에서 세계란 무엇인가를 민중이 알고
싶어 하였던 것"을 역력히 보여준다는 것이다.[62] 이처럼 안재홍은『한성순보』
의 발행의의를 매우 높게 평가했다고 판단된다. 그러나 "다만 순한문의 기사
로서 일부 봉건귀족층과 및 그 영향 하에 있는 특수 계층 사람들에 국한되었
든 일이어서 아즉 민중적 대중화한 언론과 보도의 기관은 못되었든 것이다."
고하여 그 특색과 한계를 지적했다.[63]

갑신정변의 실패로 박문국이 불에 타고, 한성순보 발행이 중단된 사실에
대해 안재홍은『한성순보』가 "문명개화로써 독립자위의 풍기(風氣)가 높아
갈 때 창간되었고, 그 퇴세(頹勢)시대에는 폐간"되었다고 설명했다. 갑신정
변은 민중의 각성이 이를 지지할 정도가 되지 못했고, 권력 핵심부에 원래의
영화를 유지하려는 친정보수파가 많았으나, 개혁세력이 양성한 병력은 아직
미약했기 때문에 실패했다는 것이다. 또한 기대했던 일본측 병력은 1중대도
되지 않았는데 청나라 병사는 수천에 달해 결국 개혁당의 개혁의지는 3일만
에 실패하고 말았다. 게다가 "개혁당이 일반에게 불리하게 인식된 것은 첫째,
왕실에 대한 역모와 혼동한 것이요, 둘째 일본의 후원을 입은 것은 선입관적
으로 좋지 않은 감정을 가진 것이다."고 해석했다. 갑신정변에 따른『한성순
보』의 발행 중단에 대해서는 현대에서도 대체로 안재홍의 분석과 같은 관점
에서 평가되고 있다.[64] 민중의 각성이 아직 개혁운동을 지지할 만큼 성장하
지 못했다는 지적은 특히 주목되는데, 이것은 개혁의 내용을 알리고 널리

------

62) 위의 글, 282쪽.
63) 안재홍(1935c), 앞의 글, 7쪽.
64) 신용하(1987),『한국근대사회사상사연구』, 서울: 일조각 참조.

전해줄 미디어의 존재가 부족했던 상황을 말해준다.[65]

안재홍의 『한성순보』 발행의 의미와 중단원인, 『한성순보』의 한계 등에 대한 분석은 오늘날에도 거의 그대로 설명하는 내용들이라는 점에서 의의가 있다. 그러나 『한성순보』가 폐간된 후 『한성주보』를 발행한 사실에 대해서는 매우 간략하게 언급했다. 『한성주보』는 열흘이 아닌 1주일 간격으로 발행 주기가 단축되고, 발행 초기에 국한문과 한글을 사용한 기사들을 게재했으며, 광고도 게재하여 『한성순보』와는 다른 역사적 의미가 있는데, 안재홍은 이런 점에 특별히 주목하지 않았던 것으로 보인다.

3) 제2기 광무시대 - 독립신문, 황성신문, 뎨국신문

안재홍에 의하면 이 시기는 대체로 갑오 이래 건양원년까지의 기간으로 독립협회가 "그들 봉건층 일부 신인들의 영도 하에 제3단계의 시민층을 동원하여 애국적 정감(情感)에 움직이는 민권운동으로서 「군민공치(君民共治)」로서 비상한 국난을 물리쳐 볼까하고" 사회운동을 전개한 기간이다.[66] 바로 이 기간에 신문이 다시 출현하여 조선의 신문사(新聞史)상 제2기가 된다.

안재홍은 이 시기의 『독립신문』에 대해 제2기 신문사의 전기에서 으뜸이요, 또 권위라고 하면서, "당시의 민중적 정치의식을 대표하고 있던 독립협회의 표현기관으로 그 독자의 구실을 다하였다"고 평가했다. 안재홍은 또한 『독립신문』 창간호의 사고(社告)에서 밝힌 신문의 편집방침과 주지에 대해 다음과 같이 설명했다.[67]

---

[65] 김영희(2009a), 『한국사회의 미디어 출현과 수용: 1880~1980』, 커뮤니케이션북스, 25~26쪽.

[66] 『선집 4』, 290쪽.

본국·외국, 정부·민간을 열거하여 그 분계(分界)와 사정을 자세히 알리려고 한 것은 돌기(突起)하는 국민의식과 유치한 민권사상(民權思想) 초기에서 민족적으로 또 민중적으로 명백한 각성이 없어서는 안 될 것을 고조(高調)한 것이요 더구나 그 저면에 잠겨 있는 말 밖의 뜻으로서 중난(重難)한 분위기 속에 시대의 오뇌(懊惱)와 번민이 스스로 안여(晏如)치 못할 바 없음을 읽을 수 있다.

『독립신문』 창간사에서 "편벽되지 않고 무슨 당에도 상관이 없다는 것"의 의미에 대해 안재홍은 당시 정계가 친일, 친러, 친청당으로 나뉘어 궁정을 중심으로 각종 음모가 난무하던 상황이었으므로 『독립신문』이 어느 편에도 치우치지 않고 독립적으로 조선인으로서의 길만을 걸어가겠다는 선언이었다고 그 의미를 해석했다. 또한 "정부에서 하시는 일을 백성에게 전할 터이요, 백성의 정세를 정부에 전할 터이니, 만일 백성이 정부의 일을 자세히 아시면 피차에 유익이 많이 있을 터이요. 불평한 마음과 의심하는 생각이 없어질 터이옴"이라는 표현에 대해, 정부의 동정에 경어를 사용한 것은 관존민비 사상이 아니라 오히려 소통을 통해 피차 오해하지 않고 신뢰와 책임으로 연대하는 관계를 만들겠다는 우국충정에서 비롯된 것으로 보았다. 안재홍은 또한 『독립신문』을 주관하던 서재필과 윤치호가 서구문물을 접하고 입헌군주제를 이상으로 삼아 자유민권사상으로 민중을 이끌려는 의도를 갖고 있었다고 평가했다. 그러나 국제열강의 압력과 수구세력의 저항으로 결국 민권을 주장하는 독립협회가 혁파되고 『독립신문』이 폐간되면서 이제 이를 거론하는 매개체가 존재하지 않게 되었다는 것이다.

안재홍은 『황성신문』(皇城新聞)과 『제국신문』의 성격을 설명하면서 주목

---

67) 위의 글, 291쪽.

한 것은 이 두 신문의 발행주체들이『독립신문』발행주체들의 사상적 배경이 다르다는 점이었다.『황성신문』의 남궁억, 유근 등 초기 인물들과 장지연, 박은식, 남궁훈, 신채호 등이 모두 유생이자 한학자인 명유석사(名儒碩士)이고『제국신문』의 이종일과 이승만도 유생의 선각들이어서, "황성신문·제국신문 주위(主位)시대에는 결국 모두 유생(儒生) 영도(領導)의 언론진(言論陳) 시대를 형성한 것이 그 특색이었다. 그들은 민권주의적인 평론 경향을 가지면서 그 국제적 지위가 갈수록 급업(岌嶪)한 시국에 점점 더 애국적 색채를 띠게 된 것이요 그 언론의 방식은 유생인 것이 역연하였다."고 설명했다.[68]

안재홍에 의하면『황성신문』은 순언문이 한문학자(漢文學者)인 중류이상의 사람에게는 도리어 불편하여 국한문을 사용했고, "신문은 즉 '춘추직필(春秋直筆)'이라는 사관사필(史官史筆) 이래의 지도의식을 여기에 재인식하여, 윤음(淪音) 혹은 장주(章奏) 등의 정식(定式)인 4·6문체(文體)를 잉용(仍用 이전 것을 그대로 씀)하였다."고 하여 문체의 특성을 설명하면서 겸손하고 신중한 유학자의 면목을 보인다고 평가했다.[69]『제국신문』도『황성신문』과 논지가 비슷했으나, 을사늑약 당시『황성신문』이 사설「시일야(是日也)에 방성대곡(放聲大哭)」을 보도한 이후『독립신문』이 폐간 당한 전철을 밟지 않기 위해 정치대국(政治大局)에 대한 비판적 내용을 보이지 않았다고 지적했다. 이런 설명은 오늘날에도 통용되는 내용이라는 점에서 그의 해석을 거의 그대로 수용하고 있다고 생각된다.

---

68) 위의 글, 299~301쪽.
69) 위의 글, 300쪽.

4) 제3기 을사시대 신문현상과 사회사

안재홍은 을사늑약이 조선사회에서 갖는 의미가 매우 크다고 보고 오늘날 애국계몽기로 설명하는 1904년 이후를 을사시대로 불렀다. 이 시기를 특징짓는 사항은 세계 최강의 제정러시아와 일본이 전쟁을 벌이고, 거기서 일본이 승리한 사실이었다. 안재홍은 이 시기를 조선에 대한 일본의 영향력이 점차 강력해지면서 민중적 절망상태였다고 해석했다.

이 시기의 신문현상에 대해 안재홍은 "이러한 위난의 국(局)은 저절로 만각(晚覺)한 조선인의 신경에 침질하여 한편으로 신교육의 진흥운동이 되고 또 한편으로 각종 신문의 간행을 보게 된 것이며, 통감정치의 뒤를 따라 조선에 자꾸 건너오는 일본인도 또 각각 그 신문을 간행하게 되면서 경성에는 조선문 신문이 문득 12, 13종에 달해 미증유의 상태를 나타내었다."고 서술했다.[70] 애국계몽기 나라의 독립과 실력양성이 절박한 상황에서 다수의 사학이 설립되고, 일본인 경영의 신문도 있어 우리나라에서 그 어느 때보다 많은 신문이 발행되었던 상황을 설명한 것이다. "정치의 감은 할 수 없도록 기울어졌는데, 각색의 신문이 내외에서 족출(簇出)한 것은 마치 춘풍이 다 지났는데 뒤늦게 꽃이 함부로 핌"과 같았다는 것이다.[71] 그러나 광무 9년(1904년) 이래의 신문 지면은 이제 나라를 잃어가는 상황에서 당시의 사회분위기는 오직 비분으로 가득 찼다고 표현했다.

이 시기에 발행한 다양한 신문 가운데 안재홍이 관심을 갖고 설명하고, 평가한 신문들은 〈표 2〉와 같다. 이와 같이 안재홍은 조선인 발행신문을 민족계열신문과 친일신문으로 나누었고, 일본인 경영 신문과 해외 교포발행

---

70) 위의 글, 303쪽.
71) 위의 글, 304쪽.

신문도 포함한 것이다.

<표 2> 을사시대 안재홍이 설명한 신문들

조선인 발행신문	민족 계열 신문	황성신문 - 당대의 유학자들 참여, 년조가 오래고 필치가 온후 제국신문 - 민중 운동의 한 표현기관, 정운복 주재하면서 논조 타협적 대한매일신보 - 첨예한 논조로 배일(排日)신문이라는 평가 만세보 - 일진회에 대항 손병희 등 천도교 일파 참여 대한민보 - 대한협회 기관지, 창간호부터 1면에 신문만화 게재 조양보 - 대한자강회 간부 윤효정, 심의성 경향신문 - 천주교 경영의 순언문 주간신문
	친일 신문	國民新報 - 일진회 기관지로 방약무인한 언론으로 군중이 파괴 大韓新聞 - 이완용 내각 기관지, 이인직 주재 大同日報 - 안익선 時事新報 - 민원식
일본인 경영 신문		大東新報 - 菊池謙 大韓日報 - 荻谷 中央新報 - 古賀
해외 교포 발행신문		新韓國報 - 하와이 교포신문, 순한글 신한민보 - 샌프란시스코(桑港) 교포신문, 순한글 大東共報 - 블라디보스톡(海蔘威) 교포신문, 순한글

안재홍은 광무시대부터 발행되던 『황성신문』과 『제국신문』이 경영난과 언론 억압 속에 간행을 계속했다고 하면서, 『황성신문』은 유근, 박은식 등 당대의 유학자들이 참여하여 "그 년조의 오램과 필치의 온후함으로서 신문 사상(新聞史上)의 보배"였고, 고서적과 고사(古史)의 천명에 공헌이 많았다 고 평가했다. 『제국신문』도 "민중운동의 한 표현기관인 구실"을 잘했다고 평 가했으나, 이종일이 그만두고 정운복이 주재한 이후에는 그가 정치적으로 전향하여 "그 임종이 특히 말할 바 없었고"라고 하여 논조에 문제가 있었음을 간접적으로 지적했다.[72]

72) 위의 글, 313~314쪽.

안재홍은 이 기간에 새로 출현한『대한매일신보』,『만세보』(萬歲報),『대한민보』(大韓民報),『조양보』(朝陽報),『경향신문』(京鄕新聞)과 함께 친일단체인 일진회의『국민신보』(國民新報), 이완용계의『대한신문』(大韓新聞), 안익선의『대동일보』(大同日報), 민원식의『시사신보』(時事新報) 등의 친일 신문을 언급했다. 이어 일본인이 발행했던 일본어 신문『漢城新報』,『大東新報』,『大韓日報』,『中央新報』 등은 모두 다소의 정치적 의도가 있었다고 평가했다. 구한말의 친일적인 신문과 일본인 경영 신문의 논조가 어떠했는지에 대해 "더욱 말할 바가 없다"고 하여 간접적으로만 시사하고, 직접적으로 비판하지는 않았다. 일본의 언론탄압이 강화되었던 1935년 상황에서 이를 구체적으로 언급하기 어려웠음을 짐작하게 한다.

해외로 이주한 교포들이 발행한 신문을 소개하면서, 이런 신문들이 국내에 수입되는 도중 보급을 통제하기 위해 압수와 발매금지되는 사례가 흔했다는 점을 지적하고 있다.『대한매일신보』는 양기탁, 임치정, 안태국 등이 경영을 맡았는데, 단재 신채호, 안창호, 이갑 등 서북학회 관련 인물들이 외국인 배설이 발행인인 것에 힘입어 첨예한 논조로 배일(排日)신문이라는 지적을 받았고, 조선사론과 조선정신 고취가 특색이었다고 그 의의를 평가했다.[73] 안재홍은 구한말 청년기에 "애국사상의 선전 고취기관이든 대한매일신보, 황성신문을 애독"하면서, "국가민족의 흥망성쇠에는 제 스스로 일가견을 가졌노라고 어줍잖게 자부심을 가졌던" 경험으로,[74] 이 기간의 두 신문에 대해 특히 긍정적이었던 것으로 볼 수 있다. 이 기간의 신문현상에 대한 이와 같은 안재홍의 설명과 평가방식은 오늘날에도 거의 비슷하게 설명되는 방식이다.

....

[73] 위의 글, 313쪽.

[74] 안재홍(1946),「悲痛! 조국의 覆沒!」,『신천지』 8월호, 9쪽.『선집 5』, 91쪽.

1910년 한일강제병합을 전후하여 조선문의 민간신문은 모두 폐간되었다. 『대한매일신보』는 그해 6월 배설을 대신해 발행인이 되었던 영국인 만함과 통감부 당국 사이에 매도계약을 체결해 총독부 기관지가 되었다. 제호에서 대한 두 글자를 뗀『매일신보』는 참여인물과 논조가 전혀 다른 것으로 되어 1935년 현재까지 그 특수 사명을 이어가고 있다고 설명했다.

이 시기 신문 내용과 관련해 안재홍이 주목한 사회현상은 의병소요사태와 국채보상운동이었다. 애국계몽기간 국가 쇠망의 상황에서 민간인들이 벌인 산발적인 저항 가운데 무력 활동에 대해 당시 신문에서 비적(匪賊)이라는 표현을 사용하기도 했는데, 안재홍은 의병이라 불렀다. 그 무렵 5년여 간 계속된 의병활동에 대해 안재홍은 "이 시대의 소요는 그 역사과정에서 슬퍼할 필연이요, 갸륵한 무모(無謀)요, 또 아름다운 비극"이라고 하여, 의병활동이 결국 무모한 저항이 되었으나, 역사적으로 필연적으로 나타날 수 있었던 시도라는 점에서 긍정적으로 평가했다. 국채보상운동은 이 기간 신문 보급이 확대되면서 그 사회적 영향력으로 술과 담배를 끊어 그 비용을 모아 일본이 빌려준 국채(國債) 1천 3백만 원을 갚자는, 국채보상이라는 사회적 의제가 만들어져 전 국민이 이 운동에 적극 참여하면서 나타난 사회운동이었다.[75] 안재홍은 당시 신문들이 국채보상운동을 혈심으로 고취하여, "국채보상, 즉 국운만회(國運挽回)인 것처럼 열중한 것도 오늘날에 돌아보아 갸륵한 유치(幼稚)임을 인식할 수 있으되, 촌부, 시동까지를 아울러 눈물겨운 감격에 불타고 있었던 것은 차라리 국민적 사상운동이요, 또 그들 민중의식의 앙양과정으로 오히려 지면에 훈향(薰香)나는 기록이다."라고 하여 역시 그 의의를 긍정적으로 평가했다.[76]

---

[75] 김영희(2009a), 앞의 책, 29~31쪽.

[76] 『선집 4』, 310쪽.

5) 신문경영과 신문광고

안재홍은 신문경영, 신문체제, 신문광고에 대해 자세하게 다루지는 않았으나 이런 문제들이 신문현상을 이해하는데 설명이 필요한 사항들이라는 것을 인식했던 것으로 생각된다. 구한말 모든 신문이 겪던 경영난의 중요한 원인이 신문대금이 제대로 걷히지 않은데 있었다는 안재홍의 설명은 오늘날에도 그대로 말해지는 내용이다. 또한 "광고는 하대(下待)하던 편이어서 휘몰아다가 4면에만 싣는 것이 특징이었고, 광고 종류는 신서적을 주로, 약품 혹은 신성한 주류, 기타 저포(苧布) 등 옷감 따위로되 자못 희귀하였고, 계약한 광고이어서 똑같은 종합 안배로 며칠이고 계속하였던 것이 눈에 띈다."[77]는 설명은 안재홍이 개화기에 광고의 필요성에 대한 인식이 부족했다는 점을 지적하면서, 광고 게재방식에 대해서도 관심을 가졌음을 말해준다.

5. 맺음말

이상에서 안재홍의 신문사 연구에 대해, 그가 1935년『조선일보』에 연재한「조선신문소사」를 중심으로 한국언론사의 연구사적 시각으로 고찰했다. 앞에서의 논의를 요약하고, 안재홍의「조선신문소사」의 연구사적 의미를 검토하기로 한다.

일제강점기 언론의 역사에 대한 관심과 논의는 1910년대부터 많지는 않지만 비교적 꾸준히 이뤄진 편이었다. 그러나 실제로는 같은 필자가 비슷한

---

77) 위의 글, 314쪽.

내용의 글을 중복해서 발표한 경우도 있었다. 관련 논의들은 대부분 한국언론사를 주제로 했으나, 세계언론사를 주제로 한 논의들도 있었다. 한국언론사를 주제로 한 글들은 대부분 간략하게라도 신문의 기원으로 조보와 긔별을 언급하고 있었다. 한국언론사를 주제로 한 글을 발표한 대표적인 인물로는 차상찬, 이종수, 최남선, 안재홍을 들 수 있다.

안재홍은 전근대 신문 현상으로서 신문의 기원을 먼저 서술한 후, 구한말 신문의 역사에 대해 대표적인 신문들을 중심으로 3기로 나누어 살펴보고 있다. 신문의 기원으로서 안재홍은 긔별(저보)과 인행조보를 설명했다. 이런 설명은 안재홍이 밝혔듯이 최남선의 글을 참고한 것으로 보이지만, 조선학운동을 주도하여 조선의 자주적 근대 국가수립의 내재적 역량을 주목했던 안재홍이 근대 신문의 자생가능성을 언급하려는 시도로 볼 수도 있을 것이다. 한편 안재홍은 일제강점 이후에 대해 1910년에서 1919년 3·1운동까지의 기간을 제외하고 그 후의 시기를 제4기 신시대라고 표현했다. 안재홍은 신문의 기원에 대해서는 비교사적으로 접근했고, 그 이후의 시기에 대해서는 정치사회사적 배경을 설명하면서 당시의 신문현상과 신문기사에 나타난 사회현상을 설명하는 방식으로 서술하여, 「조선신문소사」는 구한말 신문의 사회사라고 할 수 있다.

「조선신문소사」는 신문에 참여한 인물, 신문의 논조, 주요 기사에 대한 평가를 통한 신문의 성격 분석, 신문체제, 신문광고, 친일신문, 일본인 경영 신문, 해외 교포 신문 등 구한말 신문현상의 다양한 주제를 포괄하고 있어 일제강점기에 발표된 신문사 가운데서 가장 대표적인 연구 성과로 평가된다. 물론 신문에 기고한 글의 성격상 정밀한 연구라기보다는 개괄적으로 언급한 부분들이 있고, 객관적인 분석과 주관적인 감상이 혼합되어 있기도 하다. 그럼에도 해석의 시각과 방향에서 대부분 오늘날에도 설명하는 방식으로 논의하고 있다는 점에서도 구한말 신문현상의 역사를 다룬 선구적인 업적이라고 할 수 있다.

안재홍의 연구는 이종수가 직접 참고했다고 밝혀 동시대적으로 영향을 미쳤을 뿐만 아니라 해방 이후 언론사 연구의 사관과 접근방법에도 영향을 미쳤다고 평가된다. 앞에서 살펴보았듯이 현대 언론사 연구의 대표적인 초기 저술인 최준의『한국신문사』(1960)의 접근방법이나 현대 언론사 연구사에서 대표적인 언론사 방법론 연구로 평가되는 1975년 임근수의 연구와도 연결될 수 있기 때문이다. 이와 같이 안재홍의 신문사 연구는 일제강점기에 이루어진 대표적인 언론사 연구 성과로서 해방 이후 현대 언론사 연구에도 적지 않은 영향을 미쳤다고 평가할 수 있을 것이다.

참고문헌

고려대학교 아세아문제연구소 육당전집편찬위원회편(1973), 육당최남선전집 4,
　　　『古事千字』, 서울: 현암사.

고려대학교 아세아문제연구소 육당전집편찬위원회 김종식편(1975), 육당최남선
　　　전집 15『총 목차 종합색인 년보』, 서울: 현암사.

김민환(2002),『한국언론사』, 개정판, 서울: 나남출판.

김수태(2000),「신민족주의사학론」,『역사민속학』11, 83~105.

김수태(2003),「안재홍의 신민족주의와 사회사 연구」,『한국근현대사연구』제 24집,
　　　91~118.

김영희(1995),「생성기 한국 근대언론사상의 형성」,『언론학보』14집, 한양대 언론
　　　문화연구소, 89~127.

김영희(2009a),『한국사회의 미디어 출현과 수용: 1880~1980』, 커뮤니케이션북스.

김영희(2009b),「한국의 언론사 연구 50년: 성찰과 과제」, 한국언론학회50년사편찬
　　　위원회 편,『한국언론학회 50년사』. 359~422.

김인식(2011),「민세주의와 민세학의 정립을 제안하며」, 민세안재홍선생기념사업회,
　　　『안재홍의 항일과 건국사상』(3~10), 서울: 백산서당.

김현준(1928/1977),「동아세아(일본·중국 및 한국)에 있어서의 현대신문의 생성발
　　　전」, 차배근 외,『한국신문학 50년사』(362~394), 희관임근수박사화갑기
　　　념논총, 서울: 정음사.

류시현(2011),「1930년대 안재홍의 '조선학운동'과 민족사 서술」,『아시아문화연구』
　　　제22집, 경원대학교 아시아문화연구소, 25~52.

민세안재홍선생기념사업회 편(2012),『안재홍과 신간회의 민족운동』, 서울: 선인.

박용규(2004),「안재홍의 언론활동과 언론관」,『민주사회와 정책연구』6호, 210~235.

박용규(2012), 「광복이후 안재홍의 언론관과 언론활동」, 제6회 민세학술대회 발표
논문집, 『언론구국(言論救國)의 국사(國士) 안재홍』, (사)민세안재홍선생
기념사업회·한국언론학회, 28~42.

박찬승(2002), 「1930년대 安在鴻의 民世主義論」, 『한국근현대사연구』 제20집, 정윤
재 외 4인 공저, 『민족에서 세계로-민세 안재홍의 신민족주의론』, 57~91,
서울: 봉명.

三笑居士(1916), 「조선신문계의 회고와 我報」, 『每日申報』 1916.3.4. 3.

壽春學人(1930), 「朝鮮新聞雜誌 沿革及 發行史」, 『별건곤』 30(1930, 7), 22~27.

신용하(1987), 『한국근대사회사상사연구』, 서울: 일조각.

안재홍(1927), 「조선신문사론」, 『조선일보』 1월 5~9일.

안재홍(1930), 「기자도덕에 관하여」, 『철필』 4호, 5~7.

안재홍(1935a), 「조선신문소사」, 『조선일보』 7월 6~26일.

안재홍(1935b), 「新聞人淪落記」, 『조선일보』 7월 27일~29일.

안재홍(1935c), 「新聞史草 50년간의 회고(1)」, 『쩌날리즘』 창간호(4~7). 관훈클럽
신영연구기금(1992), 『쩌날리즘·新聞評論』 영인본, 한국언론전문지총서 2.

안재홍(1946), 「悲痛! 祖國의 覆沒!」, 『신천지』 8월호, 8~14.

안재홍(1949), 「髑髏哲學의 사도로 되었다」, 『삼천리』 2호.

안재홍선집간행위원회 편(1991), 『民世安在鴻選集 3』, 서울 : 지식산업사.

안재홍선집간행위원회 편(1992), 『民世安在鴻選集 4』, 서울 : 지식산업사.

안재홍선집간행위원회 편(1999), 『民世安在鴻選集 5』, 서울 : 지식산업사.

안종묵(2012), 「민세 안재홍선생의 일제에 대한 저항과 항일」, 제6회 민세학술대회
발표논문집, 『언론구국(言論救國)의 국사(國士) 안재홍』, (사)민세안재홍
선생기념사업회·한국언론학회, 1~27.

유길준 지음, 허경진 옮김(1895/1995), 『서유견문(西遊見聞)』, 서울: 한양출판.

유해송(1932), 「쁄죠아신문의 發達史考」, 『비판』 16(1932, 9), 11~15.

윤상길(2012), 「민세 안재홍 집필 신문기사 및 논설에 대한 내용분석 : 「선집」수록
기사를 중심으로」, 제6회 민세학술대회 발표논문집, 『언론구국(言論救國)

의 국사(國士) 안재홍』, (사)민세안재홍선생기념사업회 · 한국언론학회, 43~57.

이관구(1928), 「言論壓迫에 대한 史的 고찰」, 『현대평론』 제2권 제1호, 국학자료원 (1982) 영인판, 37~42.

이광재(1990), 「언론사 연구의 회고와 전망」, 한국언론학회 (편), 『한국언론학 연구 30년: 성 찰과 전망』, 195~238.

이민주 · 양승목(2006), 「일제시기 언론연구의 위상과 동향」, 『한국언론학보』, 50-6호. 5~34.

이종수(1931), 「조선신문사, 사상변천을 중심으로」, 『동광』 28, 1931.11, 69~75.

이종수(1934), 「조선잡지발달사」, 『신동아』 5월호, 60~64. (완)6월호, 68~72.

이종수(1936), 「조선잡지발달사」, 『조광』 12월호, 42~52.

이진한(2005), 「民世 安在鴻의 조선사 연구와 新民族主義論」, 『한국사학보』 제20호, 고려사학회, 317~344.

이진한(2011), 「손진태의 삶과 신민족주의 사학의 전개」, 민세안재홍선생기념사업회 편, 『납북민족지성의 삶과 정신』(173~207), 서울: 선인.

이해창(1973), 『독일 新聞學연구』 개정판, 서울: 이화여자대학교 출판부.

仁旺學人(1934), 「세계신문사」, 『신동아』 5월호, 36~41.

일기자(1925), 「조선언론계의 沿革」, 『개벽』 59호, 1925.5, 63~65.

임근수(1975/1984), 「한국 커뮤니케이션사 연구의 방법에 관한 일고찰」, 『언론과 역사』(207~235), 서울: 정음사.

임근수(1977), 「한국신문학의 성립과 발달」, 차배근 외, 『한국신문학 50년사』, 희관 임근수박사화갑기념논총, 서울: 정음사, 9~22.

임우성(1938), 「조선신문사」, 『비판』(1938, 8), 2~10.

장봉조(1928), 「中國新聞史 개관」, 『현대평론』 제2권 제1호, 국학자료원(1993), 영 인판, 43~55.

정윤재외 4인(2002), 『민족에서 세계로-민세 안재홍의 신민족주의론』, 서울: 봉명.

정윤재외 3인(2005), 『민세 안재홍 심층연구』, 한국학중앙연구원 편, 서울: 황금알.

정진석(1983), 『한국언론사 연구』, 서울: 일조각.

정진석(2008), 「안재홍, 언론구국의 국사」, 『한국사 시민강좌』 43집(348~361), 일조각.

정진석 편(2011), 『新聞春秋』 한국언론전문지, 서울 : 관훈클럽신영연구기금.

조맹기(2002), 「안재홍의 신민족주의 언론사상」, 정윤재 외 4인, 『민족에서 세계로-
        민세 안재홍의 신민족주의론』(161~198), 서울: 봉명.

조선일보사사편찬실(2010), 『조선일보 90년사(상)』, 조선일보사.

차상찬(1935), 「조선신문발달사」, 『개벽』 신간 4, 2~12.

차상찬(1936), 「조선신문발달사」, 『조광』 11월호(1936.11), 40~52.

채백(2006), 『독립신문 연구』, 서울: 한나래.

천관우(1963), 「한국 新聞前史의 몇 가지 문제」, 고재욱선생화갑기념논총편찬위원회
        편, 『민족과자유와 언론』(411~444), 서울: 일조각.

천관우(1967), 「장지연과 그 사상」, 『백산학보』 3호, 487~514.

최영수(1934), 「조선신문만화의 과거현재及장래」, 『신동아』 5월호, 97~98.

최정해(1936), 「세계신문사(1)」, 『평론』 1-1호(1935.1), 19~23.

최준(1960), 『한국신문사』, 일조각(1970 증정판, 1990 신보판).

霞汀(1934.5), 「조선신문발달사-사상변천을 중심으로」, 『신동아』 4권 5호, 52~59.

한영우(1994), 『한국 민족주의 역사학』, 일조각.

希山學人(1924), 「40유여년간 변천만흔 조선신문계」, 『每日申報』, 1924.6.1. 4.

朝鮮總督府 官房文書課(1927), 『朝鮮の言論と世相』調査資料 21輯. 東京: (有)巖.
        南堂書店.

小野秀雄(1922), 『日本新聞發達史』, 大阪 : 大阪每日新聞社.

小野秀雄(1932), 『圖解新聞發生史』, 東京 : 新聞學研究會.

小野秀雄(1934), 『現代新聞論』, 東京 : 時潮社.

小野秀雄(1971), 『新聞研究 五十年』, 東京 : 每日新聞社.

민세 안재홍 집필 신문기사 및 논설에 대한 내용분석

윤상길

민세 안재홍 집필 신문기사 및 논설에 대한 내용분석
- 「선집」 수록 기사를 中心으로

　본 연구는 안재홍에 대한 기존연구의 대다수가 자료적 측면에서는 주로 『민세안재홍선집』에 의존하고 있지만 연구시각의 측면에서는 그 폭이 그다지 넓지 못하다는 문제의식으로부터 출발하여, 『민세안재홍선집』에 수록된 신문기사와 사설, 논설, 시평에 대한 내용분석을 통해 언론인으로서 안재홍이 관심을 가졌던 사안의 주제적 범위를 살펴보는 데 그 목적이 있다.

　연구 결과, 언론인으로서 안재홍이 가장 관심을 가지고 집필했던 분야가 한국 국내문제였음을 확인할 수 있었고, 점차 국제관계에 대한 관심이 증가되고 있음을 확인할 수 있었다. 특히 1929년을 전후로 한 시기, 일제강점기의 두 시기 모두에서 압도적으로 정치관련 논설이 차지하는 비율이 거의 변화가 없었을 뿐만 아니라 제2기의 문화 분야에 대한 기사의 비율이 두 배 이상 증가한다는 점을 확인할 수 있었다. 이러한 분석결과에 대해, 본고는 정치사상적 측면에서의 입장변화와 저널리스트로서 안재홍이 관련 현안에 기울인 관심 간에는 차이가 있을 수 있다고 해석하였다.

1. 연구의 필요성과 목적

정치적 격변기라고 할 수 있는 구한말, 일제강점, 해방 이후의 현실적 조건 속에서 많은 민족운동가들은 민족운동의 일환으로서 언론활동을 하였지만, 잠시 언론계에 있었거나 또는 직접 기사를 쓰지 않고 단지 경영진으로만 활동했던 것이 상당수 민족운동가들의 언론계 참여방식이었던 반면, 민세(民世) 안재홍(安在鴻)은 활발하게 민족운동에 참여하면서 동시에 오랫동안 직접 글을 쓰는 언론인이었다. 일제강점기의『시대일보』와『조선일보』, 그리고 해방 이후의『한성일보』에 주필, 혹은 경영진에 몸을 담으면서 줄곧 직접 사설과 논설, 시평(時評)을 썼다(박용규, 2004, 211쪽).

안재홍에 대한 연구는 1970년대까지 인물평이나 생애에 대한 간략한 소개, 역사학자의 측면이 조명되다가 1980년대 현대사에 대한 학계의 관심고조와 함께 민세에 대한 본격적인 연구가 시작되었다. 무엇보다 1981년『민세안재홍 선집』의 발간이 그 주된 계기였다고 볼 수 있다. 신간회 운동(좌우 통일전선 운동)의 중심인물로서, 해방 뒤에는 중도 우파의 정치지도자로서 벌인 활동과 그의 국가건설론이 주목되었고, 최근에는 안재홍의 다사리주의가 통일시대 민족국가 건설에서 하나의 대안이 될 수 없는지에 대한 조심스런 모색도 진행되고 있다. 박한용(2008)이 지적하고 있듯이, 연구의 관심이 역사학자(사학사적 접근)→독립운동가(민족해방운동사적 접근)→일제강점하 신간회운동의 지도자(통일전선운동사적 접근)→해방정국의 중도우파 지도자(정치사적 접근)→자본주의와 사회주의의 대립을 지양하는 민세의 체제적 대안(정치사상사, 통일운동사적 접근) 등으로 이동하고 있다(박한용, 2008, 335~336쪽). 이렇듯 안재홍에 대한 연구가 상당히 많이 축적되기는 하였지만, 주로 정치사(상)적인 측면에 초점을 맞춘 것이 대부분일 정도로 그 연구시각의 폭이

그다지 넓은 편이라고 볼 수는 없다.[1]

본 연구는 안재홍에 대한 기존연구의 대다수가 자료적 측면에서는 주로 『민세안재홍선집』에 의존하고 있지만 연구시각의 측면에서는 그 폭이 그다지 넓지 못하다는 문제의식으로부터 출발한다. 이에 따라 본 연구에서는 『민세안재홍선집』에 수록된 신문기사와 사설, 논설, 시평에 대한 내용분석을 통해, 정치(사상)가로서의 안재홍이 아니라 저널리스트로서의 안재홍이 관심을 가졌던 사안의 주제적 범위를 살펴보고자 하는 것이다. 물론 안재홍의 특출난 집필분야가 국내정치와 국제정치에 관한 것은 잘 알려져 있는 사실이다. 그리고 선집1권 서두에 수록된 천관우 선생의 해제에서 밝히고 있듯이, "선생의 논설은 그 주제의 범위가 매우 광범하여, 예컨대 『민세유고보존철』의 논설부분은 1) 「사시(社是) 신년사(新年辭)」, 2) 국내문제로 「결사(結社) 통일문제(統一問題, 독립운동 전선의 통일), 현실투쟁(現實鬪爭) 민의앙양(民意昂揚) 정부(政府) 이권(利權) 소비(消費) 물산장려(物産奬勵) 미곡(米穀) 수조(水組) 농림(農林) 이민(移民) 생활개신(生活改新) 보건(保健) 문화(文化) 종교(宗敎) 단군사(檀君史) 偉人先輩....」, 3) 일본 정국(政局) 문제를 포함한 「외신(外信)」 등으로 선생 자신이 잠정 분류한 자취가 보여, 그 관심의 대상이 대체로 어떠하였는가를 짐작케 한다"(천관우, 1981). 그러나 현재 안재홍의 집필글들의 집성인 『민세유고보존철』의 행방이 확인되지 않는 상황에서, 선집의 체제마저 시기 순으로 이뤄져 있기 때문에, 본 연구는 선집에 수록된 안재홍 집필의 신문기사 및 논설의 주제범위를 구체적으로 이해하는 데 기여할 수 있을 것이다. 이를 통해 그동안 정치사(상)적 측면에만 초점 맞춰진 연구관심을 다각화시키는 데 도움을 줄 수 있을 것이다.

---

[1] 민세에 대한 연구문헌 중 민세의 언론활동과 사상에 대한 논문으로는 조맹기(2002)와 박용규(2004)의 연구가 있을 뿐이다.

2. 연구문제와 분석방법

본 연구는 다음과 같은 연구문제를 설정하여 안재홍 집필 신문기사 및 논설에 대한 내용분석을 해 보았다.

첫째, 각 시기에 따라 안재홍이 집필한 신문기사와 논설이 다루고 있는 사안의 주제적 범위는 어떠한가?

둘째, 일제강점기와 해방 이후 안재홍이 가장 중점적으로 관심을 가지고 집필한 분야는 어떠한 분야인가?

셋째, 일제강점기 안재홍의 언론에 대한 인식은 어떠했는가?

본 연구에서는 계량적 분석방법과 질적 분석방법 두 가지를 함께 적용하였다. 안재홍이 집필한 전체 신문기사와 논설을 대상으로 하지 못하고 선집에 수록된 것만을 대상으로 하기 때문에, 계량적 분석만으로는 안재홍이 관심을 가졌던 사안을 깊이 있게 밝혀내는 데 한계가 있기 때문이다. 따라서 이 연구에서 계량적 분석은 주제의 경향분석을 목적으로 수행되었다.

또한 본 연구에서의 내용분석은 크게 세 시기로 나뉘어 이뤄졌다. 「선집 1, 2, 6, 7」에 수록된 안재홍의 글은 크게 11개 시기 - 「선집 1, 2」는 안재홍의 신문사 내 지위와 중요한 정치적 사건을 기준으로, 「선집 6, 7」은 연도별로 수록 - 로 나뉘어져 있지만, 너무 세분화되었다는 점, 그리고 각 시기별 수록된 기사 수가 불균형적이라는 점, 그리고 시기구분의 근거가 이전에 발행되었던 선집과 추후에 간행된 선집 간에 차이가 있다는 점에서 문제가 있다. 따라서 저널리스트로서 안재홍이 관심을 가졌던 관심사의 주제적 범위를 살펴보고자 하는 본 연구의 목적과는 잘 부합되게 하기 위해, 본고는 일제의 언론정책과 안재홍의 언론활동을 중심으로 크게 세 시기로 나누어 살펴보고자 한다. 일제의 언론정책과 안재홍의 언론활동을 시기구분의 근거로 삼은 이유는 이러한 요인들이 안재홍 집필기사의 주제가 변화하는 데 직접적으로 작용했다고 보기 때문이다. 첫 번째 시기는 안재홍이 1924년 3월 31일 시대일보 논설반 활동으로 언론활동을 시작한 이후 안재홍이 세 번째 옥고를 치른 직후(1929년 1월)까지의 시기로서, 이 시기는 안재홍이 신간회를 중심으로 활발한 민족운동에 참여하던 시기였던 만큼 논설 중 정치관련 주제가 상당수를 차지하고 있는 시기이다. 두 번째 시기는 세 번째 옥고 이후 일제강점말까지의 시기로서, 이 시기 안재홍은 직접 신간회 등의 민족운동에 적극적으로 관여하지 못한 채 사설 집필에만 몰두하던 시기이다(박용규, 2004, 271쪽). 이 시기 안재홍은 신간회 등을 통한 정치투쟁이나 언론자유를 획득하기 위한 악법철폐운동을 주장하던 입장에서 서서히 민중의 생존권 수호운동이나 생활개신운동을 강조하는 입장으로 바뀌었다(박한용, 2002, 211쪽). 세 번째 시기는 1946년 2월 26일『한성일보』 창간으로 다시 언론활동을 재개하던 시기이다.

1) 계량적 분석

(1) 분석의 범주와 단위

본 연구에서는 분석범주로 논설의 주제(theme)를 택했다. 그러나 주제를 미리 설정하고 분석을 시도하는 대신 분석대상의 주제를 먼저 분석한 뒤, 귀납적 방법에 의해 주제를 범주화하였다. 물론 주로 정치사적 맥락 속에서 이뤄진 선행 연구들을 통해 주제를 미리 선정한 뒤 분석할 수도 있었으나, 본 연구의 목적이 언론인 안재홍의 관심사를 구체적으로 살펴보는 것인 만큼 귀납적인 방식으로 주제를 범주화하였다. 또한 귀납적으로 범주화함에 있어 주제의 외연(外延)을 크게 잡았음으로써, 주제의 세분화에서 초래될 수 있는 통계적 의미의 감소를 방지하고자 하였다.

한편, 본 연구에서 분석단위는 기사 및 논설로 삼았다. 그러나 논설이 곧 계산단위와 일치하는 것은 아니다. 왜냐하면 한 기사 및 논설 속에 한 가지 이상의 주제가 포함되어 있는 경우가 있어서이다. 분석해 본 결과에 의하면, 그러한 사례는 몇몇 장문의 연재(논설)기사에 국한되었기 때문에 주제를 계산단위로 삼기는 했으나, 실제로는 기사 및 논설이 분석단위인 동시에 계산단위였다고 볼 수 있다. 그리고 동일한 제목으로 며칠에 걸쳐 연재되었던 논설은 하나의 논설로, 그리고 동일한 제목으로 며칠에 걸쳐 기사가 연재되었다 하더라도 주제가 다른 경우엔 각각이 논설로 간주하여 계산하였다.

(2) 분석의 대상 선정방법

신문기사에 대한 내용분석에 있어 분석대상의 선정방법은 대체로 신문에 게재되었던 모든 기사 및 논설을 모집단으로 삼고 일정한 시기를 간격으로 1편씩 체계적 표집방법에 따라 분석대상 기사 및 논설을 표집하는 것이 일반적이다. 그리고 체계적 표집방법에 의해 수집된 분석대상에 대한 분석을 통해 연구결과의 일반화를 꾀한다. 그러나 본 연구는 통상적인 내용분석과 달리 본 연구는 분석대상 선정에 있어서 몇 가지 특수성이 있다. 첫째는, 안재홍 집필의 신문기사와 논설을 대상으로 했다는 점이다. 필자가 조사한 바로는 특정 인물의 집필 기사 및 논설에 대한 분석이 매우 드물다. 둘째는 전집(全集)이 아니라 선집에 수록된 신문기사와 논설을 대상으로 삼았다는 점이다. 물론『민세안재홍선집』이 모집단이라고 볼 수 있는『민세유고보존철』으로부터 표집되었다고 간주하게 되면『선집』을 표본으로 생각할 수도 있겠으나, 다분히 자의적인 기준에 의해 선정되었다는 점에서 과학적 방법에 의한 표집과는 거리가 멀다고 판단된다.[2] 따라서 본 연구는 계량분석을 연구결과의 일반화를 위한 목적보다는 (앞서 지적한바) 주제의 경향분석을 목적으로 수행된 측면이 많다고 할 수 있다.

보다 구체적으로 아래에서 제시한 대상선정기준에 의거하여 총 296개의 논설(기사)를 선정하여 분석하였다. 첫째, 『선집』에 수록된 신문기사와 논설 중에서, 게재지면이 확인되지 않은 글과 잡지 기사 등(방송원고, 선언문 등)은 배제하였다. 특히 잡지기사를 제외한 이유는 잡지기사의 경우 신문논설과 달리 기사 글의 길이가 훨씬 길 뿐만 아니라, 글의 성격 또한 본인의 체계적인 생각을 일종의 논문형식으로 풀어가고 있기 때문이다. 둘째, 일부 방송원고의 경우 신문기사로 실리는 경우가 종종 있었는데, 본 연구에서는 이 신문에 게재된 방송원고도 분석대상에서 배제시켰다. 셋째, 안재홍의 여타 신문의 기고 글[3] 또한 분석대상에서 제외했다. 셋째, 『선집 6, 7』에는 안재홍이 참여한 정당과 간담회 등에 대한 기사를 포함시키고 있는데[4], 본고는 이와 같은 '안재홍에 대한 기사'는 배제시켰다.

----

[2] 『선집 1, 2』의 편집자인 천관우(1981)의 해제에 의하면, 『선집1』에 수록된 논설은 150편 미만이다. 그리고 일제강점기 현역언론생활을 했던 8년(1924~32)에 집필한 무기명 논설은 사설 약 980편에 시평 약 470편으로 도합 1,550편에 달하고 『선집1』에 배당된 지면은 그 10분 1도 미치지 못한다. 또한 선집에 수록된 논설은 1) 안재홍의 자선(自選), 2) 조선총독부에 의해 압수된 논설, 3) 편집자인 천관우가 주관적으로 선정한 논설이다(천관우, 1981, 4~5쪽). 이렇게, (불가피한 측면이지만) 선집은 편집자의 자의적 기준에 의해 모집단인 『민세유고보존철』로부터 표집된 것이라고 볼 수 있기 때문에, 과학적 표집방법에 의한 것이라고 보기는 어렵다. 따라서 본고의 계량적 분석에 의한 연구결과는 일반화 상의 제한점이 있다고 할 수 있겠다.

[3] 대표적으로 『선집7』에 실린 「8·15당시의 우리 정계」(1949.9, 새한민보)가 이에 해당한다.

[4] 조선일보 1927년 1월 1일에 게재된 '본사 주최 여류명사 가정문제 합평회'가 대표적인 예이다.

  결과적으로 본 연구의 분석대상은『선집』에 수록된 신문기사와 신문논설, 시평을 분석대상으로 삼되, 안재홍이 몸담았던『시대일보』,『조선일보』,『한성일보』에 수록된 것만을 포함시킨 셈이다. 그 이유는 본 연구의 목적이 저널리스트로서 안재홍이 관심을 가졌던 사안의 주제적 범위를 살펴보고자 하는 것에 있기 때문이다.

2) 질적 분석

  본 연구에서 질적 분석은 이미 기존 연구에서 많이 다뤄지지 않았던 안재홍의 관심사를 임의로 선택하여 행했다. 그리고 논설의 내용을 주제에 대한 관심이나 인식을 중심으로 분석하는 방식을 택해 실시하였다.

3. 분석결과 및 논의

1) 논설주제의 양적 분석결과

(1) 분석대상 논설의 분포

  본 연구에서 분석대상으로 삼은 논설(기사)들을 각 시기별로 그 분포를 살펴본 것이 〈표 1〉이다. 선집 수록 논설 중에서 제1시기에 수록된 논설 수는 100개로서, 전체 기사에서 차지하는 비율은 약 33.6%를 차지하고 있고, 제2시기의 논설 수는 112개로 약 37.6%를 차지하고 있다. 해방 이후 수록된 논설 수는 86개로 전체 논설에서 차지하는 비율은 약 28.9%에 이르렀는데, 안재홍이 민정장관에 재임하던 시기에 집필하여 선집에 수록된 논설은 6개에 불과

하였다.

<표 1> 각 시기별 분석대상 논설 수

각 시기별	1924~1928	1929~1936	1946~1950	합계
논설 수 (백분율)	100 (33.6%)	112 (37.6%)	86 (28.9%)	298 (100.0%)

(2) 대주제별 논설의 분포

앞서 밝힌 바처럼, 본 연구에서 양적 분석은 언론인 안재홍의 관심사를 구체적으로 살펴보는 것인 만큼 우선 논설의 주제를 귀납적인 방식으로 주제를 범주화하는 방식으로 이뤄졌다. 그 결과 분석대상 논설의 모든 주제는 「국제관계」, 「한국국내문제」, 「재임 신문사의 사시 및 취임사」, 「기타」 등 모두 4개의 대주제 범주로 분류하였다. 그리고 다음 절에서는 각 시기별로 대주제마다 하위주제로 다시 범주화하여 빈도수를 집계하였다.

먼저 대주제별 빈도수를 보면, 한국국내문제가 208건(전체 논설에서 차지하는 비율은 약 69.8%)으로 가장 많이 나타났고, 국제관계 75건, 기타 8건, 사시 및 취임사의 순이었다. 이렇게 『선집』에 수록된 논설의 빈도수를 통해, 언론인으로서 안재홍이 가장 관심을 가지고 집필했던 분야가 한국국내문제였음을 확인할 수 있다. 이를 다시 각 시기별로 분석해 보면 다음과 같은 경향성을 확인할 수 있다.

가장 주목할 만한 경향성으로는 많은 빈도수를 보인 대주제인 「한국국내문제」와 「국제관계」는 시기에 따라 점차적으로 감소하거나 증가하고 있었다는 점이다. 「한국국내문제」의 경우, 각 시기 전체 기사에서 차지하는 비율이 각각 73%, 67%, 62.8%로서 시기에 따라 점차 감소하는 추세를 보였다.

반면에 「국제관계」의 경우에는, 각각 23%, 26.8%, 32.5%을 보임으로써 점차 증가되는 양상을 보였다. 이 결과는, 제2시기의 경우 당시 객원으로 조선

일보에서 활동하던 안재홍이 제2차 세계대전을 촉발하는 계기가 되었던 제
2차 이탈리아-에티오피아 전쟁의 발발에 관심을 가졌던 것이, 그리고 제3시
기의 경우엔 정부수립 이후 한국의 국제승인과 연관된 안재홍의 관심이 반
영된 결과라고 보여진다.

<표 2> 각 시기별 대주제 빈도수

대주제	1924~1928	1929~1936	1946~1950	합계
국제관계	23 (23.0%)	30 (26.8%)	28 (32.5%)	81 (27.2%)
한국 국내문제	73 (73.0%)	75 (67.0%)	54 (62.8%)	202 (67.8%)
사시 및 취임사	2 (2.0%)	1 (0.9%)	4 (4.7%)	7 (2.4%)
기타	2 (2.0%)	6 (5.4%)	0	8 (2.7%)
합계 (비율)	100 (100.0%)	112 (100.0%)	86 (100.0%)	298 (100.0%)

(3) 일제강점기(제1시기와 제2시기)의 논설분석

언론인으로서 안재홍이 관심을 가졌던 사안에 대해 보다 구체적으로 이
해하기 위해, 본 연구에서는 앞에서와 같은 대주제별 분포를 전제로 하여
일제강점기 안재홍 집필 논설을 다시 하위주제를 분석해 보았고, 그 결과는
<표 3>과 <표 4>에서 제시하였다.

먼저「국제관계」를 보면, 이 대주제는 다시「국제정세」와「타 식민지의
민족운동」이라는 두 하위주제로 분류된다. 총 53건의 대주제 가운데서「국
제정세」는 48건으로 약 90%에 이르고 있고, 나머지 5건이「他 식민지의 민족
운동」으로 나타났다. 이 분석결과를 보면, 언론인으로서 안재홍이 외신을 통
해 들어오는 국제정세에 지속적으로 관심을 기울이고 있었다는 점을 알 수
있다.

<표 3> 일제강점기(제1시기와 제2시기) '국제관계'의 주제별 빈도수

하위주제	제1시기	제2시기	합계
국제정세	19	29	48
他 식민지의 민족운동	4	1	5

다음으로 일제강점기 안재홍이 집필한「한국국내문제」관련 논설을 보면, 이 대주제는 다시 총 15개의 하위 범주를 포괄하고 있다. 하위 범주의 주제 분석에 앞서, 먼저 15개 하위 범주를 통상적인 '정치-경제-사회-문화'의 중분류 범주로 묶어 분석해 대략적인 경향성을 파악해 보았다. 그 결과, 총 148건의 기사 가운데 정치 분야가 94건, 문화 분야가 28건, 사회분야가 19건, 경제 분야가 8건으로서, 전체 기사에서 차지하는 비율로는 각각 63.5%, 18.9%, 12.8%, 5.4%를 차지하였다. 이로써 정치관련 논설이 차지하는 비율이 압도적으로 높다는 점을 알 수 있다. 이를 다시 제1시기와 제2시기로 나누어 살펴보면, 정치 분야의 논설이 차지하는 비율은 거의 변화가 없는 데 반해, 문화 분야에 대한 기사의 비율은 두 배 이상 증가하였다. 실상 이러한 분석결과는 기존 연구결과와 다소간 상충된 결과라는 점에서 면밀한 해석을 요한다. 앞서 지적한 바, 기존 연구에서는 언론탄압이 심해진 1929년을 전후로 하여 안재홍이 신간회 등을 통한 정치투쟁이나 언론자유를 획득하기 위한 악법철폐운동을 주장하던 입장에서 서서히 민중의 생존권 수호운동이나 생활개신 운동을 강조하는 입장으로 바뀌었다는 연구결과에 도달하였지만, 본 연구의 정치관련 논설의 비율변화에 대한 분석결과는 이와 상반된 결과인데 반해 문화 분야의 기사비율은 어느 정도 호응하고 있기 때문이다. 이에 대한 필자의 조심스런 견해는 정치사상적 측면에서의 입장변화와 저널리스트로서 안재홍이 관련 현안에 기울인 관심 간에는 차이가 있을 수 있다는 것이다. 또한

3번째 옥고를 치룬 이후 안재홍이 정치활동의 측면에서는 직접 신간회 등의 민족운동에 적극적으로 관여하지 못하였지만, 언론활동의 측면에서는 사설 집필에만 몰두할 수 있게 됨에 따라 안재홍이 신문지면을 통한 민족운동에 대한 비평과 입장 표명이 늘어난 것으로 해석가능하다.

〈표 4〉 일제강점기(제1시기와 제2시기) '한국국내문제'의 주제별 빈도수

하위주제		제1시기	제2시기	합계
정치	일제의 전제적 통치	14	7	21
	지방행정	1	1	2
	민족운동(비평)	17	24	41
	현실투쟁	4	4	8
	민족의식	4	7	11
	조선인의 정신적 자세 및 自省	8	3	11
	소계	48	46	94
사회	이주(移住)	4	6	10
	조선인의 생활현실 및 生活改新	6	3	9
	소계	10	9	19
경제	일제의 경제수탈	5	0	5
	실업 문제	1	1	2
	산업(물산장려 등)	1	0	1
	소계	7	1	8
문화	교육	6	11	17
	언론	1	4	5
	언어	1	2	3
	문화일반	1	2	3
	소계	9	19	28
총계		73	75	148

한편, 「한국국내문제」 관련 논설의 총 15개 하위범주에 대한 분석결과를

보면, 대체로 다음과 같은 점들을 발견할 수 있다. 첫째, 「한국국내문제」를 다룬 논설 주제 가운데 가장 많은 빈도를 나타낸 것은 '민족운동(비평)', '일제의 전제적 통치'에 대한 비판, '교육', '민족의식', '조선인의 정신적 자세 및 自省' 등이다. 둘째, 조선인의 사회, 경제적 여건과 관련된 주제는 시기적으로 제2기에 이르면 점차 줄어들고 있다는 점이다. 이러한 하위주제에 대한 내용분석을 통해 볼 때, 일제강점기에 언론인 안재홍은 일제의 전제적 통치에 대한 비판적 인식을 토대로 하여 지속적으로 민족운동에 대한 관심을 유지하는 동시에, 식민 상태의 극복이 조선인의 정신적 자세에 대한 자기성찰에 달려있다고 인식하고 이를 실현할 방편으로서 교육을 비롯한 문화건설에 점차 주목하게 되었다고 볼 수 있겠다.[5]

(4) 해방 이후(1946~1950)의 논설분석

이(異)문화자의 억압적 지배라는 일제강점기의 시대적 상황 속에서 언론인 안재홍의 관심은 앞서 살펴본 바처럼 대략 '한국국내문제'에 대한 15개의 하위주제를 중심으로 모아질 수 있었지만, 독립이라는 민족적 과제를 성취한 해방이후 시기 언론인 안재홍의 관심사는 **정부수립을 전후**로 확연히 달라지는 양상을 보였다.

우선 정부수립 이전 시기의 경우엔, 〈표 5〉의 국내문제 관련 논설목록에서 확인할 수 있듯이, 별도의 계량분석이 불필요할 정도로 국내문제에 대한 논설의 대부분은 건국노선과 국내 정치상황에 대한 것이었다.[6]

---

[5] 1930년대 안재홍의 문화건설론에 대한 논의는 정윤재(2005)의 연구에 잘 소개되어 있다.

[6] 표본(사례)수가 작아 실상 하위범주를 귀납적으로 도출하는 것이 큰 의미가 없기 때문에, 본고는 정부수립 이전시기에 대한 계량분석을 시도하지 않았다.

<표 5> 해방 이후 정부수립 이전까지의 '국내문제' 관련 논설

구분	제1차 미소공위 전후(1946.1~1947.1) : 총 논설 19건	제2차 미소공위 전후(1947.2~1948.7) : 총 논설 19건
기사목록	3.1大義 再宣揚[해방후 첫3.1기념일에](46.3) 조국전선의 결성(상)(46.4.6-7) 제5호 성명에 의한 서명과 반탁운동(46.5.1) 8.15 기념의 민족적 의의(46.8) 합작과 건국노선(46.10) 투쟁건국의 신1년(47.1) 민족적 반성과 분발(47.1) 반탁과 민족적 지성(47.1) 독립전취와 민주역량(47.1.31-2.2)	순정우익의 집결(47.10) 민주독립과 공영국가(47.10) 역사와 과학과의 신민족주의(47.12) 독립전취의 今1년(48.1) 남북협상에 寄함(48.4) 恐日, 배일, 항일(48.6)

한편, 정부수립 이후 안재홍 집필 논설을 하위주제를 계량적으로 분석한 결과는 대체로 〈표 6〉, 〈표 7〉과 같다. 정부수립 이후 안재홍 집필 논설 총 64건의 논설 가운데 대주제 「국제관계」와 「국내문제」, 「신문사 사시」, 기타 범주에 속하는 논설은 각각 24건, 35건, 2건, 3건이었다.

먼저 「국제관계」를 보면, 이 대주제는 다시 「對美관계」와 「對서방관계」, 「對일본관계」, 「국제정세」라는 네 개의 하위주제로 분류되는데, 그 빈도수는 각각 6건, 6건, 6건, 6건으로 나타났다. 이 분석결과를 보면, 정부수립 이후 한성일보에 다시 돌아온 언론인 안재홍이 외신을 통해 들어오는 국제관계에 지속적으로 관심을 기울이고 있었을 뿐만 아니라 주변국과 연관된 사안에 대해서도 매우 균형 있는 관심도를 나타내고 있었다고 할 수 있다.

<표 6> 정부수립 후 '국제문제'의 주제별 빈도수

하위주제	빈도수	하위주제	빈도수
對美관계	6	對일본관계	6
對서방관계	6	국제정세	6

반면 총 35건의 빈도수를 보이고 있는 「국내문제」를 살펴보면, '치안(여순반란사건)'을 비롯한 모두 16개의 하위범주를 포함하고 있다. 〈표 7〉의 분석결과를 보면 대체로 다음과 같은 점을 발견할 수 있다.

〈표 7〉 정부수립 후 '국내문제'의 주제별 빈도수

하위주제	빈도수	하위주제	빈도수
정부수반에 대한 입장표명	2	정신적 자세	6
국정과제	5	산림문제	1
내각구성	1	인구문제	1
민주국가(독립민족국가) 건설	5	노동문제	1
치안(여순반란사건)	4	재외국민	1
민족정신	1	징병제	1
선거	1	종교	1
외국에 거는 기대	2	해외공관	1

첫째, 국내문제를 다룬 논설의 주제 가운데 가장 많은 빈도를 나타낸 것은 「정신적 자세」, 「민주국가(독립민족국가) 건설」, 「국정과제」, 「치안(여순반란사건)」과 같이 다분히 정치적인 주제에 해당되는 것들이었다.

둘째, 〈표 7〉의 좌측 열에 해당되는 하위주제들이 대체로 정치 분야에, 그리고 우측 열에 해당되는 하위주제들이 대체로 사회분야에 해당된다고 보았을 때, 정부수립 직후 언론인으로서 안재홍이 주로 관심을 가졌던 분야는 정치 분야의 현안이었다고 할 수 있다.

셋째, 정치 분야 현안에 대한 관심도가 비교적 높았다하더라도 '국내문제'에 총 16개의 하위주제가 포함되어 있었다는 점에서 볼 때, 안재홍은 사회제 분야의 현안들에게 대해서도 두루두루 관심을 두고 있었다는 점이 확인된다.

2) 논설주제의 질적 분석결과 : 언론에 대한 인식

앞에서의 양적 분석을 통해, 본고는 일제강점기의 언론인 안재홍에 대해 그가 일제의 전제적 통치에 대한 비판적 인식을 토대로 하여 지속적으로 민족운동에 대한 관심을 유지하는 동시에, 식민상태의 극복이 조선인의 정신적 자세에 대한 자기성찰에 달려있다고 인식하고 이를 실현할 방편으로서 교육을 비롯한 문화건설에 점차 주목하게 되었다고는 결론에 도달한 바 있다. 연구시각의 다각화를 기여하고자 하는 본고는 질적 분석의 대상을 문화 분야 중 대표적인 것으로 '언론'을 선정하여 분석하였다.

일제강점기 안재홍의 언론관은 박용규(2004)의 연구에서 정리된 바가 있다. 그에 의하면, 1924년 「시대일보」를 통해 본격적으로 언론계에 등장한 안재홍은 처음부터 민족적 과제의 해결을 위한 언론의 역할을 강조하는 입장을 보여왔다. 또한 안재홍은 1930년대 신문의 '상품화'와 언론인의 '직공화'를 경계하면서 언론의 '민중적 표현기관'으로서의 역할과 언론인의 '지도자' 또는 '국사(國士)적' 자세를 요구하였다(박용규, 2004, 119~222쪽). 본고는 이러한 박용규의 견해를 참고하면서, 신문논설에 담겨져 있는 언론에 대한 인식을 살펴보고자 하였다.

우선, 사회 내 언론의 역할에 대한 안재홍의 최초의 인식이 잘 드러나는 논설은, 경영상의 어려움으로 사교(邪敎)로 지탄받던 세력에게 신문이 넘어갈지도 모르는 상황에서 사직을 결심한 후 쓴 다음의 사설이다.

"....(전략)....**민중적 표현기관, 一大公器로써** 그 일개 宗門의 번영을 위하여 점유하고 활용코자 하는 그들에게, 同人 최초의 공약과 천하 민중의 간절한 희망을 역설하는 것은 결국 무용한 일이었을 것이다. 그러나 **공정한 일개**

의 언론기관의 존폐가 조선인의 민중적 운명과 그 문화운동의 성쇠에 관한 바 심대한 것을 돌아볼 때에, 우리들은 최후의 한날까지 그 최초의 일념을 지키려고, 그의 존재한 사명과 의의를 옹호하려고, 그의 존귀하고 신성한 정신과 생명을 살려가려고 노력하지 않을 수 없다”(『시대일보』, 1924.7.10. ;『선집1』, 64~66쪽).

이 사설을 통해 안재홍은 신문이 특정세력의 입장을 대변하는 기관이 아닌 ‘민중적 표현기관, 一大公器’로서의 역할을 담당해야 한다는 견해를 피력하였을 뿐만 아니라, 공정한 언론기관의 존재여부가 조선민중의 운명과 문화운동의 성쇠를 좌우한다는 견해를 피력하였다. 식민지사회 내 언론의 역할에 대한 안재홍의 이러한 견해는 오늘날의 언론학 이론에서 얘기하는 신문의 ‘환경감시기능’(정보제공기능)에 대한 이해로부터 출발한 것이었다고 할 수 있다. 다음의 신문논설은 조선일보 혁신 2주년과 당시 낙성된 신사옥을 기념하기 위해 쓰여진 사설인데, 이 사설에서는 현재에 대한 해석을 제공하는 신문의 기능 없이는 민족운동의 방향 또한 설정될 수 없다는 견해가 제시되고 있다.

“本報의 사명으로써 하는 바와, 및 연래에 주장하여 오는 바는, 일관하여 어지러움이 없었으니 이제 申明함을 요치 않는다. 세계에 처하여 조선인이 되었고, 금일을 떠나서 시대를 해석할 수 없나니, 조선인인 것을 本位로써 현대의 대세에 순응하고, (그로)써 격렬한 경쟁의 파도 중에서 자아의 생존을 확보코자 함은, 吾人 필연의 노력이요 운동의 방향이 당연 이에서 출발할 것이다”(『조선일보』, 1926.9.13. ;『선집1』, 161~162쪽).

한편, 안재홍의 언론에 대한 인식은 언론자유에 대한 견해를 통해서도 접근할 수 있다. 다음의 논설은 언론의 자유에 대한 안재홍의 견해가 피력된 글이다.

"언론, 집회, 결사의 자유를 획득하자는 것은 현하 조선의 큰 부르짖음이다. 그는 현하 조선의 정세가 이것을 요구하여 말할 수 없음에 인함이다. 언론, 집회, 결사의 자유는 원래 일정한 제약이 있는 것으로서, 국정(國情)의 여하를 물론하고 각각 그에 배치되는 자를 제한하는 형편이니, 그에 대한 **절대의 자유를 요구하는 것은 오늘날의 조선에 있어 그 현실이 불가능할 것이다**......(중략)......결사, 집회, 언론 및 출판 등의 과도한 제한 아래 있게 되며.....(중략).....무수한 청소년의 법정 수난은 대체로 이로 말미암음이 많은 것을 알겠다. 이에 만일 결사, 집회, 언론 및 출판의 범위를 넓히어 그 자유의 표현을 신장케 하고 사회의 의식이 분해 정련(精練)되는 데 미쳐서는, 시대의 진운(進運)이 또한 일단의 광명을 가져 올 것이다. **작금 조선의 제 사건은 극단 구속으로 인하여 생산된 자 대부분이니라.**"(『조선일보』, 1930.3.25. ; 「선집6」, 138쪽).

논설에서 보듯, 안재홍은 언론의 자유가 각 국가의 상황에 따라 때로는 제한될 여지가 있다는 인식하에, 식민지의 조건 속에서 절대적인 언론의 자유를 요구할 수 없지만 지나친 일제의 언론탄압이 광주학생운동을 촉발시켰다는 논리로서, 일제의 언론탄압에 대한 조심스런 이의제기하였다. 이는 다음의 논설에서도 확인된다.

"언론집회의 억압이 사회진화에 큰 장애되는 것은 일반이 다 아는 바이다. 다만 그를 억압하는 이들이 어떠한 특수한 정책 사상의 수립 및 침점(浸漸)을 위하여 그 **억압을 합리화**하고 혹은 시대 민족의 고저(高低)를 운위(云爲)하여 언론집회의 정책을 변호하는 바이나, 그러나 권병(權柄)을 잡은 편의 견해는 항상 어떠한 선입주적인 **편견에 입각하여** 시대 민중의 정태를 정태(情態)를 정관(正觀)함을 缺하는 때가 퍽은 많다. ....(중략)....중간 대소 (大小)의 제사건을 겪어와서, 회전하여할 시국을 앞에 놓고 **이미 적지 않은 사려와 경험을 가지고 있다.** 이러한 조선사회에 대하여 오직 일관하는 간섭, 억압으로써 하여, 사회의 암류(暗流)가 이면(裡面)에 잠행(潛行)하고 왕왕이 발로(發露)되매, 중대한 형태에 달아나게 하는 것은 위정측(爲政側)으로 보 아서도 무엇이 득책(得策)일까 판단할 수 없는 바이다"(『조선일보』, 1930.4.26. ; 「선집1」, 352~353쪽).

위 논설에서 안재홍은 광주학생운동과 같은 민족적 저항이 언론집회의 금 지에 의해 유발되었다는 것을 일제당국이 3.1운동 등의 경험을 통해 익히 잘 알고 있음에도 왜 어리석은 정책을 펴고 있는가를 조목조목 설득하고 있 다. 그리고 이러한 인식은 다음의 논설을 통해서 확인할 수 있듯이 집회결사 의 자유가 민족적인 성장발전에 기여하게 된다는 원론적 입장정리로 마무리 된다.

"집회 결사의 자유를 확장하라. 이것은 이론을 제쳐놓고 현하 조선인의 대중적 요구이다. 인민은 그의 집회 결사의 자유에 의하여, 공중적 민중적 그리고 대중적 의사감정(意思感情)의 표현과 또는 그 표현수단의 정상화를 주축으로 삼고, 그의 민중적 또는 민족적인 성장 발전의 길을 걸어 나아갈 수 있는 것이다. ...(중략)...이 방책은 가장 현명 정상한 대책(大策)으로 될 것이다. 이것은 인간세(人間世)의 통칙(通則)이어서 조선에만 적용되는 특 례가 아니지만, 조선 현하의 정치적 정세, 그의 시국동태에 비추어 마침 꼭 그렇기를 요한다"(『조선일보』, 1931.9.5. ; 『선집1』, 423쪽).

이렇듯, 박용규(2004, 220쪽)의 평가처럼, 안재홍은 1929년 11월의 광주학생운동 이후 언론탄압이 강화되는 상황에 처하여, 민족운동을 위한 언론의 역할을 적극적으로 주장하기보다는 언론자유의 부재를 탄식하며 소극적이고 조심스럽게 언론의 자유를 요구하는 입장을 보였다고 할 수 있다. 그리고 그의 식민지 조건 하의 언론자유에 대한 인식에는 일제의 강력한 언론탄압에 대한 냉철한 분석이 뒷받침되지 못했다고 볼 수 있다.

4. 결론

　본 연구는 안재홍에 대한 기존연구의 대다수가 자료적 측면에서는 주로 『민세안재홍선집』에 의존하고 있지만 연구시각의 측면에서는 그 폭이 그다지 넓지 못하다는 문제의식으로부터 출발하여, 『민세안재홍선집』에 수록된 신문기사와 사설, 논설, 시평에 대한 내용분석을 통해, 저널리스트로서의 안재홍이 관심을 가졌던 사안의 주제적 범위를 살펴보고자 하는 데 그 목적이 있었다. 안재홍이 관심을 가졌던 사안의 주제적 범위에 영향을 미치는 요인은 무엇보다 시대적 상황과 당시의 언론정책, 그리고 이에 대응한 안재홍의 언론활동의 변화라고 할 수 있다. 이에 따라 안재홍 집필 신문기사와 논설의 주제적 범위를 추적하기 위해, 본고는 광주학생운동이 발생하는 1929년 즈음(조선일보 주필시절까지)과 해방을 시기구분의 시점으로 삼아 계량적 분석과 질적 분석을 함께 적용하였다.

　우선 대주제별 논설의 분포를 살펴본 결과, 언론인으로서 안재홍이 가장 관심을 가지고 집필했던 분야가 한국국내문제였음을 확인할 수 있었고, 점차 국제관계에 대한 관심이 증가되고 있음을 확인할 수 있었다. 또한 본고가 무엇보다 관심을 가지고 분석한 것은 안재홍의 정치적 입장이 바뀌는 시기라고 할 수 있는 일제강점기 1929년을 전후로 한 시기, 안재홍의 관심주제의 범위가 어느 정도 바뀌었는가 하는 것이었다. 분석결과, 일제강점기의 두 시기 모두에서 압도적으로 정치관련 논설이 차지하는 비율이 거의 변화가 없었을 뿐만 아니라 제2기의 문화 분야에 대한 기사의 비율이 두 배 이상 증가한다는 점을 확인할 수 있었다. 그리고 이러한 분석결과에 대해, 본고는 정치사상적 측면에서의 입장변화와 저널리스트로서 안재홍이 관련 현안에 기울인 관심 간에는 차이가 있을 수 있다고 해석하였다. 또한 안재홍이 3번째 옥고를 치른 이후 정치활동의 측면에서는 직접 신간회 등의 민족운동에 적극적으로 관여하지 못하였지만, 언론활동의 측면에서는 사설 집필에만 몰두할 수 있게 됨에 따라 안재홍이 신문지면을 통한 민족운동에 대한 비평과 입장 표명이 늘어난 것으로 해석하였다.

한편 이미 기존 연구에서 많이 다뤄지지 않았던 안재홍의 관심사 중 하나인 언론 분야를 임의로 선택하여 질적 분석을 수행한 결과, 안재홍의 언론 관련 기사에서는 1929년 광주학생운동으로 인해 강화된 언론탄압에 따라 그의 관심이 언론의 자유에 대한 사안으로 관심을 이동시키고 있음을 확인할 수 있었다.

참고문헌

박용규(2004), 「안재홍의 언론활동과 언론관」, 『민주사회와 정책연구』 6호.

박한용(2008), 「민세안재홍선집 제6,7권 해제를 대신하여」, 고려대학교박물관 편 (2008), 『民世安在鴻選集 7』, 서울 : 지식산업사.

박한용(2002), 「안재홍의 민족주의론: 근대를 넘어선 근대」, 『민족에서 세계로』, 서울 : 봉영.

정윤재(2005), 「1930년대 안재홍의 문화건설론 연구」, 한국학중앙연구원 편(2005), 『민세 안재홍 심층연구』, 서울: 황금알.

조맹기(2002), 「안재홍의 신민족주의 언론사상」, 『민족에서 세계로』, 서울 : 봉영.

천관우(1981), 「해제(1)」, 안재홍선집간행위원회 편(1981), 『民世安在鴻選集 1』, 서울 : 지식산업사.

안재홍선집간행위원회 편(1981), 『民世安在鴻選集 1』, 서울 : 지식산업사.

안재홍선집간행위원회 편(1982), 『民世安在鴻選集 2』, 서울 : 지식산업사.

고려대학교박물관 편(2005), 『民世安在鴻選集 6』, 서울 : 지식산업사.

고려대학교박물관 편(2008), 『民世安在鴻選集 7』, 서울 : 지식산업사.

민세 안재홍의

일제에 대한 저항과 항일 언론활동

안종묵

민세 안재홍의 일제에 대한 저항과 항일 언론활동

1. 들어가는 글

　민세 안재홍은 진보적인 우익 민족주의 입장에서 좌우합작 혹은 중도정치론을 주장하였다. 이것은 해방 후 그의 '신민족주의'로 나타났다. 민세의 정치사회사상은 일제하 좌우합작을 통한 민족주의 운동, 즉 진보적인 민족주의 운동에서 찾을 수 있다. 민세는 일제하 민족협동전선으로써 좌우합작을 통한 민족주의 운동을 위해서 '신간회' 활동에 힘을 기울였으며, 비밀결사체인 비타협적 민족운동단체 대한민국청년외교단에 가입하여 활동하기도 했다. 그리고 이러한 민세의 활동은 폭압적인 옥고로 이어졌다.

　일제하 민세는 비타협적 우익 민족주의 입장을 견지함으로써 일제와 잦은 마찰을 가졌다. 민세는 일제하 35년 동안 9차례의 옥고를 치렀는데, 이것은 민세의 비타협적인 우익 민족주의 운동의 결과였다. 민세가 9차례의 옥고를 겪었기 때문에 옥중생활을 합치면 7년 3개월이나 되었다. 민세가 일제하 치렀던 9차례의 옥고는 그의 항일정신을 보여준 것이다.

　민세는 그의 항일정신을 일반 국민들에게 효율적으로 알리기 위해 언론인으로서 한국 민간신문에 참여했다. 이것은 『조선일보』에서 그의 항일 언론활동으로 나타났다. 1924년 『조선일보』에 입사하여 주필, 이사, 편집인, 부사장, 사장 등 핵심 임원으로 활동하면서『조선일보』를 통해 그의 항일정신을 일반 국민들에게 알렸다. 월남 이상재 사장 시기인 1924년부터 민세 안재홍 사장 시기인 1932년까지『조선일보』는 '혁신 조선일보' 시기였다. 이 시기 『조선일보』는 지면 쇄신을 통해 신문의 혁신을 단행하였다. '혁신 조선일보' 와 일제 총독부 사이에 마찰이 일어났는데, 2차례의 무기정간과 증가된 압수 기사 건수는 민세의『조선일보』에 나타난 항일 언론활동의 흔적이었다.

이 연구에서는 일제하 민세의 일제저항과 항일 언론활동을 고찰하기 위하여 먼저 '민세의 정치사회사상'을 살펴보았다. 이러한 고찰을 통하여 민세의 정치사회사상이 비타협적, 진보적인 민족주의 운동임을 탐구하고자 한다. 다음으로 '민세의 9차례의 옥고사건'을 고찰함으로써 민세의 일제저항에 대한 구체적인 정황들을 탐구하고자 한다. 마지막으로 민세의 항일 언론활동을 고찰하기 위하여 '그의『조선일보』의 언론활동'을 살펴보고자 한다.『조선일보』에 핵심 임원으로 참여하면서 '혁신 조선일보'를 이끌었다는 측면에서 그의『조선일보』의 언론활동을 살펴보는 의미가 있다.

2. 민세의 정치사회사상

1) 민족운동의 분열과 애국계몽운동

한말은 조선 사회의 붕괴와 함께 열강의 침탈이 계속되었던 시련의 시기였다. 외압으로부터 조선사회를 지키고자 하였던 흥선대원군의 쇄국정책이 무너지면서 조선은 점차 문호를 개방하고 열강들과 수교를 맺었다. 일본을 선두로 한 열강 세력들은 경쟁적으로 조선의 이권을 침탈하였으며, 조선은 점차 식민지화되어갔다. 한편 조선의 경제적 토대가 되었던 국내의 농촌 사회가 삼정의 문란과 신분제의 와해로 인하여 붕괴되기 시작하였다. 국내외적인 요인으로 인하여 조선은 체제 자체의 붕괴 위기에 직면하였다.

이러한 시대상황 속에서 나라를 구하기 위하여 여러 민족주의운동이 전개되었다. 조선 500년 동안 지배계층의 정신적인 지주의 역할을 담당해 오던 성리학을 신봉하였던 유생·양반계층은 청국을 통하여 들어오는 새로운 서구문물과 천주교를 사학(邪學)으로 규정하고 강경하게 대처하였다(승정원일기, 1871년 4월 20일 조). 조선정부는 병인양요(1866)와 신미양요(1871) 같은 열강의 침탈에 대해 외국군을 퇴각시키는데 성공하였다. 그러나 이러한 승리만으로 조선 정부가 열강보다 강하다고 말할 수는 없었다. 이렇게 열강의 무력적인 침탈을 경험한 일부 유생·양반계층은 일반 국민의 반 침략적 민족 감정과 결합하면서 '위정척사사상'을 내세웠다(강재언, 1985).

위정척사사상가들은 명성황후의 시해와 단발령을 계기로 적극적인 대응책을 모색하였으며, 마침내 이들은 반제국주의 감정을 지녔던 민중 세력과 결합하면서 '의병운동'을 주도하였다(김의환, 1980). 당시 동학농민운동에 참여했던 농민들은 위정척사상가들과 만남으로써 거대한 민족운동인 의병운동에 참여하게 되었다. 결국 위정척사사상가들은 열강, 특히 일본에 맞서 기존의 이론적 대응 방식에서 벗어나 직접적인 무장 항쟁 방식인 의병운동을 통하여 민족과 그들의 사상을 지키고자 하였다.

한편, 17세기 이후부터 성리학의 자기변혁의 시도로써 실사구시 학파가 등장하였다(한우근, 1958). 일부 선각 지식인들은 사회체제의 모순과 현실을 극복하고자 새로운 학문에 관심을 두기 시작하였다. 당시 조선의 사회체제는 건국 초기부터 성리학의 사상적 토대를 바탕으로 확립되었으나, 창건 초기의 굳건하였던 사회체제는 여러 모순을 점차 드러내기 시작하였다. 사회체제의 모순과 현실을 극복하고자 한 대표적인 선각 지식인은 유형원과 이익이었다. 이들에게 있어서 사상적 기반은 성리학이었으나, 성리학의 세계관을 수정·보완하면서 당시 사회체제 전반에 걸쳐 비판하고 나름대로의 대안을 모색하였다. 또한 18세기 후반에 들어서면서 홍대용, 박지원, 이덕무, 유득공, 박제가 등 실학사상의 한 흐름으로써 북학파 혹은 북학사상으로 불리는 일군이 등장하였다(김용덕, 1977).

이렇게 북학파를 포함한 실학사상가들은 청의 양무운동에서 중체서용(中體西用)을 주창하였듯이, 조선에서 동도서기(東道西器)를 주창하였다(권오영, 1984; 김경태, 1988). 다시 말하면, 이들은 물질·기술적인 면에서 서양의 우월함을 인정하였으나, 동양의 전통적인 정신문화에 대해서 여전히 우위에 있다는 자주의식을 지니고 있었다. 그러나 조선의 근대화는 단순히 서구의 물질적인 것의 수용뿐만 아니라 정신적인 것까지 포함하여 서구의 정치·경제·사회체제를 수용하지 않을 수 없는 상황으로 전개되었다. 결국 주체적으로 서구의 근대 문물을 수용하고자 주장하였던 실학사상은 마감되었고, 이후 더욱 능동적으로 서구의 근대 문물의 수용을 통해서 개항·개국을 이룩하고자 하였던 개화사상파들에게 헤게모니가 옮겨졌다. 낡은 사회체제를 대체시키고 새로운 시대를 준비할 사상으로서 '개화사상'이 형성되었던 것이다.

그런데, 여기서 동도서기의 수용 정도에 따라 개화사상파는 온건 개화파와 급진 개화파로 나뉘게 되었다. 물론, 온건이든 급진이든 개화사상파는 모두 어느 정도 서양의 정신적인 측면까지도 수용하였으나, 급진 개화파는 온건 개화파보다 그 정도가 매우 강했다고 보아야 할 것이다. 즉 온건 개화파는 동도서기론(東道西器論)의 논리적 테두리를 수용함으로써 종래 북학파의 사상을 유지하고자 하였으나, 급진 개화파는 그 범위를 훨씬 넘어 서양의 정신문화까지 우위에 있다고 인정함으로써 특정 목적을 위해서는 '민족자주의식'

을 중요시 여기지 않는 경향도 있었다(강재언, 1985).

실학사상과 개화사상은 인적인 계보에 있어서나 사상의 논리에 있어서 매우 밀접한 관련을 갖고 있기 때문에 상호 구분하기 어려운 측면도 있으나(김영호, 1968), 개화사상은 실학사상보다 더욱 능동적으로 현실을 대처해 나갔다고 볼 수 있다. 다시 말하면, 개화사상(특히 급진 개화파)은 실학사상을 계승하여 현실 비판과 근대 문물을 수용하고자 하였으나, 더 나아가서 정신적인 측면을 포함한 조선의 사회체제를 근본부터 부정함으로써 개항 이후 조선에 밀어닥친 서구의 근대사상을 수용하고자 하였다.

개화사상은 독립협회가 결성된 이후 그 운동이 조직적이면서도 전 국민을 대상으로 한 민족운동으로 확대되기에 이르렀다(신용하, 1976). 이러한 운동 양태로 등장하였던 민족운동이 '애국계몽운동'이었다(김종덕, 1980). 다시 말하면, 개화사상파의 개화 · 개혁운동의 일환으로 독립협회가 조직되면서 한말 애국계몽운동의 객관적인 형태가 완성되기에 이르렀던 것이다(유영렬, 1973; 신용하, 1976).[1] 1896년 7월 서재필을 비롯한 선각 지식인들에 의해서 창립된 독립협회는 개화사상을 조직화하고 대중화하여 정치운동화 하는 원동력이었다. 다시 말하면 독립협회의 상층부는 부르주아 세력이었지만 그들은 사상을 전파하고 대중화하기 위하여 한글전용『독립신문』을 창간하였으며, 또한 그들이 추진한 만민공동회 활동을 통하여 대중운동으로 확산시키고자 하였다.

개화사상, 나아가서 애국계몽사상에 참여한 지식인들을 선각 지식인으로 볼 수 있는데, 이들의 특성을 살펴볼 필요가 있다. 한말 국운이 쇠퇴하고 열강의 침탈 과정에서 일부 지식인들은 새로운 정치사회사상을 적극적으로 수

---

[1] 일부 연구자들은 애국계몽운동의 시발점을 일본의 침략이 노골화되어가던 1905년 이후로 보고 있다(조동걸, 1989; 강재언, 1985; 이광린, 1979).

용하였다. 이들은 전통적인 성리학 세계관에 머물지 않고 한국이 처해있는 상황을 적극적으로 대처하고자 했는데, 이러한 지식인들을 '선각 지식인' 혹은 '개량 유학자'로 분류할 수 있다. 이들은 공통적인 교육 경력으로써 한학 (성리학)을 배경으로 하고 있다. 그리고 이들 대부분은 과거시험을 통해서 관직에 나갔던 경험을 가졌으며, 한학에도 상당한 조예를 가지고 있었던 유생이다(안재홍, 1935). 그러나 이들은 이론에 치우친 순수한 유생이 아니라, 성리학적 배경을 지니면서도 서구의 사상과 학문을 받아들이려는 개량적인 유학사상을 지니고 있었던 사람들이다(황성신문, 1907.5.15;『박은식전서』(하), 1975). 다시 말하면 이들은 성리학을 전적으로 신봉한 것이 아니라 현실적인 문제 해결에 있어서 서구의 근대사상을 능동적으로 수용하고자 하였던 개량 유학자들이었던 것이다. 그리고 이들 대부분은 근대화-서구화-기독교화를 동일하게 여기면서 기독교에 대하여 우호적이거나 개종하였다(이능화, 1928a).

독립협회에서부터 시작한 애국계몽운동은 1905년 을사조약이 체결된 이후 새로운 양태로 발전하였다. 우리나라가 일본과 을사조약을 체결함으로써 실질적으로 국권을 상실하게 된 상황이었기 때문에 운동의 양태는 종래 '자주독립'에서 '국권회복'으로 나아가게 되었다. 1905년 이후 애국계몽운동은 국권회복을 위한 실력양성을 강조하는 '실력양성운동'으로 발전해나갔다. 애국계몽운동은 자강운동 혹은 실력양성운동을 내세웠는데, 여기서 실력양성운동이란 한국 민족은 아직 독립할 수 있는 역량이 부족하므로 먼저 독립할 수 있는 자체 역량을 기르는 것이 급선무라는 주장이었다(박찬승, 1995).[2]

---

[2] 自强은 오늘날 근현대사연구에서 일반적으로 실력양성과 같은 의미로 사용되고 있다(박찬승, 1995, 30~36쪽). 원래 자강이란 용어는 1880년대 수신사로 일본에 갔던 김홍집이 주일청국대사 何如璋, 參贊官 黃遵憲과의 토론 중에 사용되었다 한다

따라서 이들은 의병운동과 같은 극한 항쟁은 질서를 파괴하고 오히려 망국으로 이끌 수 있다고 주장하기까지 하였다.

이것은 애국계몽운동(실력양성운동)과 의병운동이 국권회복이라는 동일한 목적을 갖고 있음에도 불구하고 운동노선에서 차이를 갖고 있음을 의미한다. 즉 의병운동이 외세(주로 일본)에 대하여 직접적인 무장 항쟁의 방법을 사용하였다면, 애국계몽운동은 간접적인 실력양성의 방법을 사용하였다. 이러한 입장에서 애국계몽운동의 실력양성운동은 의병운동과 비교하여 합법적인 범위에서 운동을 전개했던 측면이 있었다.3) 독립협회가 해산된 이후 보안회(保安會, 1904), 공진회(共進會, 1904), 헌정연구회(憲政研究會, 1905), 대한자강회(大韓自強會, 1906) 등의 애국계몽운동단체가 조직되어 정치 사회적으로 애국계몽운동(실력양성운동)을 전개하면서 일반 국민 대중을 상대로 계몽운동에 주력하였다(유자후, 1947; 정교, 1957a).4)

1906년 결성된 대한자강회는 애국계몽운동의 운동노선을 따르는 지식인들의 최대 결집체였는데, 이들이 추구한 실력양성운동은 1907년 이후 정미조약 등의 망국적인 사태에 직면하여 일본에 대한 대응방식에 따라 온건파와 강경파로 분화되는 현상이 나타나게 되었다(조동걸, 1989). 즉 온건파는 비교적 합법적인 테두리 안에서 국권회복을 주장하였던 대한협회(大韓協會,

---

(「修信使記錄」 권2, '入侍筵說', 국사편찬위원회, 1985).

上曰 自強 是富強謂乎 對曰 非但富強 將自強修我政敎 保我民國 外흔㨾無從 此實自強之第一先務

3) 대표적인 애국계몽운동단체인 대한자강회의 규칙에 이것이 잘 나타나 있다(대한자강회월보, 제1호, '大韓自強會規則', 10~11쪽).

第 四 條 方法, **國法範圍와 文明軌道의 以內行動**으로 或民을 指導ㅎ며 或政府에 建議홀 事(강조-연구자).

4) 대한자강회 창립회원 가운데 공진회와 헌정연구회 회원이었던 사람은 尹孝定, 沈宜性, 金英圭, 洪弼周, 李沂, 崔岡 등이다(대한자강회월보, 제2호, '會員名簿', 71~72쪽).

1907)가 중심이 되었으며, 그리고 강경파는 비밀결사단체인 신민회(新民會, 1907)를 조직하여 비합법적인 항쟁의 방향으로 나가고자 하였다. 이것은 우익 민족주의 운동의 분화로 볼 수 있는데, 즉 우익 민족주의 우파와 우익 민족주의 좌파(진보적 성향)의 분화현상이 나타난 것이다.

여기서 우익 민족주의 운동인 애국계몽운동의 분화현상을 좀 더 상세히 살펴 볼 필요가 있다. 애국계몽운동에 있어서 분화현상은 1907년 8월 대한자강회가 해체당하고 이어 우파적인 대한협회와 좌파적인 신민회가 결성된 것으로 나타났다(조동걸, 1989). 여기서 우파와 좌파라는 표현은 1907년 고종양위, 정미조약, 군대해산 등의 망국적인 일련의 사태와 함께 일본의 탄압과 연결시켜 강경론적 대응과 소극적 대응에 따른 구분으로 사용하였다. 다시 말하면 우파란 애국계몽운동의 전통을 이어받아 비교적 합법적인 테두리 안에서 활동을 천명한 것이라면, 좌파는 애국계몽운동의 강경론적인 방향으로 수정을 의미한다.

대한협회로 대표되는 우파는 계속하여 합법적인 테두리를 고집하였는데, 당시 이미 국권이 일본으로 넘어간 상황에서 이러한 운동 방향은 일본과 타협하는 것과 다름없는 것이었다. 실제로 대한협회는 친일단체인 일진회와 제휴하였으며, 임원진이 점차 친일성향을 띠었다. 한편 신민회로 대표되는 좌파는 비밀지하단체로써 비타협적 항일운동의 전개를 모색하고 있었다. 1907년 7월 이후의 망국적인 사태와 대한자강회의 해체 이후 애국계몽운동가들은 자신들의 존립과 운동 방향에 대하여 고민하게 되었다. 1907년 2월 미국에서 귀국한 안창호는 독립협회와 대한자강회의 회장을 역임하였던 윤치호를 회장으로 하여 신민회라는 비밀결사를 조직하였다. 이 신민회는 국민에게 독립사상을 고취하는 것을 기본적인 목적으로 하여 교육과 상공업을 진흥하고, 나아가서 결정적인 기회를 포착하여 독립전쟁을 전개하여 국권회복하겠다는 운동이었다(윤병석, 1979). 따라서 신민회는 우익 민족주의 운동에서 진보적인 입장을 취함으로써 우익 내 좌파로서 역할을 담당했던 것으로 볼 수 있다.

국내에서 활동하였던 신민회는 네 계열로 나누어 볼 수 있는데, ① 양기탁, 신채호, 장도빈 등 『대한매일신보』계 인사, ② 이준, 이동녕, 이회영 등 상동 청년학원계 인사, ③ 이동휘, 이갑, 유동열 등 전직 무관 출신계 인사, 그리고 ④ 안창호, 이승훈, 최광옥, 옥관빈 등 서북지역의 실업가와 계몽운동가 등이다(신용하, 1985). 신민회 안에서 계열 간에 국권회복운동의 방향을 놓고 의견을 달리하였다. 예를 들면, 안창호가 주동이 된 서북지역 계열 신민회는 민족운동 및 교육 간부 양성을 위해 평양에 대성학교, 주식회사인 평양에 도자기회사, 출판활동을 위한 태극서관 등을 세웠는데, 애국계몽운동 활동의 기본 골격인 교육과 식산에 바탕을 두고 있었다(도산안창호선생기념사업회, 1983). 이러한 서북계열의 노선은 전통적 애국계몽운동의 노선과 유사한 것이었다. 반면, 『대한매일신보』계열을 포함한 다른 계열은 국권회복을 위하여 실력양성보다는 국민에 대한 국가의식, 국혼의 고취가 더욱 중요하다고 보았다(박찬승, 1995).

한말에 형성되었던 민족주의 운동인 애국계몽운동과 의병운동은 1910년 일제의 한국 강점으로 인하여 새로운 국면을 맞이하였다. 즉 일제 강점 직전까지 한국 민족주의 운동의 양대 산맥이었던 애국계몽운동(실력양성운동)과 의병운동은 새로운 환경에 대응하였던 것이다. 먼저, 애국계몽운동(실력양성운동)은 일제 강점 이후에도 법이 허락하는 범위 안에서 실력을 키워 궁극적으로 독립국가 건설을 모색하였다. 일제하 애국계몽운동은 당시 사상운동으로써 한국 우익세력을 대표하고 있었다. 한말 애국계몽운동을 계승하였던 우익 민족주의 운동세력은 35년이란 장기간의 일제 식민통치 속에서 '법이 허락하는 범위 안'이라는 운동방법을 채택함으로써 일제와의 대응에 한계를 가질 수밖에 없었다.

다음으로, 일제와 정면적인 대응을 내세웠던 의병운동은 1910년 일제 강점과 함께 더 이상 국내에서 무력적인 항쟁이 불가능하게 되었다. 따라서 이들 세력은 중국(만주)과 러시아 등 해외로 본거지를 옮기고 다음 항전을 준비하였다. 또한 국내에서도 항일운동의 한 방편으로 진보적인 지식인들이 사회주의를 수용하였다. 해외로 근거지를 옮긴 의병운동은 러시아 볼셰비키혁명 이후 한국 독립운동의 한 방편으로써 공산주의를 수용하였으며, 이후 국내 좌익세력으로 불리는 사회주의자들과 연합하여 일제를 압박해 나갔다. 이 과정에서 일제는 1925년 5월 11일에 치안유지법을 공포하였는데, 이것은 국내 사회주의를 포함한 공산주의의 항일운동을 통제하기 위한 수단이었다. 이 좌익세력들은 진보적인 우익세력과 연합하여 신간회(新幹會)를 설립하고 일제에 대항하기 위한 공동전선을 구축하기도 하였다.

결국 일제하 애국계몽운동을 계승한 우익세력과 함께 국내에서 사회주의와 공산주의 좌익세력이 형성됨으로써 한말 민족주의 운동이 애국계몽운동과 의병운동으로 양분되었듯이 일제하 민족주의 운동도 우익세력과 좌익세력으로 양분되었다. 양대 민족주의 운동은 국권회복이라는 동일한 목표를 갖고 있음에도 불구하고 사상적, 그리고 방법론적 차이로 인하여 하나의 힘으로 합하지 못하고 분열된 양상을 보임으로써 국권회복을 효율적으로 수행하지 못하였다. 그리고 우익 민족주의 운동에서도 보수와 진보로 나뉘어 갈등하였다. 따라서 한말과 일제하 국권회복의 실패는 외부의 강력한 침략세력 못지않게 내부적으로 단합된 힘을 발휘하지 못한 것에서 원인을 찾을 수도 있다.

2) 민세의 생애와 정치사회사상

한 사람을 이해하고, 나아가 그의 정치사회사상을 이해하기 위해선 성장배경, 교육배경, 그리고 그가 주로 교우했던 사람들과 참여한 사회단체의 활동을 고찰할 필요가 있다. 민세 안재홍은 1891년 12월 30일 경기도 평택에서 안윤섭(安允燮)의 9남매 중 2남으로 출생했다. 민세는 유교적 가풍에 따라 어려서부터 한문을 배우기 시작했으며, 한학에도 심취하였고 뛰어난 문재(文才)를 나타내기도 하였다(유광열, 1932). 민세 부친은 경성을 빈번히 왕래하면서 선각 지식인들과 교분을 맺었으며 『황성신문』과 『독립신문』의 독자이기도 했다(안재홍, 1934). 이러한 부친의 활동은 민세에게도 영향을 미쳤을 것이며, 민세는 신문을 읽으면서 국운이 기울어가는 상황을 깊이 인식하게 되었다.

민세는 17세 되던 1907년 한학 공부를 중단하고 고향에 있는 근대학교인 진흥의숙(振興義塾) 및 수원의 기독교계 학교에서 근대학문을 공부했으며, 이후 서울 황성기독청년회(현 서울 YMCA) 중학부에 입학하여 동서양 사상을 비롯한 근대학문을 접할 기회를 가졌다. 또한 민세는 황성기독청년회에서 이상재, 남궁억, 윤치호 등 당시 선각 지식인들을 만날 수 있는 기회를 가졌다(안재홍, 1949). 청년 학생기 민세는 한학 공부에 머물지 않고 풍전등화와 같은 조국의 현실을 인식하고 근대학문을 수용하면서 새로운 세계를 접했던 것이다. 나아가서 그는 선각 지식인들과 본격적인 교분을 맺지는 못했지만 장차 그의 자양분이 될 선배 선각 지식인들을 만나기 시작했다.

20세 민세는 참담한 현실에서 벗어나 보다 큰 꿈을 이루기 위하여 해외유학을 결정하였다. 그는 처음에는 미국 유학을 계획했으나 월남 이상재가 동양 사정을 익히는 것이 먼저라는 충고를 받아들여 일본 와세다대학에 유학하기로 결정했다. 기독청년이었던 민세는 일본에서 기독교단체인 조선인기독교청년회 동경지부에 가입하여 활동하였고, 이후 1911년에는 동경에서 다른 유학생들을 규합하여 조선인 유학생학우회의 창립을 주동하였다. 조선인 유학생학우회는 동경에 유학하는 한국인 유학생 전부를 회원으로 조직한 학생단체로써 가장 큰 세력을 가진 한국인 단체였다(독립운동사편찬위원회, 1971).

민세는 1913년 와세다대학 정경학부를 졸업하기에 앞서 신해혁명 이후 변화된 중국을 보기위해 상해와 북경 등 지역을 여행했으며, 그곳에서 애국지사들을 만날 기회를 가졌다. 졸업한 민세는 1915년 귀국하여 유근이 교장으로 있던 중앙학교(中央學校)의 학감으로 취직했으나, 학생들에게 민족정신을 가르친다는 이유로 일제로부터 탄압을 받았으며 마침내 학감에서 물러났다(정윤재, 1999). 이후 기독교인이었던 민세는 중앙기독교청년회의 교육부 간사로 활동하면서 애국지사를 초청하여 강연을 개최함으로써 일제로부터 감시 대상이 되었다(유광열, 1932).

여기서 민세가 일본에서 귀국 직후 참여한 단체들을 통해서 그의 정치사회사상을 살펴볼 수 있다. 민세는 기독청년이었음에도 불구하고 단군을 모시는 민족종교였던 대종교(大倧敎)에 참여한다. 당시 선각 지식인 대부분은 기독교를 신앙의 차원뿐만 아니라 근대화-서구화-기독교화로 연결시키면서 기독교를 국권회복의 도구로 생각했다. 민세가 기독교인이면서도 민족종교인 대종교의 교인이었다는 점은 그의 기독교 개종과 활동 역시 신앙의 차원뿐만 아니라 민족운동의 한 방편이었던 점으로 이해할 수 있다. 조선의 국운을 민족종교 차원으로 극복하고자 1909년 창립된 대종교에는 주시경, 홍명희, 신백우, 나운규, 이극로, 유근, 정인보 등이 참여하였다(김홍철 외, 1992).

또한 민세는 중앙학교의 학감에서 물러난 이후 1919년 대한민국청년 외교단에 참여하였다. 이 단체는 상해 임시정부의 지원으로 비밀리에 국내에 결성된 비밀단체로써 국민들에게 독립정신을 고취시킬 목적으로 설립되었다(한국학중앙연구원, 2010). 그는 이 단체에서 활동하다가 일제로부터 발각되어 3년 옥고를 치르고 1922년 출옥하였다. 하지만, 출옥이후 민세는 청년외교단과 같은 비밀단체와는 성격이 다른 단체인 연정회(研政會)에 관여하였다. 연정회는 1923년 직접적인 독립운동은 불가능하다고 여기고 '합법적인 정치활동'을 모색한 단체로써 김성수와 송진우가 주동이 되었던 단체였다(임종국, 1985).『동아일보』는 연정회의 대변지 역할을 했는데, 1924년 1월 2일부터 6일까지 5회에 걸쳐『동아일보』에 게재된 '민족적 경륜'은 타협적 민족운동인 '자치운동'을 주장하였다.

이상과 같이 민세가 귀국 후 참여한 단체들은 민세의 정치사회사상을 잘 나타내고 있으며, 선각 지식인 혹은 개량 유학자로서의 민세의 특성을 찾아볼 수 있다. 그는 비밀단체인 청년외교단에 참여하여 진보적인 민족운동을 전개하기도 하였으나, 보수적 민족운동단체인 연정회, 즉 타협적인 민족운동 단체에 관여하기도 했다. 이로써 민세는 귀국 후 우파와 좌파 민족주의 운동에 모두 관여했다. 하지만, 이후 그의 항일운동은 진보적인 우익 민족주의 운동으로 나아갔는데, 그가 진보적인 우익 민족주의 운동을 선택한 것은 시대적 상황과도 밀접한 관련이 있다. 여기서 민세가 참여했던 조선사정연구회와 신간회를 살펴볼 필요가 있다.

이미 앞에서 언급했듯이 한말 애국계몽운동(실력양성운동)은 1907년 정미조약 등의 망국적인 사태에 직면하여 일본에 대한 대응방식에 따라 온건파와 강경파로 분화되는 현상이 나타나게 되었는데, 일제하 우익 민족주의 운동에도 3·1운동 직후 민족문제 해결방법을 놓고 분화현상이 나타났다. 우익 민족지도자들은 1919년 비폭력적인 3·1운동을 통해서 민족문제를 해결하려

했지만 가시적인 성과를 얻지 못하자 새로운 운동방향을 모색한 것이다. 즉 우익 민족주의 운동은 자치론을 내걸며 일제와 타협하려는 민족개량주의자들과 이를 거부하는 비타협민족주의자들로 나누어졌던 것이다.

마침내 1919년 3·1운동 이후, 1921년까지 급진적이고 점진적인 민족운동이 전개되면서 사회주의 경향이 나타나고, 1925년 4월 조선공산당이 결성되면서 민족주의 운동에 사회주의가 중요한 한 분파가 되었다. 이러한 시대적 상황에서 1925년 11월 결성된 단체가 조선사정연구회(朝鮮事情研究會)이다. 이 단체는 백남훈, 백남운, 박찬희, 백관수, 김준연, 홍명희, 안재홍 등이 참여했으며, 조선의 사정과 현상에 대하여 학술적으로 조사 연구하고, 이에 관한 공개강연과 팸플릿 발간을 목적으로 하였다. 이 단체는 타협적 민족운동인 자치운동에 참여한 우익 민족주의(민족개량주의)를 제외한 비타협적인 우익 민족주의, 그리고 사회주의가 참여한 진보적인 조직이었다. 조선사정연구회는 대중강연회를 자주 열어 국민들에게 민족의식을 고취함으로써 일제로부터 마찰을 빚었다. 이후 이 단체는 1927년 신간회가 설립되면서 회원 대부분이 신간회에 가입하였다(김준엽·김창순, 1980).

일제하 민세의 정치사회사상을 고찰할 수 있는 또 다른 단체는 신간회(新幹會)이다. 당시 민족주의운동은 앞에서 언급했듯이 여러 분파로 나뉘어 있었는데, 민세는 『조선일보』 사설 「조선인의 정치적 분야」(1925.1.21)에서 '최우익', '우익', '좌익', '최좌익'이라고 언급하고 있다(정윤재, 1999, 159쪽). 신간회는 1926년 6월 10일 순종의 인산일(因山日)을 계기로 일어난 6·10만세운동에 자극받아 국내에 있는 민족주의 좌파 진영(민세가 언급한 '우익')과 사회주의자(민세가 언급한 '좌익') 간의 타협에 의해 조직되었다. 즉 이 단체는 타협적인 민족주의와 급진적인 공산주의를 배제한 민족협동전선으로써 국내 민족유일당운동의 구체적인 좌우합작 모임이었다. 1931년 5월까지 존속한 신간회는 서울에 본부를 두고 전국적으로 120~150여 개의 지회를 가지고 있었으며 2~4만 명에 이른 일제하 가장 규모가 컸던 반일사회운동단체였다.

신간회의 초대 회장은 『조선일보』 사장인 이상재가 맡았으며, 『조선일보』 주필 겸 발행인이었던 민세는 총무간사를 맡았다. 이밖에도 이승복(선전부 총무간사), 홍명희(조직간사), 박동완(재무부 총무간사) 등이 신간회 임원으로 참여하였다. 특히 민세는 경기도와 평안도 지역을 순회하면서 효과적인 항일운동의 필요성과 민족 대단결의 중요성을 강조하는 연설을 하였다(송건호, 1984). 또한 신간회는 동경지부 설립을 위해 민세를 동경에 파견하였으며, 그는 일본 유학생을 규합하여 신간회 동경지부를 설립하였다(이선근, 1976). 신간회는 일제의 합법적인 단체로 시작하였으나, 그 활동이 항일운동에 주력하자 일제는 서둘러 신간회를 와해시키고자 하였으며 마침내 1931년 해체되었다.

이상과 같이 일제하 민세가 주로 활동한 정치사회단체는 민족협동전선으로써 좌우합작을 통한 민족주의운동임을 알 수 있다. 일제하 민세가 갖고 있던 정치사회사상은 비타협적 우익 민족주의(민족주의 좌파)이었으며, 이러한 사상적 행보는 미군정 시기와 단독정부 수립 이후에도 이어진다. 실제로 한국 현대사 연구가인 헨더슨(G. Henderson)은 『회오리의 한국정치』(1968) 곳곳에 민세를 '온건파'(moderate) 또는 '중도파'(middle of the road)라고 기술하고 있다(김정기, 2010, 재인용). 결국 민세는 우익 민족주의 좌파(진보적 성향)의 입장에서 좌우합작론 혹은 중도정치론(중간지대의 정치합작)을 주장했는데, 이것은 국가건설의 방향과 성격을 나타낸 그의 '신민족주의'(궁극적으로 통일민족국가 건설)로 나타났다(정윤재, 1999).

3. 일제하 9차례의 옥고

1) 제1차 옥고~제3차 옥고(1919~1929)

일제하 민세는 비타협적 우익 민족주의(민족주의 좌파) 입장을 견지함으로써 일제와 잦은 마찰을 가졌다. 민세는 일제하 35년 동안 9차례의 옥고를 치렀는데, 이것은 민세의 항일운동의 흔적이었다. 민세가 9차례의 옥고를 겪었기 때문에 옥중생활을 합치면 7년 3개월이나 되었다(천관우, 1979). 이 연구에서는 그의 9차례의 옥고 과정을 살펴봄으로써 민세의 일제하 항일운동을 고찰하고자 한다.

민세의 제1차 옥고는 일본 와세다대학 정경부를 졸업하고 귀국한 이후 대한민국청년외교단에 가입과 활동에 따른 것이었다. 대한민국청년외교단은 청년외교단 혹은 청년외교회로 약칭하기도 하는데, 민세는 비밀결사인 이 단체의 총무로 활동하다가 1919년 11월 체포되어 1920년 9월 대구복심법원에서 징역 3년형을 언도 받고 대구형무소에서 옥고를 치렀다.

대한민국청년외교단은 국내의 독립운동단체 가운데 가장 먼저 결성된 단체로써 중국으로 망명하여 상해 대한민국 임시정부에서 활동하던 연병호(延秉昊), 조용주(趙鏞周), 송세호(宋世浩) 등이 1919년 4월 입국하여 같은 해 5월 서울 합동(蛤洞) 이병철(李秉澈)의 집에서 안재홍과 함께 국내의 정보수집과 독립운동자금을 모금하여 임시정부에 보내는 것을 목적으로 조직한 비밀결사체였다. 또한 이 단체는 상해 임시정부에 국내 상황을 통보하는 것을 포함해서 독립운동자금을 모집, 전달하는 것, 각종 인쇄물을 작성, 반포해 독립의 여론을 조성하려는 것 등의 목적을 갖고 있었다.

비밀결사체인 이 단체의 초기 임원진은 총무에 이병철 · 안재홍, 간사장에 김홍식(金鴻植)·김태규(金泰圭), 외교부장에 김연우(金演祐), 외교특파원에 조용은(趙鏞殷), 외교원에 조용주·연병호, 편집원에 이의경(李義敬), 상해지부장에 송세호, 회령지부장에 나대화(羅大化), 대전지부장에 이호승(李浩承), 충주지부장에 윤우영(尹宇榮)이 선임되었다(김정명 편, 1967). 이렇게 청년외교단은 전국적인 조직을 갖고 있었는데, 청년외교단의 구성원에 대한 정확한 자료는 확인할 수 없지만 『조선민족운동연감』에는 단원이 600명으로 기록되어있다.

이 단체의 공동 총무였던 민세와 이병철은 이종욱(李鍾郁)을 상해에 파견해 임시정부의 국무총리 이승만에게 현금 550원의 독립운동자금과 건의서를 제출하였다. 당시 건의서 내용은 내각의 각부 총장은 상해에서 정무의 통일을 도모할 것, 각국 정부에 직접 외교원을 특파해 외교 사무를 확장할 것, 일본정부에도 파견해 독립을 정면으로 요구할 것, 인원을 파견해 국내의 각 단체 및 종파 간 대표자와 협의한 뒤 경성에 교통본부를 설치해 일체 활동의 중추기관으로 삼을 것 등이었다. 또한 이 단체는 조용주가 기초한 '국치기념 경고문'과 이의경이 쓴 『외교시보』를 인쇄해 서울과 기타 각지에 조직을 통해 유포해 국민에게 국내외 정세를 알리기도 했다(이병헌, 1959; 김정명 편, 1967).

일제하 국내 최초로 결성된 항일 비밀결사체인 대한민국청년외교단은 이후 설립된 다른 독립운동단체와도 긴밀한 관계를 가졌다. 특히 총무인 이병철은 대한애국부인회(1919년 11월 설립)의 규칙을 기초하고 특별회원으로서 수백 원을 기증하는 등 중심인물로 활약하였다. 대한애국부인회를 비밀리에 조사하던 경상북도 경찰부가 이병철 등의 활동을 탐지하였으며, 이후 대한민국청년외교단의 실체가 드러났고 민세를 포함한 임원들이 체포되었고 단체도 와해되기에 이르렀다.

민세는 일본 유학 중에도 조선인기독교청년회 동경지부에 가입하여 활동하였고, 이후 1911년에는 동경에서 다른 유학생들 규합하여 조선인 유학생학우회의 창립을 주동하여 유학생들을 결집시키는 역할을 하였다. 귀국 후 중앙학교 학감으로 있으면서 학생들에게 민족정신을 가르친다는 이유와 조선산직장례계 사건(1917.3)에 연계되어 학감에서 물러났다. 이후 민세는 중앙기독교청년회의 교육부 간사로 활동하면서 애국지사를 초청하여 강연회를 개최함으로써 일제로부터 감시대상이 되었다. 이러한 그의 항일정신은 3·1운동 후 젊은 청년들이 주동이 되어 국내 최초로 결성된 항일 비밀결사체인 대한민국청년외교단의 활동으로 나타났고, 3년 동안 가혹한 옥고를 치렀다.

민세의 제2차 옥고는 항일 언론인으로서 언론활동과 관련이 있다. 민세는 1924년 5월 최남선이 사장으로 있던 『시대일보』에 입사하여 논설기자 및 정치부장을 맡았음으로써 본격적인 언론활동을 시작하였다. 이후 민세는 1924년 9월 『조선일보』로 옮겨 주필 겸 이사로 입사하였으며, 1926년 9월부터 주필 겸 발행인을 겸했다. 민세가 『조선일보』에 입사할 당시 신석우는 『조선일보』를 친일인사 송병준(宋秉畯)으로부터 8만 5000원에 인수하여 신문의 면목을 일신하였다(조선일보의 성격변화에 대해선 후술하겠음). 『조선일보』는 창간 초기 친일세력이 장악하고 있었으나, 민세가 입사할 당시 진보적인 색채를 띠고 있었던 것이다(안종묵, 2005).

민세가 주필 겸 발행인으로 있을 당시인 1928년 1월 21일자 「보석지연의 희생」이라는 사설 때문에 일제로부터 신문은 압수되었고 편집인 백관수와 함께 민세가 구속되는 사건이 벌어졌다. 그리고 사설 집필자인 이관구(李寬求) 정치부장은 기소중지 처분을 받아 구속은 면했다. 민세가 직접 사설을 집필하지는 않았지만 주필 겸 발행인으로서 지면을 실질적으로 책임지고 있었으며, '불온한' 사설이 일제와 마찰을 일으킬 수 있다는 점을 알고 있음에도 불구하고 기사화했던 것이다. 이것이 민세의 제2차 옥고 사건이었다.

이 사설을 집필한 이관구 정치부장은 신간회 활동을 계기로 1928년『조선일보』에 입사하였다. 보성전문과 이화여전에서 경제사를 강의하던 이관구는 신간회에 가입하여 중앙위원 겸 정치부 간사로 활동하였으며, 신간회 회장을 맡았던 당시 이상재 조선일보 사장은 일본 유학을 다녀온 촉망받는 그를 눈여겨보다『조선일보』에 특채하였다. 당시 문제가 된 사설이 압수당했는데 (조선총독부경무국 도서과, 1928), 이관구의 회고담을 통해서 그 내용의 일부를 알 수 있다(이관구, 1985). 이관구는 회고담에서 문제의 사설에는 '신문(訊問)·고형(拷刑)·고문이 어느 정도까지 이르렀다는 것을 상상하기 어렵지 아니하며 또 한편으로 이병(罹病)한 피고에 대하여 너무나 비인간 대우를 하였음을 의아하지 않을 수 없다', 그리고 '생명이 경각에 달린 피고에게 보석의 청원이 누누(屢屢)함에도 불구하고 옥사(獄死)를 볼 때까지 보석을 지연하며 비록 보석이 된다고 하여도 사망, 불구의 결과를 보게 할 심사가 어디 있을까'라고 썼다. 이것은 일제가 한국인 항일인사를 가혹하게 다루고 있음을 비판한 것이며 나아가서 일제의 한국 식민정책을 비난한 사설이었던 것이다.

민세의 제3차 옥고는 제2차 옥고와 마찬가지로 그의 항일 언론활동과 관련이 있다. 앞의 제2차 옥고사건과 다른 점이 있다면, 이번 제3차 옥고는 민세가 직접 쓴 사설이 문제가 되었다. 민세가 직접 집필한 사설「제남사건의 벽상관(壁上觀)」이『조선일보』1928년 5월 9일자에 실렸다. 일제는 이를 문제 삼아 신문을 압수하고 무기정간(133일 발행 중단: 조선일보 제4차 정간사건) 처분을 내렸으며, 민세를 구속하는 사건이 벌어졌다. 이것이 민세의 제3차 옥고 사건이었다.

이 사설 역시 압수처분 받아 신문의 원본이 없어 그 내용을 정확히 알 수 없으나, 일본군의 중국 제남 출병을 비판한 내용이었다. 제남사건은 1928년 5월 일본군이 산동의 중심인 제남에 출동하여 무력 충돌을 일으킨 사건이었다. 육군대장까지 지낸 다나카 기이치(田中義一)가 일본 26대 내각총리대신으로 취임하자 대중국 강경파가 득세하였고 제남사건을 일으키는 등 중국 침략의 선봉에 서고 만주를 만주국으로 만들려는 움직임이 있었다. 이렇게 일본의 동아시아 침략정책이 가속화되고 있는 상황에서『조선일보』사설은 일제 총독부를 자극하기에 충분하였다.

2) 제4차 옥고~제6차 옥고(1929~1938)

민세의 제4차 옥고는 민족협동전선으로써 좌우합작을 통한 민족주의운동을 전개하였던 신간회 활동과 관련이 있다. 1929년 12월 전남 광주에서 학생운동이 봉기되었다. 이러한 상황에서 신간회 총무간사이면서『조선일보』부사장인 민세는 신간회 주최의 조선민중대회(朝鮮民衆大會)를 열고 일제의 민족차별적인 처우를 규탄하다가 체포되는 일이 벌어졌다. 이것이 민세의 제4차 옥고사건이었다.

광주학생운동의 발단은 통학열차에서 일본인 학생과 한국인 학생 사이의 마찰에서 일어났지만, 한국인 학생들은 이 사건을 편파 보도한 일본어신문『광주일보』를 습격, 윤전기에 모래를 끼얹고 조선독립을 외침으로써 항일 민족운동으로 발전하였다. 일제는 1919년 3·1운동과 1926년의 6·10만세운동 등으로 한국인의 항일운동에 민감하였는데, 이러한 상황에서 벌어진 광주학생운동이 전국적인 항일 민족운동으로 확대될 것을 우려해 철저히 탄압했다(양동주, 1956; 김성식, 1974).

일제는 1925년 5월 치안유지법을 국내에도 적용, 실시하면서 국내의 진보적 민족운동세력을 탄압하였다. 공산주의 방식으로 항일투쟁을 목적으로 1925년 4월 창립된 조선공산당은 급진적인 민족운동을 모색하였다. 그리고 1927년 2월 '민족 유일당 민족협동전선'이라는 표어 아래 민족주의를 표방하고 민족주의 진영과 사회주의 진영이 제휴하여 신간회가 창립하고 새로운 민족운동을 모색하였다. 일본의『고등경찰요사(高等警察要史)』는 '배일선인(排日鮮人) 가운데 저명한 인물은 거의 신간회에 가입하였고 이들이 집회 등에서 하는 언동으로 보아 이 운동의 도달점은 조선의 독립에 있음을 알 수 있다'라고 언급하면서 신간회를 경계하였다.

이러한 상황에서 신간회는 광주학생운동을 계기로 조선민중대회를 개최하여 일제의 민족차별적인 식민지정책을 비난하였던 것이다. 일제는 일제 통치기구에 협조할 수 있는 최소한도의 친일적 한국인을 위한 제한된 실무교육인 간이교육(簡易敎育)을 실시하였다. 이러한 차별적이고 제한적인 식민지 교육이 실시되고 있는 상황에서 민세는 조선민중대회를 통하여 항일 민족운동으로 확대시키고자 했으며, 일제는 신간회 임원이었던 민세에게 책임을 물어 구속하였던 것이다.

민세의 제5차 옥고는 만주동포 구호 의연금을 유용했다는 혐의와 관련이 있다. 일제는 1932년 3월 '만주 동포 구호 의연금횡령'이라는 조작된 혐의로『조선일보』영업국장 이승복과 함께 구속하였다. 민세는 8개월 동안 옥살이를 하였는데, 일제는 옥중에 있는 민세를『조선일보』사장에서 강제 퇴임시켰다(사장 재임기간: 1931.7.25~1932.4.22). 이것이 민세의 제5차 옥고사건이었다.

일제는 한말『대한매일신보』에서 국채의연금 모금운동을 벌였을 때 이것을 방해할 목적으로 돈을 유용했다는 핑계로 양기탁을 구속한 수법을 또 다시 이용한 것이다(송건호, 2002). 말도 안 되는 죄목이었지만 식민지 시민으로서 어찌할 수 없는 일이었는데, 사실 민세에 대한 일제의 누적된 '괘씸죄'가 적용된 것으로 볼 수 있다. 더욱이 민세의 제5차 옥고는『조선일보』의 향배와도 밀접한 관련이 있다.

1924년 9월 신석우는 송병준으로부터『조선일보』의 경영권을 인수한 이후 민중의 지지를 받고 있던 이상재를 사장으로 추대하였다. 이후 방응모는 1933년 3월『조선일보』의 경영권을 인수하였다. 이상재가 사장이었던 1924년부터 방응모가『조선일보』를 인수하기 직전 민세가 사장으로 있던 1932년까지를 '혁신 조선일보' 시기라 할 수 있다. 이 시기『조선일보』는 '조선민중의 신문'이라는 새로운 표어 아래 경영과 제작 양면에서 혁신을 단행하는 새로운 모습을 보여주었다(정진석, 1990). 따라서 '혁신 조선일보' 시기『조선일보』는 일제와의 마찰도 가장 많았다(정진석, 1990, '조선일보 기사압수처분' 참조).

여기서 주목할 부분은 '혁신 조선일보'의 마지막 사장이 민세였으며, 민세가 구속 중 사장직을 강제로 그만두었다는 점이다. 민세가 구속 수감된 이후 1933년 3월 방응모는『조선일보』경영권 인수에 착수했으며(1933.3 조만식 사장으로 추대), 마침내 그는 1933년 7월 사장에 취임하였다. 방응모는『조선일보』경영의 안정을 가져오는데 기여했으나, 신문의 논조는 매우 무뎌졌다. 이로써 방응모의『조선일보』는 경영적인 측면이 강조되면서 일제의 갈등보다는 안정적인 '신문산업'으로써 기틀을 마련해 나갔다(안종묵, 2005).

결국, 민세의 제 5차 옥고는 뚜렷한 죄목이 없음에도 불구하고 일제는 민세를『조선일보』에서 물러나게 할 의도가 숨어있었던 것으로 볼 수 있다. 민세는 8개월 옥고를 치른 이후, 공식적으로 언론사에 몸담지 않았으나 민족운동 단체에 참여하거나 민족의식을 고취시킬 수 있는 저술 작업에 몰두하였다.

민세의 제6차 옥고는 1919년 대한민국청년외교단 사건으로 징역 3년형을 언도받았던 제1차 옥고 사건과 공통점이 있다. 두 사건 모두 임시정부와의 내통이 발각되어 구속되었기 때문이다. 민세는 제5차 옥고를 마치고 언론활동이 좌절된 상황에서 상해 임시정부와 긴밀한 관계를 가지면서 항일운동을 모색했다. 제1차 옥고가 임시정부의 국내 비밀결사체인 대한민국청년외교단 총무로 활동하다가 구속되었는데, 제6차 옥고는 임시정부와 내통하다가 발각되어 구속되었다. 이것이 민세의 제6차 옥고사건이었다.

민세는 1936년 5월 이른바 '군관학교 학생사건'으로 서울 종로경찰서에 검거되어 경성지방법원에 회부되어 2년 징역 선고를 받았고, 다음 해 일단 보석으로 석방되었다(이후 이 사건으로 다시 투옥됨: 제8차 옥고). 군관학교 학생사건이란 당시 중국에서 항일운동을 하던 김두봉(金枓奉)에게 정일성(鄭一星)이라는 항일인사를 소개한 사건이었다. 정일성은 1919년 3·1운동 당시 일본 헌병과 무력충돌로 구속되어 경성지방법원에서 보안법 위반으로 징역 8개월을 선고 받았던 '불온한 인사'로 일제로부터 요주의 인물이었다.

사회주의계열 독립운동가인 김두봉은 1935년 6월 한국민족혁명당(총재 김규식) 결성에 참여하고 중앙집행위원 및 조직부장을 맡았다(김광한, 1998). 상해 임시정부를 둘러싸고 한국독립단, 조선혁명당, 의열단, 신한독립당, 미주대한인독립단 등이 통합되지 못하고 있었는데, 이를 통합하여 효율적인 항일운동을 전개하고자 탄생한 것이 한국민족혁명당이었다. 여기엔 김규식, 조소앙, 최동오, 양기탁, 유동열 등 임시정부 국무위원 5명이 참여하였다. 통합된 한국민족혁명당은 군사 양성을 위해 중국 남경군관학교의 한인 입학을 추진했다(이원규, 2005).

결국, 민세는 임시정부의 항일운동단체인 한국민족혁명당에 항일인사를 연결시키는 등 임시정부와 긴밀한 활동이 탄로나 구속 수감되었던 것이다.

특히 김규식이 이끌던 한국민족혁명당은 해외에서 투쟁의 방식 혹은 사상적 차이로 흩어졌던 민족운동단체들을 규합한 항일운동단체였는데, 이에 대해 민세도 힘을 합했던 것이다. 이것은 민세가 추구해왔던 좌우합작을 통한 민족협동전선에 대한 그의 열망이 표출된 것으로 볼 수 있다. 민세는 일제하 민족협동전선인 신간회에 주도적으로 참여하였으며, 이후 미군정하 민족주의 좌파의 입장에서 좌우합작론 혹은 중도정치론(중간지대의 정치합작)을 주장했다. 이러한 그의 운동노선은 '군관학교 학생사건'에서도 찾을 수 있다.

3) 제7차 옥고~제9차 옥고(1938~1943)

민세의 제7차 옥고는 1938년 5월 '흥업구락부 사건'으로 서대문경찰서에 검거되어 경성복심법원에서 소위 치안유지법으로 징역 2년형을 언도받고 투옥된 일이다. 흥업구락부 사건은 민세가 기독교인으로서 기독교계열 항일운동을 하다가 일제로부터 발각되어 구속된 사건이었으며, 한편으로 민세가 일제로부터 그의 항일정신을 굽히지 않았음을 보여주는 사건이었다. 이것이 민세의 제7차 옥고사건이었다.

흥업구락부는 1925년 신흥우, 이상재, 윤치호, 유억겸, 구자옥, 안재홍 등 기독교 유력 인사들에 의해 조직되었다. 흥업구락부는 미국에서 이승만이 조직한 동지회(同志會) 계열의 국내조직으로써 외형상 국민복리와 산업 진흥을 표방했으나 그 목적은 해외 독립운동자금의 지원, 국내 동지 확보, 계몽 활동 전개를 통한 조국독립지원이었다. 당시 YMCA 임원 대부분은 흥업구락부 회원이었다. 흥업구락부는 1932년부터 전국 각지의 장로교 감리교 목사를 선발하여 민족적 단결정신 함양하였고 항일 민족지도자들을 양성하였다. 일제는 1938년 2월 연희전문학교 "경제연구회" 사건 조사과정에서 교장이면서 흥업구락부 회원인 유억겸의 집에서 동지회와의 연락을 증명하는 문서를 발견하였다. 당시 일제는 흥업구락부의 실체를 확인하였으며 '흥업구락부 명단'을 찾아냈다.

흥업구락부 사건을 계기로 사실상 기독교계 민족운동이 일제에 의해 뿌리가 뽑혔으며, 그 이후 기독교계 일부 지도자들이 사상 전향하고 친일 행위를 하였다. 하지만, 민세는 이 사건 이후에도 구속과 석방이 반복됨으로써 사상 전향을 하지 않았음을 보여준다. 민세는 개인적으로 1938년 봄 부인 이정순이 폐렴으로 사망하여 혼망한 상황이었으며, 장남 안정용의 결혼식이 예정되어 있었다. 이러한 집안사정에도 불구하고 5월 '흥업구락부 사건'으로 서대문경찰서에 수감 중이라 장남 결혼식에도 참석할 수 없었다(송건호, 2002).

민세의 제8차 옥고는 1936년 5월 '군관학교 학생사건'으로 구속된 제6차 옥고와 관련이 있다. 당시 민세는 경성지방법원에 회부되어 2년 징역 선고를 받았고 다음 해 일단 보석으로 석방되었으나, 1938년 10월에 형이 확정되어 다시 투옥되게 되었다. 이것이 민세의 제8차 옥고사건이었다.

앞에서 언급했듯이 '군관학교 학생사건'은 통합된 한국민족혁명당이 군사 양성을 위해 중국 남경군관학교의 한인 입학을 추진하던 상황에서 한국 학생 모집에 연루되었던 사건이었다. 당시 중국 정부는 한국과 연합하여 반일 투쟁을 전개하고자 하였는데, 남경군관학교는 한국과 중국이 동맹하여 대일전선을 구축할 수 있는 기반을 제공할 수 있는 중요한 군사 학교였다(김승곤, 1982). 당시 일제는 1937년 7월부터 중국 전 국토에 전개된 중일전쟁을 개전한 이후, 한국과 중국이 연합전선을 펼쳐 일본에 대항하는 것에 대해서 엄중하게 대처하고자 했다. 이러한 국내외적인 상황에서 일제는 민세가 연루되었던 '군관학교 학생사건'을 매우 엄중하게 처벌했던 것이다.

민세의 제9차 옥고는 조선어학회(朝鮮語學會)에서 착수한 조선어사전편찬사업과 관련이 있었다. 민세는 '군관학교 학생사건'으로 형을 마치고 침거하면서 저술 작업에 몰두하였다. 민세는 신채호의 영향을 받아 '역사정리'에 직접 나서 조국의 암담한 현실 속에서 가장 중요한 것은 민족정기를 되찾는 것이라 생각하고 국사 연구에 매진하였다. 마침내 1940년 민세는『조선통사』를 통해서 민족정기를 한국인들에게 알리고자 하였다. 또한 민세는 조선어사전편찬사업에 참여함으로써 민족정기를 나타내고자 하였는데, 이것이 문제가 되어 1942년 12월 다시 옥고를 치르게 되었다. 이 사건은 민세의 마지막 옥고였지만 심한 고문으로 너무 고통스러워 감옥에서 순국을 결심하고 절명시를 쓸 정도로 심신은 피폐했다. 이것이 민세의 제9차 옥고사건이었다.

1942년 10월에 발생한 조선어학회 사건은 일제하 조선인 민족말살정책에 따라 한글연구를 한 학자들을 민족의식을 고양시켰다는 죄목으로 탄압·투옥한 사건이다. 1941년 대동아전쟁이 시작되면서 일제는 식민지 통치를 보다 강화하면서 민족을 말살지경에 빠뜨리는 정책을 추진해갔다. 대표적인 것이 정신적 세뇌작업으로 한국인의 정신을 일본인으로 만들려는 것이었다. 이것은 황국신민화정책으로 나타났다. 이러한 시대적 상황에서 조선어학회(1921년 12월 설립)는 '조선어사전편찬사업'을 추진함으로써 민족정신을 고양시키고자 했던 것이다. 이 사건으로 1943년까지 민세를 포함하여 33명이 검거되어 혹독한 고문을 받았고 48명이 취조를 받았다. 사건을 취조한 함경남도 홍원 경찰서는 사전 편찬에 직접 가담했거나 재정적 보조를 한 사람들 및 기타 협력한 33명을 모두 '치안유지법'의 내란죄로 몰아 수감했다(한글학회, 1971; 국사편찬위원회, 2002).

조선어학회 사건은 일제가 민족정기를 말살하고자 의도적으로 꾸민 것이었는데, 민세는 이 사건에 연루되어 옥고를 치르게 되었다. 민세는 일제하 9차례의 옥고를 겪으면서 심신이 매우 세약해졌다. 특히 마지막 제9차 옥고는 함경남도 홍원경찰서에 고문 후 수감되었는데, 이때 심신이 괴로워 순국을 결심하기까지 하였다. 민세는 일제하 35년 동안 감옥에서 7년 3개월을 보냈다. 그의 첫 옥고는 1919년 시작되었으며 마지막 옥고는 1943년 끝났는데, 이것은 민세가 일제치하 35년 동안 변절 없이 일제에 저항했던 그의 항일 정신을 잘 나타내주는 항일 민족운동의 자취이다.

4. 일제하 민세와 조선일보

1) 민세와 조선일보

민세는 1924년 5월『시대일보』(사장 최남선) 논설기자로 입사하였는데, 창간 2개월 만에『시대일보』는 경영난으로 어려움을 겪었다. 이에 사장 최남선은 신문을 보천교(普天敎)로 넘기려 하다가 내분이 일어났으며, 이 과정에서 민세는 신문사에서 퇴사하였다. 이후 민세는 1924년 9월 신석우가 인수하고 새롭게 출발한『조선일보』에 주필 겸 이사로 입사하였다. 민세는 1932년 4월 일제로부터『조선일보』에서 강제로 퇴사할 때까지 사설 약 980편, 석간의 시평 약 470편을 써서 평균 10일에 7편의 사설과 시평을 집필하는 왕성한 언론활동을 하였다. 따라서 일제하 민세의 항일 언론활동은『조선일보』에서의 언론활동과 밀접한 관련이 있다. 이 연구에서는 민세의『조선일보』 언론활동을 통해서 그의 일제하 항일 민족운동을 살펴보고자 한다.

신석우는『조선일보』의 경영권을 인수한 후 자신은 발행인 겸 부사장이 되고 민중의 지도자로 명망이 높던 월남 이상재를 사장으로 추대하였다. 1924년 9월에 신석우는 친일인사 송병준으로부터 8만 5천원을 주고 경영권을 정식으로 인수하였으며, 이로써『조선일보』는 판권이 민족진영으로 넘어와 새로운 모습을 갖추게 되었다(정진석, 1990). 당시 이사진으로는 민세를 포함하여『동아일보』에서 온 이상협, 김동성 등이 새로 취임하였고 편집진도 크게 보강 정비하면서『조선일보』는 신문의 혁신을 단행하였다. 이 시기『조선일보』를 '혁신 조선일보'라 한다.『동아일보』의「민족적 경륜」사태 이후,『동아일보』초대 편집국장이었던 이상협(李相協)은 여러 명의 기자를 이끌고『조선일보』로 가서 지면에 새로운 활력을 불어넣었다(정진석, 2001).『동아일보』는「민족적 경륜」이후 사내 구성원 간의 민족운동의 방향을 놓고 갈등이 있었으며, 이때 진보적인 민족운동을 주장했던『동아일보』기자들이 신문사를 떠났다(안종묵, 2005). 당시 이상협과 함께『동아일보』에서『조선일보』로 온 기자 가운데, 박헌영(朴憲永), 임원근(林元根), 김단야(金丹冶), 홍덕유(洪悳裕), 홍남표(洪南杓) 등 사회주의 계열 기자도 포함되어 있었다.

  여기서 일제하 한국인 민간지의 성격을 이해하기 위해『동아일보』의「민족적 경륜」을 논의할 필요가 있다. 1924년 1월 2일부터 5회에 걸쳐 게재된 이광수가 집필한 논설「민족적 경륜」은『동아일보』의 민족운동의 노선을 그대로 나타낸 사건이었다. 이후『동아일보』를 중심으로 한 보수적인 민족주의자들은 '자치운동'으로 나아갔다. 이 사설에서 '우리는 조선 내에서 허(許)하는 범위 내(範圍內)에서 일대 정치적 결사(結社)'를 해야 한다고 언급하고 있다. 이러한 입장은 한말 애국계몽운동 단체였던 대한자강회의 행동강령을 보면 '국법범위(國法範圍)의 이내행동(以內行動)'과 일치하고 있다(대한자강회월보, 제 1호, '대한자강회규칙', 10-11쪽). 법의 범위, 즉 일제의 한국 식민지 통치를 인정하면서 전개된 언론활동은 언제나 친일논쟁에 휩싸일 수밖에 없다.『동아일보』는 그 경계선을 지키고자 하였으나, 신문 경영측면에서는 한국 민중의 욕구(독자의 요구)에 부응하는 진보적인 논조(경계선을 넘는 논조)를 전개해야 하는 딜레마가 있었다(안종묵, 2005). 하지만 진보적인 민족운동의 시각에서 보면『동아일보』의 운동노선은 비판의 대상이 되었는데, 당시 상해판『독립신문』은 진정한 민족운동은 '파괴자'여야 한다고 주장하면서『동아일보』를 비판했다(상해판 독립신문, 1922. 10. 30, 사설 '독립운동').

민세는 1924년 9월『조선일보』에 입사하여 주필 겸 이사, 1926년 9월부터 1928년 9월까지 주필 겸 발행인, 1929년 1월부터 1931년 7월까지 부사장, 1931년 1월부터 1932년 6월까지 편집인, 1931년 7월부터 1932년 4월 사장 등『조선일보』핵심 임원으로 활동하면서 '혁신 조선일보'의 언론활동에서 주도적인 역할을 담당하였다. 이에 이 연구에서는 일제하 민세의 언론활동을 고찰하고자 '혁신 조선일보' 시기를 살펴보고자 한다.

일제하 '혁신 조선일보'가 겪게 되는 정간처분은『조선일보』와 일제 사이의 갈등을 보여주며, 나아가서 민세의 언론활동과 일제의 식민지정책과의 마찰을 이해하는 중요한 단서를 제공한다. 민세가 주필이었던 '혁신 조선일보' 시기인 1925년 9월 8일자 사설「조선과 露國(러시아)과의 정치적 관계」때문에 무기정간 처분을 받았다. 전통적으로 일본은 러시아의 남하에 대해 항상 경계를 하고 있었는데, 당시 소련 영사관이 서울 정동 구 러시아 공사관 자리에 부활하였다. 또한 소련과 일정한 관계를 가진 사회주의 계열의 한국인들이 1925년 4월 17일에 조선공산당을 창립했으며, 그 다음날인 18일에는『조선일보』기자였던 박헌영이 주도한 고려공산청년회가 조직되었다. 이렇게 당시 한국에는 소련과 사회주의의 영향력이 밀려옴에 따라 일제는 이에 대해 매우 민감하게 대처하고 있었다. 이러한 상황에서『조선일보』사설은 일제의 심기를 건드리기에 충분하였다. 사설「조선과 로국과의 정치적 관계」의 주요 내용을 보면 다음과 같다.

그것보다도 조선의 현상은 정치경제 양 방면을 통하여 가장 궁극기에 달해 있음으로서 현상타개를 필요로 한다. 그리하여 그 타개의 요체는 정치적인 제국주의와 경제적인 자본주의와를 합리한 제도로 바꾸는데 있다. 필연코 적로(赤露)의 세계혁신운동과 그 보조는 일치시켜야 할 것이다.

이 내용에서 볼 수 있듯이 소련을 지지하는 사회주의적인 입장이 그대로 드러나 있다. 일제는 일본 제국의 국체(國體)와 사유재산제도를 부인하고 사회주의혁명을 지지하는 이 사설에 대해서 즉각적으로 무기정간 처분을 내렸다(「朝鮮た於ける出版物槪要」(1930년 판), 74쪽). 총독부는 무기정간 처분을 통해 '혁신 조선일보'를 이끌었던 사장 이상재에 대해 압박을 가하면서 동시에『조선일보』에 있던 사회주의 계열의 언론인들에 대한 탄압을 가했다. 당시『조선일보』에 있던 사회주의 계열의 언론인은 논설진 김준연(金俊淵)과 신일용(辛日鎔), 평기자 박헌영, 임원근, 김단야, 홍남표 등이었다. 이중에서 사설 집필자 김준연과 신일용은 치안유지법 위반으로 기소 혹은 구속되었다.

'혁신 조선일보' 시기『조선일보』는 일제와의 마찰을 충분한 예상하면서도 강경한 논조로 인하여 무기정간과 언론인 구속 사태까지 이르렀다. 당시『조선일보』의 무기정간은 신문사 내의 사회주의 계열 언론인들의 강경한 자세와 깊은 연관을 갖고 있었던 것으로 볼 수 있다(안종묵, 2005). 조선총독부는 무기정간을 해제하는 조건으로 사회주의 성향의 언론인들의 해고를 요구하여 정간 해제와 함께 17명이 해고되었다. 이들 모두 사회주의 계열의 언론인은 아니었지만, 총독부는 이 사건을 통해 신문 정간이 식민지정책을 비판하는 언론인에 대한 탄압으로 이어질 수 있음을 알려준 것이다.

무기정간 이후에도『조선일보』는 정간처분을 받을 정도의 논조는 아니지만 일제에 대한 강경 논조로 인하여 기사압수 처분 건수가 급격히 증가하였

다. 당시『조선일보』는 심각한 경영난에 빠져 있었기 때문에 계속적인 무기
정간은 신문의 존폐까지도 영향을 미칠 수 있었다. 따라서『조선일보』는 일
제에 대응하더라도 가능한 무기정간 사태만은 피하고 싶었을 것이다. 무기
정간은『조선일보』가 일제에 정면으로 대응하기엔 한계점을 갖고 있음을 보
여준 사건이었으나, 한편으론 일제하 한국 민간신문이 총독부 기관지와 다른
점을 보여줌으로써 한국 민간신문의 정체성을 찾게 해준 사건으로 평가할
수 있다.

또한 민세가 발행인 겸 주필로 있었던 1928년 5월 9일에 또다시 무기정간
사건이 일어났는데, 총독부가『조선일보』에 내린 마지막 정간사건이기도 하
다. 이번 무기정간은 앞의 무기정간과 비슷하게 단순히 신문 사설뿐만 아니
라 언론인 탄압의 성격을 갖고 있었다. 문제의 사설은 발행인 겸 주필 안재홍
이 집필한「제남사건(濟南事件)의 벽상관(壁上觀)」이었다. 이 사설은 중국
산둥반도 침략을 위한 일본군의 출병을 비난한 내용이었다. 이에 대해 조선
총독부는 일제의 대륙 진출정책에 심각한 방해가 된다고 생각하고 이 사설
을 무기정간 처분하였다(『조선일보50년사』, 1970, 345쪽).

총독부 입장에서 이 사설 자체가 충분히 정간처분의 대상이었지만, 비타
협적인 민족주의자였던 주필 민세와 주요 간부에 대한 불만이 표출된 것이
었다. 주필 안재홍과 편집인 백관수(白寬洙)가 3개월 전인 1928년 5월 9일자
사설「보석연기의 희생, 공산당 사건의 실례를 견하라」때문에 기소되어 재
판에 계류 중이었다. 이 사설에서는 1925년 공산당 사건을 다룬 내용으로
사건 피고인들에 대한 총독부의 비인도적인 대우를 비난하였다. 이렇게 아
직 재판에 계류 중인 민세가 집필한 사설이 총독부 당국의 심기를 건드렸던
것이다. 또한 총독부는 당시 신간회의 핵심 인물들이 포진하고 있던『조선일
보』에 대한 탄압의 성격도 갖고 있었다(조선일보와 신간회의 관계에 대해선

후술하겠음). 전임 사장 이상재는 신간회의 회장이었으며, 현 사장 신석우(申錫雨), 주필 안재홍, 편집인 백관수, 편집국장 한기악(韓基岳) 등 신문사의 주요 간부 모두 신간회 핵심회원이었다.

결국 『조선일보』의 무기정간은 총독부가 가진 사설에 대한 불만, 그리고 주요 간부진에 대한 불만이 표출된 사건으로 볼 수 있다. 『조선일보』의 이번 무기정간은 앞의 무기정간과 함께 『조선일보』의 정체성을 보여준 사건으로 평가할 수 있다. 그리고 '혁신 조선일보' 시기 『조선일보』는 이러한 무기정간 이외에도 압수기사 건수가 다른 기간에 비해 월등히 많았는데(정진석, 1990, '기사압수처분' 참조), 이것은 일제와 대응하여 강경 논조를 이끌었던 '혁신 조선일보'의 언론활동을 잘 나타내고 있다.

'혁신 조선일보' 시기의 『조선일보』는 강경한 논조를 전개하였으나, 이후 어떠한 무기 혹은 유기정간도 받지 않았을 뿐만 아니라 압수기사 건수도 현격히 감소하였다. 『조선일보』가 당시 민족의 가장 절박한 문제였던 독립과 해방을 위해 어떠한 역할을 하였는지에 따라서 일제하 『조선일보』의 언론활동에 대한 민족주의 운동사적 의의를 평가할 수 있다. 일제하 『조선일보』가 일제와 가장 극명하게 대립하였던 객관적인 사실은 정간과 압수기사 처분이다. 『조선일보』는 창간 초기 일제와 큰 마찰 없이 지내다가 제4대 사장 이상재(1924.9~1927.3), 제5대 사장 신석우(1927.5~1931.7), 제6대 사장 안재홍(1931.7~1932.4) 등 3명의 사장이 이끌었던 '혁신 조선일보'는 일제와 정면적인 대응 태도를 나타냈다. 이후 그 논조가 매우 둔화되었다가 마침내 1940년 8월 일제의 식민지정책의 일환으로 폐간의 길을 걷게 된다.

2) 조선일보와 신간회, 그리고 민세

　3·1운동이 숱한 희생자만 내고 좌절되자 민족운동의 새로운 양상이 등장하게 되었다. 한국 지식인들은 이러한 무저항적 만세 시위나 외교적 독립 청원운동만으로는 독립이 불가능하다고 느끼게 되었다. 때마침 러시아에서 성공을 거둔 볼셰비키혁명과 코민테른 결성 등 일련의 국제정세는 한국 민족독립운동에 크나큰 자극을 주었다(한창수, 1984). 이러한 풍토에서 진보적인 한국 지식인들은 사회주의사상을 받아들이면서 일제에 대한 대응 방식에서도 기존과는 다른 양태를 보여주었다.

　한국 민족운동에서 사회주의사상의 출현은 '좌익계열'의 등장을 의미하며, 기존의 애국계몽운동을 사회주의사상과 대비하여 '우익계열'로 부를 수 있겠다. 결국, 3·1운동 이후 국내에 사회주의사상이 전파되면서 민족운동에서 좌익과 우익으로 나눠지게 되었고, 일제에 대한 대응방식을 놓고 운동노선 차이로 인하여 갈등을 겪게 된다. 한말 애국계몽운동은 일제하 애국계몽운동(실력양성운동)으로 그대로 이어졌으며, 일제하 한국 사회주의계열의 운동노선은 한말 의병운동과 접합점을 찾을 수 있다(박찬승, 1992).

　좌우가 힘을 합치지 못하고 있던 상황에서 일부 민족지도자들은 민족단일사상을 통하여 효과적으로 일제와 대응하려는 움직임이 있었다. 이러한 구체적인 결실은 1927년 2월에 좌우합작으로 결성된 신간회(新幹會)이다(강만길, 1989). 『조선일보』는 좌우합작 항일운동단체인 신간회의 설립을 주도하였다. 당시 사장 이상재는 신간회의 초대 회장이었고, 이상재 후임으로 사장에 임명된 신석우, 발행인 겸 주필이었던 안재홍 등은 신간회 주요 간부였으며, 조선일보 기자들 역시 신간회 회원이었다. 또한 『조선일보』는 보도에 있어서도 신간회 소식을 전하는 고정란을 둘 정도로 지원을 아끼지 않았다(『조선일보역사 단숨에 읽기 1920~』, 43쪽). 당시 신간회 회원들이 이끌었던 '혁신 조선일보'는 비타협적 급진 우파계열을 대표하고 있었다(박찬승, 1992). 이러한 관점에서『조선일보』가 주도한 신간회의 성격을 살펴보는 것은 민세의 항일운동, 더 나아가서『조선일보』의 일제하 언론활동을 이해하는데 도움을 얻을 수 있다.

민족단일당 민족협동전선이라는 표어 아래 신간회 조직계획이 발표되고, 마침내 1927년 2월 15일에 창립을 보게 되었다.『조선일보』는 2월 16일자 조간 2면에 4단 크기로 사진과 함께 '신간회창립총회'라는 기사를 게재하여 신간회 창립 사실을 독자들에게 알렸다. 신간회 창립에 앞서 1월 19일에는 신석우, 안재홍, 신채호, 김준연, 한용운 등 종교, 언론, 교육계 인사들이 창립발기위원회를 갖고 3개의 강령, 즉 ① 우리는 정치적 경제적 각성을 촉진함, ② 우리는 단결을 공고히 함, ③ 우리는 기회주의를 부인함 등을 정하였다(이원혁, 1965). 그것은 민족주의를 표방하고 좌우 양 진영의 제휴에 의한 공동전선임을 나타내며, 합법적인 결사운동으로 비타협적인 투쟁을 강행하는 민족운동의 대표적 단체임을 나타내는 것이다(조지훈, 1964). 이러한 투쟁방식은 애국계몽운동과 사회주의사상의 각기 운동노선을 절묘하게 결합한 방식이었다.

민족협동전선의 필요성에 대해서 좌우 양 진영이 다 같이 인정하였지만 실천적으로는 매우 다른 투쟁 방식을 가지고 있었던 상황에서 신간회와 같은 민족단일당 설립은 매우 의미 있는 일이었다(김창순, 1988). 신간회를 허가한 일제 측의 입장에서 보면, 문화정치의 일환으로 신간회를 허가했다고 볼 수 있다. 즉 총독부는 반일세력의 약화를 목적으로 좌우 양자의 결합체인 신간회를 허가함으로써 이들 양 진영 자체 내의 암투를 조장하여 자멸을 초래케 하는 고등술책을 사용하였던 것이다. 또한 타협적인 민족개량주의를 더욱 친일화시키며, 당시 일제의 위협이 되었던 사회주의자들을 합법적인 단체에 끌어들이고 이들을 효과적으로 통제하려는 측면이 있었다(강동진, 1980).

다음으로 애국계몽운동의 비타협적인 급진파 진영, 즉 비타협적 우파계열에서는 민족운동 대표기관이 무슨 형태로든지 있어야 한다고 인식하고 있었다. 애국계몽운동 안에서 합법적 투쟁이란 명목으로 자치운동론까지 대두되었으나, 이는 여론의 공격으로 좌절되자 사회주의와 제휴로써 비타협적인 투쟁을 채택하게 된 것이다(조지훈, 1964). 실제로『조선일보』는 1925년 1월 21일자 사설, 1926년 12월 17일자 사설, 그리고 1927년 1월 5일자 사설 등을 통해 자치운동론에 대해서 강력하게 비난하였다. 다시 말하면, 우익계열 안에서 민족운동의 새로운 지도이념을 창출하지 못하고 방황하던 상황에서 우익계열의 비타협적 급진파는 사회주의계열에서 '정우회선언'이 있자 이를 계기로 비타협적인 민족단일당으로 연합하여 새로운 활로를 모색하였다.[5]

마지막으로 사회주의 진영에서는 민족해방투쟁에 있어서 단일적 민족협동전선 구축을 언급한 코민테른의 정책에 따라 신간회 창립에 참여했다고 볼 수 있다(김창순, 1988). 사회주의계열의 공산주의자들은 일제의 탄압에 의해 제1차와 2차 조선공산당이 와해되고, 많은 당원들이 체포당하는 피해를 입었다. 따라서 와해 상태에 있는 당 조직을 지하에서 수습하는 한편, 합법적인 정당인 신간회에 참여하여 민족협동전술을 수행하려 하였다(한창수, 1984). 또한 앞에서 언급한 '정우회선언'은 당시 내부갈등을 빚었던 사회주의계열을 통합하여 신간회에 참여시키는데 있어서 중요한 역할을 하였다.

---

[5] 당시 사회주의계열은 화요회, 북풍회, 서울청년회 3대 파벌의 대립 갈등을 겪고 있었으나, 화요회와 북풍회가 중심이 되어 정우회(正友會)를 조직하였고 애국계몽운동단체와 사회주의운동단체의 통일을 주장하는 '정우회선언'을 하였다.

이상의 세 가지의 관점으로 신간회의 성립 요인을 고찰해볼 수 있다. 결국, 신간회는 비타협적인 우파와 사회주의계열의 투쟁방식의 변화, 그리고 일제의 정략적인 결정에 의해서 탄생된 것으로 볼 수 있다. 합법적인 단체이면서도 비합법적인 투쟁을 벌인다는 것은 곧 식민지 권력이 허용하는 범위 안에서 식민지 권력을 부인하는 것을 의미했다. 이러한 한계를 갖고 있던 신간회에 대해 일제가 가혹한 탄압을 전개하자 합법적인 테두리 안에 머물려는 세력과 비타협적인 투쟁을 요구하는 세력 사이에 마찰이 일어나게 되었다(차기벽, 1985). 신간회 초창기 주요 간부진을 우파계열이 장악함으로써 우파가 주도권을 장악하였으나, 시간이 지남에 따라 전국에 걸쳐 지회가 결성되고 실제적으로 노동자 농민들의 활동이 활발해짐에 따라 사회주의계열에서 주도권을 장악하는 사례가 증가하게 되었다. 이러한 상황에서 신간회가 이상적인 민족협동전선임에는 틀림없었으나 투쟁노선에 있어서 우파와 좌파간의 입장 차이를 나타냈다(스칼라피노 외, 1983). 마침내 신간회는 1931년 5월 16일 해체되었다.

앞에서 언급했듯이『조선일보』의 주요 간부들이 비타협적 우파계열의 대표로서 신간회에 참여함으로써『조선일보』는 신간회의 중심기관이 되었다. 『조선일보』는 1927년 5월 12일자 사설을 통해서 '민족단일당은 시대적 요구'라고 밝히면서 신간회의 역사적 타당성을 천명하였다. 또한 신간회 창립 직후인 1927년 2월 24자 조선일보 칼럼 '시사평론-신간회창립 준비'를 통해 신간회는 민족적 각성과 우경사상 배척한 순 민족의 단체라고 표명함으로써 조선일보의 신간회에 대한 입장을 들어냈다. 이것은 당시『조선일보』가 사장 이상재의 주도로 '혁신 조선일보'를 이끌면서 비타협적인 민족주의운동노선, 즉 비타협적 우파계열을 따르고 있음을 밝힌 것이기도 하다.

『조선일보』는 1927년 2월 21일부터 신간회 지지 기사를 집중보도했고, '신간회 기사 일속(一束)'이라는 고정란을 두고 지회 설립과 활동 상황을 상세히 보도했다(『조선일보역사 단숨에 읽기 1920~』, 45쪽). 또한 1927년 10월 30일자부터는 '신간회 지회 소식'이라는 고정란을 만들어 수시로 지회의 상황을 보도하였다. 1927년 8월 7일자 「민족단일당의 문제」라는 사설을 통해 신간회 활동에 있어서 민족적 단결을 강조하였다. 1928년 2월 15일자 「신간회 창립 기념」이라는 사설을 통해 신간회 창립 1주년을 맞아 활동을 높이 평가하면서 15일을 '신간일'로 명명하기도 하였다.

이렇게 『조선일보』가 신간회에 대해 적극적으로 보도하자 일제의 탄압이 가중되었는데, 이에 1927년 9월 22일자 '신간회 기사일속'을 통해 일제의 신간회 관련 기사에 대한 탄압상황을 보도함으로써 일제와 대응하였다. 1930년대 들어 신간회 해체 문제가 본격적으로 제기되자, 『조선일보』는 1930년 12월 31일자 3단 크기의 기사 '중앙간부 절대반대 관념적 해소도 반대'를 통해 신간회 해체의 반대 입장을 밝혔다.

『조선일보』는 신간회의 창간과 해체 과정에 깊게 관여하였는데, 이것은 신간회에 대한 역사적인 의미와 평가가 당시 『조선일보』의 사상운동의 평가와 밀접한 관련이 있음을 말한다. 이미 앞에서 언급했듯이 신간회는 좌우합작의 민족협동전선이었고, 합법적인 결사운동으로 비타협적인 투쟁을 감행하고자 하였던 일제하 민족운동의 대표적인 단체였다. 1929년 12월에 개최된 대구지회의 정기대회 토의사항을 보면 일제하 신간회의 활동을 이해할 수 있다(경상북도 경찰부, 『고등경찰요사』(1934년 판), 50쪽).

① 한국인 착취기관 철폐와 이민정책 반대
② 타협적 정치운동 배격
③ 한국인 중심의 교육제 실시

④ 보통학교의 교사 한국어 사용 실시

⑤ 제국주의 식민지 정책 반대 등

이러한 내용을 보면 신간회가 일제의 식민지 정책에 대해서 정면으로 반박하는 입장을 갖고 있었음을 알 수 있다. 당시 『조선일보』는 이러한 진보적인 주장과 활동을 전개하였던 신간회를 적극적으로 지원함으로써 민족의 독립해방을 위해 힘썼던 것으로 평가할 수 있다. 이렇게 '혁신 조선일보'는 일제에 대한 저항적인 민족주의 사상운동을 이끌었다.

당시 『동아일보』가 자치운동을 통하여 민족의 '독립'보다는 '자치'를 주장하였으나, 『조선일보』는 민족운동의 유일한 목표는 완전한 '해방-독립'이며 이를 위해 끊임없이 노력해야 한다고 주장하였다(조선일보, 1924. 11. 3, '사설-우리의 진로-신념과 노력'). 이러한 '혁신 조선일보'의 입장은 신간회를 통해서 주장되었는데, 자치운동의 반대와 신간회의 필요성에 대해서 다음과 같이 언급하고 있다.

> 타락을 의미하는 기회주의와 우경적인 타협운동이 대중의 목적의식을 마비케 하고 ……. 따라서 통치자들의 준비하는 어떠한 술책이 감쪽같이 들어 맞게 할 걱정이 있는 고로 비타협적인 민족주의 좌익전선을 형성하야 먼저 대중의 공고한 단결을 만들어가며, 그의 정치적 관념을 투쟁과 아울러 나아가게 함이 퍽 필요한 것……. (『조선일보』, 1927.2.9, '사설-민족좌익전선의 의의 및 사명')

이렇게 『조선일보』가 주도한 신간회 활동은 당시 『동아일보』가 주도한 '자치운동'과 극명하게 대립되었다. 『조선일보』가 '혁신 조선일보' 시기 법 테두리 안에서 가능한 비타협적인 투쟁 방안을 모색하면서 진보적인 논조를 전개하였다. 이러한 측면에서『동아일보』의 자치운동이 '친일'논쟁에 휩싸이는 것과 달리『조선일보』의 신간회 운동은 명확한 민족주의운동의 한 축으로 평가할 수 있으며(안종묵, 2005), 당시『조선일보』의 핵심 편집진이었던 민세의 언론활동 역시 항일민족운동의 측면으로 볼 수 있다.

5. 맺는 글

이 연구에서는 일제하 민세의 일제저항과 항일 언론활동을 고찰하기 위하여 민세의 '정치사회사상', '9차례의 옥고사건', 그리고 『조선일보』에서의 언론활동' 등을 살펴보았다. 민세 안재홍은 비타협적인 진보적인 민족주의자로서 일제로부터 9차례 옥고를 겪었으며『조선일보』를 통해서 그의 항일정신을 일반 한국 민중들에게 전달하였다.

첫째, 민세의 정치사회사상을 고찰해보자. 일제하 애국계몽운동을 계승한 우익세력과 함께 국내에서 사회주의와 공산주의 좌익세력이 형성됨으로써 민족주의 운동도 좌익세력과 우익세력으로 양분되었다. 양대 민족주의운동은 국권회복이라는 동일한 목표를 갖고 있음에도 불구하고 사상적, 그리고 방법론적 차이로 인하여 하나의 힘으로 합하지 못하고 분열된 양상을 보임으로써 국권회복을 효율적으로 수행하지 못하였다. 그리고 우익 민족주의운동에서도 보수와 진보로 나뉘어 갈등하였다. 따라서 일제하 국권회복의 실패는 외부의 강력한 침략세력 못지않게 내부적으로 단합된 힘을 발휘하지 못한 것에서 원인을 찾을 수도 있다. 이렇게 일제하 민족주의 운동이 분열되어있던 상황에서, 민세의 정치사회사상은 좌우를 아우르는 민족운동을 추구하였다. 일제하 민세가 주로 활동한 정치사회단체는 민족협동전선으로써 좌우합작을 통한 민족주의 운동이었다. 그리고 이러한 사상적 행보는 미군정 시기와 단독정부 수립 이후에도 이어진다.

둘째, 민세의 9차례의 옥고사건을 고찰해 보자. 민세의 제1차 옥고는 일본 와세다대학을 졸업하고 귀국 후 비밀결사체인 대한민국청년외교단에 가입과 활동에 따른 것이었다. 민세의 제2차 옥고는 항일 언론인으로서의『조선일보』사설이 문제가 되어 일어난 사건이었다. 민세의 제3차 옥고는 제2차 옥고와 마찬가지로 그의 항일 언론활동과 관련이 있다. 민세의 제4차 옥고는 민족협동전선으로써 좌우합작을 통한 민족주의 운동을 전개하였던 신간회 활동과 관련이 있다. 민세의 제5차 옥고는 만주동포 구호 의연금을 유용했다는 혐의와 관련이 있다. 민세의 제6차 옥고는 제1차 옥고 사건과 마찬가지로 임시정부와 내통했다가 발각된 사건이었다. 민세의 제7차 옥고는 비밀결사체인 '흥업구락부'에 가입했다가 발각되어 일어난 사건이었다. 민세의 제8차 옥고는 해외 항일 무장독립을 지원한 제6차 옥고 사건이 마침내 형이 확정되어 구속된 사건이었다. 민세의 제9차 옥고는 민족정신을 고양시키기 위해 조선어학회에서 착수한 조선어사전편찬사업과 관련이 있다. 이상과 같이 그의 9차례 구속사건은 일제 35년 동안 민세가 비타협적인 우익 민족주의 입장을 견지함으로써 일어난 일제와의 마찰의 결과이다.

셋째, 민세의『조선일보』에서 언론활동을 고찰해 보자. 민세는 1924년 9월 『조선일보』에 입사하여 주필 겸 이사, 1926년 9월부터 1928년 9월까지 주필 겸 발행인, 1929년 1월부터 1931년 7월까지 부사장, 1931년 1월부터 1932년 6월까지 편집인, 1931년 7월부터 1932년 4월 사장 등『조선일보』핵심 임원으로 활동하면서 '혁신 조선일보'을 주도하였다. 일제하 '혁신 조선일보' 시기 『조선일보』가 겪게 되는 정간처분은『조선일보』와 일제 사이의 갈등을 보여주며, 나아가서 민세의 항일 언론활동을 이해하는 중요한 단서를 제공한다.

『조선일보』는 '혁신 조선일보' 시기 법 테두리 안에서 가능한 비타협적인 투쟁 방안을 모색하면서 진보적인 논조를 전개하였다. '혁신 조선일보' 시기 『조선일보』의 신간회 운동은 명확한 민족주의운동의 한 축으로 평가할 수 있으며, 당시의 무기정간과 압수 기사는 항일운동의 흔적으로 볼 수 있다. 또한 '혁신 조선일보'를 이끌었던 『조선일보』의 핵심 편집진이었던 민세의 언론활동 역시 항일 민족운동으로 평가할 수 있다.

참고문헌

강동진, 『일제의 한국침략정책사』, 한길사, 1980.

강만길, 『한국민족운동사론』, 한길사, 1989.

강재언, 『한국의 근대사상』, 한길사, 1985.

경상북도 경찰부, 『고등경찰요사』, 1934.

국사편찬위원회, 『한국사』(1권), 국사편찬위원회, 2002.

권오영, 「신기선의 동도서기론 연구」, 『청계사학』(1), 한국정신문화연구원 청계사
        학회, 1984.

김경태, 「한국근대화의 전개와 담당주체」, 『이화사학연구』(제17, 18권 합본호),
        1988, 521~534.

김광한, 『동녘에 해가 뜨면』, 좋은글, 1998.

김성식, 『日帝下韓國學生獨立運動史』, 정음사, 1974.

김승곤, 『朝鮮義烈團의 創立과 鬪爭』, 국방부 전사편찬위원회, 1982.

김영호, 「유길준의 개화사상」, 『창작과 비평』(11), 1968.8, 480~482.

김용덕, 「중상론과 기술학의 도입론」, 『한국사』(14), 국사편찬위원회, 1977.

김의환, 「의병운동」, 안병식 외, 『한국근대민족운동사』, 돌베개, 1980.

김정기, 『국회 프락치사건의 재발견』(1), 한울, 2008.

김정명 편, 『朝鮮獨立運動』(Ⅰ), 原書房, 1967.

김종덕, 「한말 계몽운동의 계보와 성격」, 『한국의 사회와 문화(10) -조선후기의 해
        체위기와 사회운동』, 한국정신문화연구원, 1980.

김준엽·김창순, 『한국공산주의운동사(자료)』(1·2), 고려대 아세아문제연구소, 1980.

김창순, 「반일 독립운동에서 좌파운동의 위상」, 『북한학보』(12), 북한연구소, 1988.

김홍철 외, 『한국종교사상사』(Ⅳ), 연세대학교 출판부, 1992.

도산안창호선생기념사업회, 『도산안창호』, 도산안창호선생기념사업회, 1983.

독립운동사편찬위원회,『독립운동사자료집』(3), 독립운동사편찬위원회, 1971.

민세선집간행위원회 옮김,『민세안재홍선집』(1), 지식산업사, 1981.

박은식,『박은식전서』(상중하), 단국대학교 동양학연구소, 1975.

박찬승,『한국 근대정치사상사 연구』, 역사비평사, 1995.

송건호,『한국사회연구』(2), 한길사, 1984.

송건호,『송건호전집』(11): 언론인으로서의 활동과 역사연구, 한길사, 2002.

스칼라피노 외,『신간회 연구』, 동녘, 1984.

신용하,『독립협회 연구』, 일조각, 1976.

안재홍,「新聞小史-舊韓末年 新聞人 淪落記」(上),『조선일보』(1935.7.27), 1935.

안재홍,『한민족의 기본 진로』, 조양사 출판부, 1949.

안종묵,『언론이데올로기 들여다보기』, 한국외국어대 출판부, 2005.

양동주,『光州學生獨立運動史』, 호남출판사, 1956.

유영렬,「독립협회의 민권사상 연구」,『사학연구』(22), 1973, 68~71.

유자후,『李儁先生傳』. 1947.

윤병석,『한국근대사론』(2), 지식산업사, 1979.

이관구,「지조와 관용의 선각자 안재홍」,『월간조선』(1985년 4월호), 1985.

이광린,『한국개화사상연구』, 일조각, 1979.

이능화,『조선기독교급외교사』(상하), 창문사, 1928.

이병헌,『삼일운동비사(三一運動秘史)』, 시사시보사, 1959.

이원규,『약산 김원봉』, 실천문학사, 2005.

이원혁,「신간회의 조직과 투쟁」,『사상계』(85), 1965.8.

임종국,『일제하의 사상탄압』, 평화출판사, 1985.

鄭喬,『大韓季年史』(上下)(1910년판), 국사편찬위원회, 1957.

정윤재,『다사리국가론: 민세 안재홍의 사상과 행동』, 백산서당, 1999.

정진석,『한국언론사』, 나남, 1990.

조동걸,「한말계몽주의 구조와 독립운동상의 위치」,『한국학논총』(11), 국민대학
        교 한국학연구소, 1989.

조선일보사,『조선일보50년사』, 조선일보사, 1970.

조선일보사,『조선일보역사 단숨에 읽기 1920-』, 조선일보사, 2004.

조선총독부경무국 도서과,「諺文新聞差押記事輯錄(朝鮮日報)」(소화3년 一, 二一)
　　　『保釋遲延の犧牲』, 1928, 426~428.

조지훈,『한국문화사 대계』(1), 고려대 민족문화연구소, 1964.

차기벽,『일제의 한국식민통치』, 정음사, 1985.

천관우,『역대인물 한국사』, 정음문화사, 1979.

한국학중앙연구원,『한국민족문화대백과』, 한국학중앙연구원, 2010.

한글학회,『한글학회50년사』, 한글학회, 1971.

한우근,「이조 실학의 개념에 대하여」,『진단학보』(19), 진단학회, 1958.

한창수 편,『한국공산주의운동사』, 지양사, 1984.

Chung, Y. J, A Medical Approach to Political Leadership: An Chae-Hong and A Healthy
　　　Korea 1945-1948, Phd Thesis, University of Hawaii, 1968.

Henderson G, Korea: The Politics of Vortex, Harvard University Press, 1968.

안재홍의 신민주주의와 언론

조맹기

안재홍의 신민주주의와 언론 *

– 제헌 헌법 제정 정신을 중심으로

안재홍은 일제 강점기와 해방 후 '혁신 조선일보', 『한성일보』 등 언론사 요직을 맡았으며, 미군정 민정장관으로서 제헌 헌법의 기초 사상을 다진 인사이다. 이는 그의 언론 자유사상이 제헌 헌법에 깊이 투영되었음을 의미한다. 안재홍은 정치적 행동과 언론 행위를 같다고 보았다. 결국 '법의 지배(legal domination)' 하에서 일직선상으로 행동·표현의 자유가 이뤄진 것이다.

그는 민족주의를 보편 사상으로 승화시킨 신민족주의 사상을 주장하였고, 그 사고를 바탕으로 신민주주의를 발아시켰다. 그리고 이러한 신민주주의는 자유와 더불어 경제적 민주주의를 강화시키게 된다. 또한 안재홍은 국민개로(國民皆勞), 대중공생(大衆共生), 만민공화(萬民共和)를 핵심 구호로 내세워 신민주주의를 완성시켰는데, 이는 우리 헌법의 '대한민국은 민주공화국이다.'라는 국가이념에 그 의미를 부여하게 된다. 그의 신민주주의는 제헌 헌법 제정 정신일 뿐 아니라, 언론의 '객관주의'와 '불편부당'의 정신과 그 궤를 같이한다. 그러므로 안재홍의 언론관을 통해 과거·현재의 정파성 언론에 경각심을 불러일으키는 한편, 당시 민주 공화국의 의미를 지금 시점에서 재해석하는 것도 의미 있는 작업이라 하겠다.

----

* 이 논문은 〈한국출판학연구: 제19권 제1호(통권 제 64호), 2013년〉에 실린 것임.

1. 언론인 안재홍

안재홍[1]은 1924년 '혁신 조선일보' 주필로서 언론의 전면에 나타난 이후 『한성일보』 사장직을 끝으로 언론인 생활을 마감했다. 그 후 그는 1950년 6·25때 공산군에 의해 북으로 납치되었다. 그는 강제 납북될 때까지, 글쓰기를 주업으로 삼았다. 그의 26년 언론 활동은 언론사에 있어 괄목할만한 궤적을 남겼으며, 더불어 정치인으로서도 큰 족적을 남겼다. 무엇보다 안재홍은 1945년 해방 이후 분망한 가운데에서도, 1946년『한성일보』를 창간하였다. (이관구, 1981, 572쪽)

그의 삶과 주장은 격동기 언론의 갈 방향을 제시하고 있으나, 언론 자체에 관해 그렇게 많이 언급하지는 않았다. 안재홍은 당시를 언론과 정치를 분리할 수 없는 상황으로 보았다. 그는 '언론도 곧 행동의 하나이니 언론은 곧 실천을 개시하는 자아의사의 나타남.'이라고 규정하였다(정진석, 2008, 359쪽). 그는 정치사상을 언론인의 사명과 그 역할에 녹여 놓았던 것이다. 그리고 이러한 응축된 사고는 오늘날의 정파성 언론을 풀이하는 데 도움을 준다.

그렇다면 안재홍이 논설을 통해 주장하는 언론의 기본적 소명을 어디에서 찾아야 할까? 그는 민족주의(nationalism, 民族主義, 혹은 국민주의)를 '정치적 판단(political judgement)'의 준거로 삼았다. 그는 "전면적 사회의 일각으로서의 신흥세력 중에서는, 혹은 국제의 최전위적인 사상 감정의 경지에까지 약진하는 채로, 모든 전통적인 또 민족적인 색채 하의 가능한 최대한의 정치·문

---

[1] 안재홍(安在鴻, 1891~1965)은 와세다대학 정경학부 출신으로,『시대일보』논설 기자 (1924.5~9),『조선일보』주필(1924년9월~1928),『조선일보』부사장·사장(1929~1932), 『조선일보』객원 논설 의원(1935. 5~1936),『한성일보』사장(1946~1950) 등을 역임하였다. 그는『조선일보』재직 8년 동안 사설 980편, 시평 470편을 작성했으며, '민세체'로 불릴 만큼 글쓰기에 뛰어난 소질을 갖고 있었다.

화적 요소의 성장 발전을 직시한 것이다."라고 했다(안재홍, 1936.1,『선집 ①』, 558).

안재홍은 민족의 고유성을 바탕으로 하되, 자유를 확장시키고, 평등의 가치를 유지함으로써 민족주의를 다원적 가치로 승화시킨 것이다. 따라서 그의 '신민족주의(열린 민족주의)'와 언론관은 현대적 의미로 해석할 필요가 있다. 그의 '열린 민족주의' 정신은 현재 우리의 언론 상황에 귀감이 된다. 해방 이후 뿐 아니라, 여전히 보수와 진보의 정론지적 성격에 매몰된 우리의 언론 상황에서 안재홍의 '열린 민족주의'는 다원성을 확보하게 하고, '불편부당(impartiality)', '객관주의'의 기틀을 마련하기 때문이다.

또한 그는 '미군정 민정장관(남조선 과도정부 수반)'[2]으로서 '남조선과도입법의원'[3]을 주선했으며, 그 핵심에 이관구(李寬求)를 추천했다. 초대 신문

---

[2] 민정장관은 한국인들이 책임을 맡고 있는 군정 내 각 부처의 업무를 총괄 조정하는 일을 담당하였다(정윤재, 2010, 51쪽). 미군정은 입법은 김규식, 사법은 김용무, 행정은 안재홍 등이 담당토록 했다. 안재홍 민정장관(1947.2.5~1948.5.31)은 5 · 10 선거가 끝난 6월 8일 민정장관직을 사임했다.

[3] 남조선과도입법의원은 1946년 12월 12일~1948년 5월 19일까지 제헌 헌법 제정 작업에 착수하였는데, 그 구성은 관선의원 45명, 민선의원 45명이었다. 의장이었던 김규식은 중도파의 통합 운동을 전개하였고, 1947년 10월 4개 연합 단체와 14개 정당, 25개 사회단체로 구성된 민족 자유 연맹을 주도했다(이철순, 2010, 11쪽). 당시 군정 법령에 따르면 남조선과도입법의원은 "임시 조선민주정부의 수립을 기하며 정치적 · 경제적 및 사회적 개혁의 기초로 사용될 법령 초안을 작성하며 군정장관에게 제출할 기관이다."라고 했다(상게서, 10쪽). 김규식은 "입법의원에의 참여를 통해 좌우 합작 및 남북 합작에 나서는 한편 자주적인 통일 민족 국가 수립에 대비하는 것이 당시 정세로는 최선의 길이다."라고 생각했다(상게서, 11쪽). 이러한 김규식의 이념은 남북 협상 5개항(1948년 4월 19일 발표)에서 그 편린을 찾아볼 수 있다. 즉 '① 여하한 형태의 독재정치라도 이를 배격하고 진정한 민주주의국가를 건립할 것, ② 독점 자본주의경제제도를 배격하고 사유재산제도를 승인하는 국가를 건립할 것, ③ 전국적 총선거를 통하여 통일 중앙 정부를 승인할 것, ④ 여하한 외국에도 군사 기지를 제공하지 말 것, ⑤ 미소 양군의 조속 철퇴에 관해서는 먼저 양국 당국이 철퇴 조건, 방법, 기일을 협정하여 공포할 것' 등이다(상게서, 14쪽).

편집인 협회장이었던 이관구는 신간회,『조선일보』정치부에서 안재홍과 같이 호흡을 맞췄던 인물로『한성일보』주필직도 역임했었다. 그 결과 안재홍은 헌법 제정에 적극적으로 간여할 수 있었다. 그의 사고는 1948년 제정된 '대한민국 제헌 헌법 정신'[4]에 지대한 영향을 주게 된다.

안재홍은 '민족통일', '민주주의 자주독립 국가'의 완성을 위해, 신민족주의 하에 '신민주주의'를 제창했다. 그는 신민주주의론에서 '국민개로(國民皆勞)', '대중공생(大衆共生)', '만민공화(萬民共和)' 등을 언급했는데, 이는 개인은 노동의 분업을 통해 더불어 살아가는 행복을 느끼게 되고, 국민개로와 대중공생을 통해 만민공화를 경험하게 된다는 것이다. 또한 그의 민주공화국은 커뮤니케이션의 최적화로, 신민주주의가 이루어질 때 가능한 것이었다. 개인은 자유를 갖되, 기본 생활을 영위할 수 있는 권한 또한 갖게 된다는 것이다.

모든 국민이 직업을 갖고 자신의 일에 헌신하게 한다는 그의 신민주주의론은, 사회주의 색채도 띠고 있다.

한편 법의 정신은 객관성을 지녀야 하고, '중립성(neutrality)', '진리(truth)', '형평성(fairness)' 등이 요구된다(Denis McQuail, 2006, p.196). 물론 이러한 정

---

[4] 안재홍(1948년 7월),「민정장관을 사임하고 - 지로에선 조선민족」,『신천지』; 안재홍은 "목하(目下) 국민의회(國民議會)가 성립된 후, 헌법은 제2독회(讀會)가 끝났고, 정부조직법도 멀지 않아 통과되면, 어떻게고 신정부도 수립될 것이다."라고 했다. 이 대목을 통해 민정장관으로서 안재홍이 제헌 헌법 제정에 직접 참여했음을 알 수 있다.
한편 제헌 국회의원 선거가 5월 31일 실시되었고, 국회는 헌법기초위원회를 출범시켰다. 이 위원회는 1948년 6월 1일 제헌 국회 본회에서 헌법기초위원 선임을 위한 전형 위원을 각 도별로 1명씩 총 10명을 선출하였다. 그 전형 위원들이 30명의 헌법기초위원을 선출하였으며, 사법부 · 법조계 · 교수 등 각계에서 권위 있는 10명을 전문위원으로 선임하였다. 헌법기초위원회는 1948년 6월 3일부터 22일까지 16차 회의를 열어 전문 10장 102조의 헌법안을 초안하였고, 23일 국회 본회의에 제출하였다. 헌법안의 심의는 질의 · 토론 · 축조심의 순서로 진행되었으며, 7월 12일에 완료하였다(http//terms.naver.com).

신은 '대한민국은 민주공화국이다.'라는 대한민국 헌법 제1조에 투영되어 있으며, '대한민국의 주권은 국민에게 있고, 모든 권력은 국민으로부터 나온다.'라는 제헌 헌법 제2조에도 규정되어 있다. 안재홍은 헌법 조항에 '만민공화(萬民共和)' 정신을 반영시킨 것이다.

이외에도 '국민개로(國民皆勞)', '대중공생(大衆共生)'의 의미는 '모든 국민은 노동의 권리와 의무를 가진다.'라는 제헌 헌법 제17조와 '근로자의 단결, 단체 교섭과 단체 행동의 자유는 법률의 범위 내에서 보장된다.'라는 제18조에 각각 담았다.

또한 민족주의는 '전 국민의 이익', '우리의 국가', '국민의 국가' 등 국민의 권리를 실현할 필요를 느끼게 된다. 이에 안재홍은 '정치·경제·사회·문화의 모든 영역에 있어서 각인의 기회를 균등히 하고, 능력을 최고도로 발휘하게 하며, 각인의 책임과 의무를 완수케 하여, 안으로는 국민 생활의 균등한 향상을 기하고 밖으로는 항구적인 국제 평화의 유지에 노력하여 우리들과 우리들의 자손의 안전과 자유와 행복을 영원히 보장할 것으로 결의하고……'라는 제헌 헌법 전문을 통해 그 정신을 나타냈다.

물론 '국민 생활의 균등한 향상'이라는 문구에는 대한민국 임시정부의 '임시헌법'과 '건국강령'의 이념이 포함되어 있다. '인류의 공통적인 최대 염원', '인류의 최고 이상'인 균등주의 이상을 담고 있는 것이다.

이후 1987년 개정된 헌법 전문의 '유구한 역사와 전통에 빛나는 우리 대한국민은 3·1운동으로 건립된 대한민국 임시정부의 법통과……'[5]라는 첫 문

---

5) 제9차 개정 헌법은 1987년 10월에 공포되었으며, 군사 정권 시기 헌법에서 사라졌던 대한민국 임시정부의 법통성이 다시 복권되었다(김인식, 2010, 20쪽). 법통의 정신은 조소앙(趙素昻)의 균등주의 이념을 바탕으로 한다. 대한민국 임시정부는 민족 해방 운동의 기본 정신을 임시 헌법과 대한민국 건국강령에 담았다. 이는 '인류의 공통적인 최대 염원', 혹은 '인류의 대 이상인 균등주의' 등을 제헌 헌법에 반영시킨 것이다.

장에는 조소앙(趙素昻)[6]의 완전독립과 균등주의 이념도 내포되어 있다(김인식, 2010, 20쪽). 안재홍은 당시 정치(均權)·경제(均富)·교육(均智)의 균등에 관심을 가졌다. 그는 "경제 균등이 없는 정치 균등은 '가평등'일 뿐이며, 교육 균등도 반드시 정치 균등과 경제 균등을 '보좌'해야 한다."고 했다(김인식, 2010, 42쪽).

이처럼 조소앙에 의해 활성화된 균등주의 사상은 임시 헌법·건국 강령·제헌 헌법에 명문화되었으며, 이 정신은 1987년 헌법의 '법통'으로 이어졌다. 그러므로 제헌 헌법을 만드는 데 중요한 위치에 있었던 미군정의 민정장관 안재홍은 우리가 연구해야 할 중요한 인물이라 할 수 있다. 그리고 만약 그가 '중도우파'[7]를 주도했다면, 언론의 불편부당, 객관주의 정신과도 연결된다. 그러나 당시 중도우파를 대표했던 조소앙 뿐 아니라, 안재홍, 김규식, 정인보, 손진태 등이 납북되면서 그들의 정신도 희석되었다.

또한 언론 뿐 아니라 헌법 정신도 안재홍에 의해 완성되었다면, 그의 정치 사상도 심도 있게 논의되어야 한다. 그의 민족주의, 신민족주의, 그리고 그것을 바탕으로 한 신민주주의 등 민주공화국의 조작적 정의는 언론 사상에 큰 의미를 부여하기 때문이다.

따라서 본 연구는 그가 작성한 글에 기초, 사용된 각 단어의 의미를 '해석

---

[6] 조소앙의 삼균주의(三均主義)는 정치·경제·교육의 균등을 기초로, 나라 안으로는 국민 각 개인의 균등 생활을 확보하고, 밖으로는 민족과 민족, 국가와 국가 사이의 균등을 실현함으로써, 궁극에 세계 일가(一家)의 이상을 이루려는 민족국가건설론이었다(김인식, 2010, 21쪽).

[7] 이철순·김인식·정윤재·이황직·이진한·최재목(2010), 『납북 민족지성의 삶과 정신』, 2010 제5회 민세학술대회. 안재홍은 해방정국 전후 민족주의자들, 즉 우파를 수용했다. 그러나 그는 신민족주의를 주장함으로써, 일제시대의 '비타협적 민족주의', 즉 좌파도 함께 수용했다. 즉 그는 맹목적 우파도 거부하고, 극단적 좌파도 비판하는 입장에 섰는데, 그것이 바로 우리가 말하는 당시의 중도주의였다.

(interpretative understanding)'하는 방법론을 택했다. 즉 이 단어의 개념들이 '대한민국은 민주공화주의이다.'라는 명제의 조작적 정의들이기 때문이다. 이 원리는 커뮤니케이션의 최적화와 관련되어있다.

안재홍은 조선시대의 '풍문'에 의한 언론의 형태를 비판하였으며, 자유주의 측면에서 언론의 자유를 주장하는 등 비판적 정신으로 접근했다. 또한 그는 일제 강점기에는 민족주의로 저항적 언론에 동조했으며, 1945년 이후에는 그 언론관에 기초하여 더욱 발전된 개념으로 신민주주의 건설을 기획하였다.

신민주주의는 프랑스 혁명과는 달리 생활의 실천을 강조하는 측면이 두드러진다. 즉 사변적 자유·평등·박애가 아닌, '국민 생활의 균등한 향상'을 기치로 한 '경제적 민주주의'를 시도했다. 그는 마르크스(Karl Marx)적 측면에서 독점적 경제 권력에 의한 삶은 그만큼 자유가 줄어들고, 소외가 늘어나게 되고, 커뮤니케이션이 왜곡된다는 현실을 직시했다.

언론의 공개성(Publizitaet)은 민족주의를 열린 민족주의로 이전시킬 수 있었다. 이는 정론지에 몰두한 해방 정국의 상황을 더욱 정교하게 '민주공화국' 체제로 접근하게 했다.

최근 우리 사회의 언론은 여전히 일제 강점기와 같이 정론적 입장을 고수하고 있다. 우파 신문은 관료주의적 폐쇄 형태로 기득권 옹호에 관심을 가지며, 그 언론은 비대한 관료 원리에 의해 반시장적으로 운영되고 있다. 또한 이들은 정치권력과 자본주의적 조직으로서의 그 기능을 강화시키고 있다.

한편 진보 신문은 진보 본연의 모습을 왜곡시켰다. 좌파를 무조건 맹종하고, 우파는 무조건 비판한다. 그들은 여전히 낡은 정파적 언론의 속성을 벗어나지 못하고 있다. 결국 언론은 더 이상 토론의 장, 혹은 공론의 장을 형성하지 못하는 문제점을 양산하고, 한국의 민주주의를 더욱 경색시키고 있다.

이런 최근의 상황을 역사적으로 규명하기 위해 본 연구는 안재홍의 '신민족주의' 하의 '신민주주의' 언론의 이념에 관심을 갖는다. 즉 그의 '신민족주의' 언론은 커뮤니케이션 활성화, 그리고 이 이념의 정향에 따라 다원주의 경향을 지닐 수 있다. 따라서 안재홍의 신민주주의를 부각함으로써 정론지적 성격의 의미를 재조명할 수 있고, 아울러 안재홍이 정립한 언론관을 통해 현재 언론이 지향해야 할 발전적 좌표를 제시할 수 있다. 이에 본 연구는 안재홍의 관점에서 본 현재 ① 정파적 언론, ② 신민족주의 세계관, ③ 신민주주의, ④ 신민주주의와 언론 등의 순서로 논의를 전개시킨다. ②, ③은 안재홍의 관점이며, ④는 그의 언론관에 준하여 발전적 방향에서 현재 언론을 조망한 것이다.

2. 정파적 언론

안재홍은 언론에 대해서 뿐만 아니라 자신의 정치적 이론도 피력했다. 그는 언론 자유에 대하여 무척이나 적극적이었고, '언론보국(言論報國)'이라는 말까지 사용하기도 했다(안재홍, 1949.9.3, 『선집 ②』, 449쪽).

그는 "민주주의 자유 언론의 정상한 기능을 참스럽게 발휘하여 써 대중으로 하여금 국가 기본의 정치 이념과 난국 극복의 확호(確乎)한 신념 및 결심과 국내외 제정세의 정확한 인식과 또는 국정 및 사회 사태에 대한 정당한 비판, 파악 있도록 함이 언론인으로서의 중대 또 존귀한 과업이다."라고 했다(안재홍, 1949.9.3, 『선집 ②』, 449쪽).

또한 그는 언론을 '언론도 곧 행동의 하나이니 언론은 곧 실천을 개시하는 자아 의사의 나타남.'이라고 규정하였다. 그는 행동의 자유와 언론의 자유를 동일한 것으로 본 것이다. 이와 같은 맥락에서 그는 언론의 자유와 공개적 비판의 기능도 언급했는데, 이것들이 계몽(Aufklaerung)의 첫걸음이라고 하였다(나중석, 2012, 25쪽). 의견이 지면에 공개됨으로써 개인은 '공적 이성(public reason)'을 갖게 되고, 진리 규명이 이 상황에서 가능하게 된다는 것이다. 반면, 왜곡된 정파적 언론은 공적 이성을 망각하게 되고, 교육 기능을 상실하게 된다.

안재홍은 집단적 자유에도 적극적이었다. 그는 "집회 결사의 자유를 확장하라. 이것은 이론을 제쳐놓고 현하 조선인의 대중적 요구이다. 일(개) 인민은, 그의 집회 결사의 자유에 의하여, 공중적·민중적, 그리고 대중적 의사 감정의 표현과 또는 그 표현 수단의 정상화를 주축으로 삼아야, 그의 민중적 또는 민족적 성장 발전의 길을 걸어 나아갈 수 있는 것이다."라고 했다(『조선일보』, 1931.9.5, 『선집 ①』, 423쪽).

한편 안재홍은 사회 발전사적 측면에서 언론 자유를 논의했다. 그는 "사회 발전의 일정한 단계에 이르면 필연으로 '자유'를 그 생활 태도의 필수한 조건으로 삼게 되는 것이요, 근대 선진 제국의 역사적 과정은 어디나 이 자유주의에 의하여 일정한 진보 발전의 사상적 주축을 삼은 것은 길게 말할 바 아니며 …… 이 자유가 의정단상에서 서민의 대표자의 국정평의(國政評議)를 그 최상의 양식으로 삼는 언론의 자유로써 잘 표현되는 것도 현대사회 상식의 하나입니다."라고 했다(안재홍, 1935.5, 『선집 ②』, 499쪽).

안재홍은 이러한 자유의 가치를 제헌 헌법 제13조 '모든 국민은 법률에 의하지 아니하고는 언론, 출판, 집회, 결사의 자유를 제한받지 아니한다.'라는 조항을 통해 드러내었다. 그러나 안재홍이 무조건적 자유를 원한 것은 아니었다. "조선시대의 대간(臺諫)과 정부가 한갓 구설(口舌)로 경알(傾軋)과 분쟁의 폐습을 뿌리 깊게 사회 습벽화한 유래를 펼쳐놓았다."라는 그의 말을 통해 그의 언론관이 매우 조심스러웠음을 알 수 있다(안재홍, 1935.5,『선집 ①』, 501쪽).

또한 그는 당파적 비판정신에도 관심을 가졌는데, 이는 "근본 민주주의 소위 '인민의, 인민 때문의, 인민에 의해서'가 정당한 언론이 아니고, 편협가열(偏狹苛烈)한 당파적 국견(局見)에서 게다가 현실을 정관(正觀)치 않고서의 공연한 변박(辨駁)의 말단이던 데서, 고려 말기로 한양조 5백년을 통하여 사회 민국을 두독(蠹毒)하는 일원유로 된 것이다."라는 그의 글에서도 잘 드러난다(안재홍, 1935.5,『선집 ②』, 499쪽).

그러나 안재홍은『시대일보』에서 벌어진 일개 종문의 정파적 언론에 대해 퍽 비관적이었다. 그는 "『시대일보』의 난산이 개인의 사심을 채우자 함도 아니요, 어떠한 권력의 자호(庇護)를 입어서 그에게 영합과 아유(阿諛)를 하자 함도 아니요, 사람으로서 천하 민중의 시대적 요구를 몸담아서 그의 시대 의식의 돌아가는 바와 시대인의 원하고 구하는 바를 여실하게 표현하여 그로써 민중적 일대 표현 기관을 만들자 함이 이『시대일보』의 사명이요 정신이요 및 그 존생(存生)한 저의와 가치인 바……."라고 했다(안재홍, 1924.7.10,『선집 ①』, 65쪽).

그는 당파성이 아니라, 언론이 그 시대정신을 공개적, 객관적으로 대변하기를 원했다. 안재홍은 "공평한 일개의 언론 기관의 존폐가 조선인의 민중적 운명과 및 그 문화 운동의 성쇠에 관한 바 심대한 것을 돌아볼 때에, 우리들은 최후의 한날까지 그 최초의 일념을 지키려고, 그의 존재한 사명과 의의를 옹호하려고, 그의 존귀하고 신성한 정신과 생명을 살려가려고, 노력하지 않을 수 없다."라고 했다(상게서, 64~5쪽).

더불어 그는 당파성 신문에 대한 시각을 불식시키고, 공기로서의 언론을 이야기했다. 그에게 언론은 다른 것이 아니라, 각 개인의 표현의 자유에 불과

했다. 당파성 언론을 통해서는 대중이 왜곡 없이 더 많은 자유와 계몽을 누릴 수 없다고 본 것이다.

안재홍은 그가 말한 모든 사람이 참여하는 의회 민주주의(지역적·직능별로 선정한 의회 구성)를 언론 기능의 확산을 통해서 가능한 것으로 보았으며, 관료적 파당을 지닌 언론의 형태를 거부하였다.

이러한 그의 생각은 '혁신 조선일보'의 '신사명'에서도 나타난다. 주필 안재홍은 "오인은 동아의 한반도의 조선인이 되었다. 조선인으로서 딱 당한 문제를 떼어 버리고 따로 세계의 문제가 있을 수 없다. 사람은 자기에게 당면한 문제를 해결할 사명과 및 책임을 맡은 것이요, 또는 자기의 힘의 미칠 수 있는 한도 이외의 문제에 참여하지 못할, 천연의 약속이 있다고 할 것이다."라고 했다(안재홍, 1924.11.1, 『선집 ①』, 42쪽).

안재홍은 언론 기관이 그 시대적 사명을 직시하기를 바라면서, 그가 염원하는 언론의 보편적 사명에 대해서도 '신사명'에서 논의했다. 그는 "천하의 진리는 일부인의 독창으로써 귀함이 아니요. 천하의 긴급사는 한 사람의 참신한 제창으로써 그 기교함을 자랑할 수 없는 바이요. 오인은 이제 개인아로서 민족아로서 사회아로서 인류아로서 가장 침핍과 억압과 모독과 유린이 없이 그의 권위와 존엄과 안전과 행복의 온갖 권리와 기회를 평등적으로 향수하여야 할 것이요."라고 했으며, 이 관점에서 그는 『조선일보』가 "현대의 조선인과 그의 승패와 고락과 진퇴와 휴척(休戚)을 함께 하는 이외에, 그의 존재와 발전의 필요와 이의와 사명이 있을 수 없을 것이다."라고 했다(상게서, 42쪽). 즉 전 조선인의 관점에서 특권적 언론을 배척하고, 비판적 자유로 계몽에 참여하기를 원한 것이다.

이 신사명은 조선의 강한 민족주의 사상과 현실을 공개장으로 끌어와 신민족주의를 표방한 것으로, 안재홍은 개인아, 민족아, 사회아, 인류아로서 공존할 현실을 직시한 것이다. 그는 "진정한 민주주의는 조선 현하 사회의 객관 조건에 입각하고 구원(久遠)한 역사와 문화의 전통에서 요약되고 귀납되는 논리적 성과로서 필연 또 당위의 존재인 것이다."라고 했다(안재홍, 1947.2, 『선집 ②』, 215쪽).

그는 언론 보도에 있어 역사와 문화의 귀납적·경험적 접근을 시도한 것이다. 뿐만 아니라 그는 직면하고 있는 정치적·경제적 환경에 더욱 민감하기를 기대했다. 그는 개인의 '천하민중의 감각'과 국가 차원에서 개개인이 동일한 감각을 가질 것을 염원했다.

"신문이 보도와 주장과 선양(宣揚)의 성능을 갖춰 가지는 언론 기관인 것이나, 일개인에 있어 언론이 그 자아를 기점으로 사회에 서서 생활생존·앙양발전(昻揚發展)하는 데 일상에 없지 못할 기능인 같이, 일 국가 민족에게 있어서는 더욱 그러한 것이다."라는『한성일보』창간사를 보면 그의 논리는 더욱 생생하게 다가온다(안재홍, 1946.2.25, 『선집 ②』, 97~8쪽).

또한 안재홍은 개인의 자유와 책임을 함께 논의했다. 즉 각 개인의 사고를 세계적 차원에까지 확산시켰는데, 그는 "전 국민 각 계층의 복리, 즉 그의 평권적(平權的)인 생존 및 생활을 정치적·경제적·문화적으로 구현하되, 우리의 조국과 동포와 역사와 및 문화의 전통과를 사랑하고, 동경하면서 그를 현대적으로 순화 앙양하여, 널리 인류 대동의 조류에 적응케 하기로 한다. 이는 진보적인 민족주의요, 또 선량한 국제 협동주의인 것이다."라고 했다(안재홍, 1946.2.25, 『선집 ②』, 98쪽).

안재홍은 개인의 사변적 자유와 경제적 생활을 동시에 추구코자 하는 데 평권적 생존은 헌법을 통해 쟁취할 수 있다고 본 것이다. 이는 자주독립국을 성취하기 위한 전제 조건이 된다. 이때 개인은 자유를 갖고, 비판 정신을 강화시킨다. 그는 이성과 합리성을 바탕으로 논리를 전개시켰다. 그 하에서 그는 대동(大同)을 기하고자 하였다. 안재홍은 특수 이익 집단으로서의 언론을 절대 허용하지 않았던 것이다.

안재홍은 비판적 자유와 깨어있는 의식을 강조하였지만, 더불어 계몽의 중요성도 언급했다. 이러한 사고는 의회 민주주의의 형성에서 잘 나타난다. 안재홍은 "① 국민 교육, 특히 사회 교육의 충족한 시행이 필요하고, ② 전 국민에게 언론·출판·집회·결사의 자유가 보장"되기를 바랐다(김인식, 2002, 124쪽).

안재홍은 그 과정에서 당파적 속성이 오히려 건국에 장애의 요소임을 강조했다. 그는 "사회적 불평등과 분열 대립의 제화인(諸禍因)을 전반적인 국정시설에서 점층적 발본색원(拔本塞源)함으로써 균등경제, 만민공화를 목표로 삼는 신민족주의 독립국가가 요청되는 것이다."라고 했다(안재홍, 1949.9.3, 『선집 ②』, 450쪽).

그는 심지어 닫힌 민족주의라는 전체의 당파성에도 의문을 표시했다. 동 사설에서 "자체에서는 조국과 자유와 안전한 공동 생존 때문에 민족주의인 것이요, 상대적인 경지에서는 당연 인류대동사상에 의한 국제 협조주의인 것이다."라고 했다(상게서, 450쪽).

안재홍은 진정한 '민주주의 민족 독립 국가'로서 정진하는 이외에는 딴 길이 없음을 명백히 한 것이다. 여기서 계몽의 중요성이 인식된다. 그는 민주주의 운용의 첫째 조건으로 국민교육의 문제를 강조하였다.

물론 교육은 자유의 의미를 알려주고 비판적 사고를 길러준다. 나종석 교수는 "모든 것을 비판적 검토의 대상으로 삼을 수 있는 자유가 흔히 의사 표현과 언론 및 출판의 자유라고 알려져 있다."라고 했다(나종석, 2012, 25쪽). 그러나 파당은 자신과 자기 파의 비판을 제외시킴으로써 계몽과 진리 전파의 장애를 가져올 수 있다. 파당성은 자신과 자당의 공개성을 거부함으로써

'공적 이성'에 방해를 가져오게 되는 것이다.

이러한 우려는 국내에서 현실로 벌어졌고, 당시 국내 파당의 상황은 복잡하게 전개되었다. 안재홍은 일제강점기 이후 달라진 해방 이후의 상황을 "작금 민족진영 강화의 공작이 추진되고 있으나 거기에 종파적 우승열패의 감(感) 움직임 있어 자못 난산난항 중에 있었다. 매양 국가 민족이 흥패의 지로에 섰을 때가 가장 계심(戒心)할 것은 종파 혹 당벌(黨閥) 있어 독력 오히려 내외의 난국을 타개할 수 있다고 착각함에서 모든 대립된 세력 공치의 비극에 빠지게 하는 일 있는 것이다."라고 묘사하였다(안재홍, 1949. 9. 3,『선집 ②』, 451쪽).

안재홍은 자신이 처한 해방 이후의 상황을 서구에서 사회주의가 득세할 때와는 다르다고도 보았다. 서구의 사회주의는 이기주의(egoism), 탐욕(greed) 등에서 비롯된 자본 축적의 상황에서 벌어진 것이지만, 우리는 식민지에서 막 벗어난 상황에서 벌어진 것으로 소통의 문제가 생겼기 때문이다.

안재홍은 그 해결책으로 '초계급 독립 국가'를 염원하였다. 그리하여 제헌 헌법에는 전 국민을 대표하는 민주 공화국 체제를 염원하는 정신을 담았다. "여하한 이유라도 일부 계급만의 공화 체제를 허용하지 않는다."라고 못 박은 것이다(김인식, 2002, 107쪽). 그는 '프롤레타리아 독재(사회주의)', '부르주아 독재(독점 자본주의)', 또한 값싼 민족주의에 기댄 '국가주의' 등 어느 것도 허용하지 않았다.

이와 더불어 안재홍은 지금까지 진영 논리로 발전에 장애가 되었던 당파성에 대한 언론의 맹성을 촉구했다. 그는 "강토 통일·민족 규합을 촉진하면서 국민 대중으로 하여금 신뢰와 안정에 지향케 할 것이다. 누가 이것을 무시하면서 한갓 정치적 종파 관념에 달라붙어 분열을 만성화시키고 결합 생존의 민족 대의를 일부러 말살할 자이다."라고 했다(안재홍, 1949.8,『선집 ②』, 434쪽).

그렇다면 '초계급 독립 국가'로서 세계의 일원으로 나아갈 수 있는 방법은 무엇일까? 해방 후 안재홍은 민족주의, 신민족주의, 신민주주의를 통한 '자주 독립 국가'로의 이행을 촉구했다. 즉 국민개로의 균등 사회를 통해 전 국민을 대표하는 민주 공화국을 이룰 수 있다고 보았다.

3. 신민족주의 세계관

1) 민족주의

안재홍의 언론인 생활은 언론 자유를 극도로 억압하던 시기 시작되었다. 1924년 조선총독부가 친일파 집단들을 비호하면서 민중의 언론과 집회를 압박하자, 이를 탄핵(彈劾)하는 민간 유지들의 운동이 일어났다. 안재홍은 그 실행위원으로 활동하던 무렵에 언론활동을 시작하게 된다(천관우, 1981, 7쪽).

최남선(崔南善)이 『시대일보』를 창간한 그 해 5월부터 안재홍은 논설반에서 일하게 되었다. "이전에는 억압된 소리를 대변하는 것이 소통의 중요 과제였다.(Juergen Habermas, 2012. 7.11)[8]"라고 한 하버마스(Juergen Habermas)와 같은 맥락에서 그는 당연히 억압된 목소리를 대변하기 시작했다.

그리고 이러한 억압된 목소리를 대변하는 언론의 방법이 무척 이상적이었

---

[8] 하버마스 교수는 지금은 과거와는 다르다고 전제하면서(Juergen Habermas, 2012. 7. 11), 현재 다들 자기 이익을 지키고자 큰소리를 내지만, 소통은 없고 갈등의 대립이 증가할 뿐이라고 하였다. 이에 하버마스 교수는 1949년 나치 체제의 유산을 청산하고 민주 제도를 도입했지만, 적과 동지를 이분법으로 가르는 정치 문화를 개선하는 데 오랜 시간이 걸린 서독의 경험을 소개했다. 우리의 경우에도 서독과 같이 일제 강점기와 해방 이후 상황이 전혀 달라진 것이 없는 것처럼 보였다.

다. 그는 "인류가 늘 미래를 바라보면서 금일의 현실에 살아 나아가는 것이다. 생성의 유래인 과거의 역사와 행진할 미래인 피안의 목표가 모든 금일인 현실에서, 일정한 목적의식의 형태로서, 일상생활로써, 구체 실천되는 것입니다."라고 했다(안재홍, (1935.6, 『선집 ①』, 512쪽).

안재홍은 우리들의 과거 생활을 살피는 것이 그 미래의 해석에 도움이 된다고 생각했다. 원래 커뮤니케이션은 역사성을 이야기할 때, 각 개인들의 공유 범위를 넓힐 수 있게 된다. 더욱이 과거의 역사는 강한 민족주의를 잉태시킨다. 즉 일제강점기 안재홍이 지녔던 소통의 도구에 관심을 가졌다면 그는 이런 민족주의를 대변한 것이라 볼 수 있다.

안재홍은 "(민족주의는) 그 지역 풍토를 기반으로 일정한 기질·성능을 갖추고 연마하여 온 것이다. 그리고 ① 민족은 동일 혈연체이다. 같은 조상-고대 사회에서는 동일한 씨족 공동체(또 그 이전은 혈족 단체)-에서 출발하였으리라고 추단되는, 공통한 조상에서 물려받은, 같은 핏줄을 계속한 생존 공동체인 것이다, ② 민족은 일정한 지역, 일정한 공간에서의 협동체인 생활을 하였음에 인하여, 또는 하고 있음에 의하여, 자기 독특한 형체로 만들어진 것이다, ③ 민족은 운명 공동체로서의 생활 협동체인 것이다. 공동 문화의 유대에서 결속되고 성립된 운명 공동 사회이다."라고 하였다(안재홍, 1945.9.22, 『선집 ②』, 16~17쪽). 즉 이 운명 공동체로서라는 외적 표현이, 공통한 자연 방어에 의하여 되는 것임은 물론이거니와, 혈연, 지연 등 자연적인 요소 외에, 공동 문화체로서 운명 공동체가 된다는 것이다.

무엇보다 안재홍은 역사성을 배제한 민족주의에 강한 반발을 했다. 당시 그가 스탈린식 사회주의를 경멸한 것도 여기에서 그 이유를 찾을 수 있다. 그는 "문화의 전통을 거세한 합리주의적인 인공적인 국제 추수주의(追隨主義)는, 일편 공식으로 추락되고 마는 것이다. 그보다도 민족적 개아성을 걱정하게 발휘시키는 것은, 전 국제 협동의 분야에서 각각 독자의 이채(異彩)를 발양(發陽)케 하는 것이니…….”라고 했다(상게서, 21쪽).

그는 사회주의 국가에서도 각 개인의 천품(天稟)과 능률에 따라 그 사회적 임무와 지위를 달리하는 것이 당연한 이치라고 주장하였다. 즉 사회주의라도 민족주의를 원용할 수 있다는 것이다.

그리고 안재홍은 민족주의를 개인의 역사관에만 적용한 것이 아니라, 국가관에도 적용시켰다. 그는 “일국민 일민족은 일정한 민족국가로서 혹은 제국의 국가로서 또 일정한 영요(榮耀)하는 단계에 올라간 자들입니다. 여기서 일국민 일민족은 모두 ① 그 향토나 조국의 자연인 풍토를 토대 삼아, ② 그 허구(許久)한 연대를 통하여 겪어오고 싸워 온, 생활의 항구한 지속으로서의 종합적인 역사를 주조로 삼아, 즉 공통한 생활 집단의 준칙(遵則)할 생생한 대강령으로 삼아, ③ 각각 그 현실에서의 교호 착종(錯綜)하는 국제적인 제 세력과 온갖 문화와의 교섭과 융합과 및 그로 인한 끊임없는 신 자아와 신문화의 건설 또는 창조에 의하여 일진일퇴 일 굴(屈) 일 신(伸)하면서 민중적의 역사적 행진을 한 것이요.”라고 했다(안재홍, 1935. 5,『선집 ①』, 480~481쪽).

이와 같이 그는 민족주의 하에서 신문화 건설과 창조가 가능하다고 봤다. 그리고 그 문화의 향상을 위해 ‘실천 운동, 언어의 중요성을 언급9)’했다. 그는 언론의 행동 강령으로 이념적 운동보다, 실천적 운동에 더욱 적극적이었던 것이다.

안재홍에 따르면 민족주의 사상에서 논의되는 것 중 하나는 언어의 문제

---

9) 안재홍은 1929년 5월부터『조선일보』를 통하여 색의 단발(色衣斷髮), 건강 증진(健康增進), 상식 보급(常識普及), 소비 절약(消費節約), 허례 폐지(虛禮廢止)를 당면의 행동 목표로 하는 ‘생활개신(生活改新)’ 운동을 제창하고, 이어 그해 7월부터는 그 연장 내지 집중적 운동이라고 볼 수 있는 ‘귀향 학생 문자 보급’ 운동을 제창하였다(천관우, 1981,『선집 ①』, 14쪽).

이다. 그는 "내 나라의 민족심의 결정인 내 나라의 언어를 옹호 및 선양하는 것은, 민족적 자립정신을 발휘하는 제1보가 되는 것이요."라고 했다(안재홍, 1926. 2. 4,『선집 ①』, 176쪽).

그는 '독창적인 문자로써 그의 고유한 언어를 기술하게 하는 것은 가장, 선명 확고한 자립정신의 표현인 것을 의미한다.'라고도 했다. 또한 "인류 문명 발달의 근본 능력이, 그 사상의 완전한 발표 교환 및 전수 혹 유전의 기구인 언어의 공효(功效)에 있는 것은, 오인이 재론함을 요치 않는 바이다. 언어의 공효를 확충 또 영속케 하기 위하여 문자의 사용이 있는 바이니……."라고 하였다(안재홍, 1925.5.28~29,『선집 ①』, 109쪽).

즉 안재홍은 민족정신과 언어에 관심을 갖고 우리의 앞날의 방향을 이야기했다. 그는 "식민지 상태에 있어 동방 제 국민에게 있어, 계급적 문제에 앞서 국민적, 민족적 문제가 선결 문제임을 지적하여, 기본 입장이 분명히 나타나 있다."라고 했다(안재홍, 1925.8.28,『선집 ①』, 122쪽).

한편 각 개인의 차원에서 국민주의는 후진국에서 민족주의로 간주했다(안재홍, 1931.2.18,『선집 ①』, 461). 안재홍은 "국민주의와 민족주의 그것이 동근이질의 것인 것을 지적 논평한 바도 있었다. 민족 그것은, 거북한 우상도 아니요 고루한 편견도 아니요, 그 문화와 전통과 취미와 속상(俗尙)과 정치와 경제상의 핍박한 공통적 이해 따위 - 공동한 자연적 테(紐帶) 안에 일정한 특수 생활 경향을 형성한 집단으로 된 것이요, 이것은 좋거나 나쁘거나를 논치 말고, 일종의 본능적인 경향에 의하여 친절한 동포의식을 가지고 또 대체로 공동 이해감을 가지고, 서로 한 가지 움직이게 되는 것이다."라고 했다(안재홍(편집자 주), 1932.3.2, 463쪽).

민족주의는 문화적 개념이지만, 근대국가로 이전할 때 두 가지 방향으로 나뉘게 된다. 하나는 국가주의로, 독립된 국가에서 붙여진 이름인데 일 계급,

일당에 의한 지배의 형태이다. 이에 대해 안재홍은 국가주의는 "일 계층, 일 계급을 영도 지배하는 변혁의 도정에 약진한다 하면, 그것을 결국 일 민족의 사회적 기구의 일대 변화가 생겼음을 의미함일 것이다. 그 자신의 침략적인 허다한 기만적인 이유를 가지는 현대 소위 선진국의 국가주의이다."라고 했다(안재홍, 1932.2.18, 『선집 ①』, 462쪽).

다른 하나는 추상성을 낮춘 국민주의로, 국민주의는 민족주의 형태로 '우리들의 국가', '국민의 국가', '전 국민의 이익' 등으로 국민의 권리를 실현할 필요가 있게 되었다. 좀 더 풀이하면, "국민주의는 일 인민이 낙후된 처지에서 진지한 생존 노력의 투쟁적인 역량을 걸러내는 데는, 반드시 한번 지나가는 필요한 계단으로 동류의식과 연대감으로써 그 연소되는 정열이 실로 순화·쟁화·심화, 또 단일화의 존귀한 작용으로 된다는 것이다. (그렇다면) 만일에 이 민족주의로 세련 과정을 치름이 없이 산만한 공식론적 '국제주의(스탈린식 사회주의[10])'에의 고답적 행진을 하는 인민이 있다면, 그는 실로 심상치 아니한 불행일 것이다."라는 것이다(안재홍, 1932.2.18, 『선집 ①』, 462쪽).

안재홍의 경우에는 국민주의자로서 나갈 사회 운동의 방향을 제시했다. 즉 그는 세계에 처하여 조선인이 되었고, 금일을 떠나서 시대를 해석할 수 없으니 조선인인 것을 본위로써 현대의 대세에 순응할 것을 염원했다.

---

[10] '스탈린식 사회주의'는 당시 소련을 지칭하는 것인데, 안재홍은 그들에 동조하지 않았다. 그러나 1942년 10월 1일부터 다음해 4월 1일까지 국내에서 벌어진 조선어학회 사건에서 안재홍은 좌쪽으로 기울어진다(오영섭, 1998, 192쪽). 조선어학회 사건은 일제가 조선 민족을 말살하기 위해 조선어 교육을 단계적으로 폐지하는데 대해 반발한 것이다. 당연히 민족주의자는 대동출판사의 조선어 사전 발간 사업에 참여하였다. 안재홍은 그 때 함남 홍원 경찰서에 투옥되었고, 그 후 1945년 건국준비위원회까지 사회주의자에 동조했다.

2) 신민족주의

안재홍은 해방정국에서 식민지 상태의 민족주의에서 벗어나, 다시 민족주의에 대한 자신의 입장을 정리하게 된다. 그는 국가주의, 국민주의 등에 관한 심각한 고민을 하게 되었다. 독립국가의 처지에서 이들을 논의하게 된 것이다.

그리고 선진 국가들의 헌법 정신을 우리의 제헌 헌법 정신에 투영할 필요가 있게 되었다. 당시 안재홍이 공론장을 통해 꿈꿨던 국가와 지금의 상황을 비교하면 더욱 설득력 있는 결론에 도달할 수 있다. 그는 강한 국민주의 정신으로 '다사리[11]', '겨레', '공동체' 같은 논의로 해방을 맞았다. 즉 일제 강점기 하에서의 닫친 민족주의가 아닌, 열린 민족주의 논의가 필요하게 된 것이다. 그는 '법의 지배' 하의 객관주의, 불편부당의 정신을 통해 중립성, 공정성, 진실성 등 자유주의 사상에 심취하게 되었다.

먼저 자유주의 보편 이념인 인권 문제에 관심을 가졌다. 일제강점기의 '인권 유린'과는 달리 헌법으로 그 인권을 보장해줘야 하는 상황에 직면했다. 해방된 상태에서 받아들인 것은 '천부인권사상'의 보편적 가치였다. 다른 한편으로 안재홍은 진백(盡白)으로서의 자유와 진생(盡生), 즉 만민공생의 가치를 실천적 목표로 삼았다.

일제강점기와는 달리, 국민주의 및 민주공화국 하에서 인민을 능욕(凌辱)하는 일은 없어야 했다. 또한 자유주의 국가 하에서 언론의 자유를 확장하고,

---

11) ('다사리'는) 신라의 건국 회의로서 알천안상(閼川岸上)에 회합하였던 자는, 성년남자로서 공민 자격을 가진 자는 한가지로 참석하였고 또 동일한 투표권을 가졌던 것이 추단(推斷)되나니 … 화백(和白) 혹은 성(誠)으로 보인 다사리회(會)이었던 것이다. 다사리는 치리(治理)의 어의인 것처럼 정치회의이던 것이 명백하다 … 인민 총의에 좇아서 국정을 처리한다고 함이요, 그 목적인 즉 국민 총원을 '다 살린다'는, 진생(盡生) 혹은 함존(咸存)케 하는 공영 국가를 만들자는 것이다.(안재홍, 1947. 12)

'만민공화'의 상황에서 소외를 줄여야 했다.

결국 안재홍은 해방 후 정신적 무정부 상태 그 자체를 구제하기 위하여 당파성을 강조하는 어떤 주의도 거부하고, 신민족주의를 제창하고 나섰다. 여기서의 신민족주의는 폐쇄된 것이 아니었기에 언론이 앞서 공개(Publizitaet) 원리를 시작했다. 따라서 언론은 자유와 비판정신을 필요로 했다. 안재홍은 민족주의의 '정치적 판단'을 해방정국에 맞게 표출시켰으며, 이는 우리가 말하는 신민족주의로 민족주의를 세련되게 만든 것이었다. 그는 "민족 내 각 계층의 협동의 공동체를 세우고, 밖으로는 국제 협동의 분담자로서의 굳건한 민족국가를 보유한다."라고 했다(안재홍, 1945.9.22, 『선집 ②』, 55~58쪽).

공개성의 원칙에 있어 안재홍은 좌·우의 중간노선을 취했다. 이를 통해 그는 불편부당, 객관성을 담보할 수 있는 방법을 찾았다. 그는 중간노선에 대해 "소위 극좌, 극우의 편향 노선 있음에 비추어 진정 민주주의 노선은 그 상대성에서 당연 중앙 노선이 되나니, 이 의미에서 중앙 노선은 그 어(語)와 의(義) 아울러 가하다."라고 했다(안재홍, 1947.10, 『선집 ②』, 208쪽).

또한 "다만 중앙노선의 노선 됨이, 민족 자주 노선이요, 독립 기본 노선이요, 신민주주의의 사회 건설의 토대 위에 구축 현시되는 노선인 것이며, 이는 실로 독자적인 민주 독립 노선인 것이니, 좌와 우를 논할 바 아니다."라고도 했다(상게서, 211쪽).

그는 극좌와 극우를 배격하면서, 중도를 택한 것이다. 그게 진리를 규명하는 첩경인 동시에 좌우갈등의 사회변동기에 언론이 안전하게 취할 수 있는 노선이었다. 이러한 중도주의의 합당성은 하버마스의 소통 3원칙에서도 엿볼 수 있다.12)

----

12) 하버마스가 설명한 소통의 3원칙은 다음과 같다. "① 누구나 배제되는 사람이 없이 평등하게 참여할 수 있어야 한다, ② 어떤 주장이건 관점이건 자유롭게 개진될 수

안재홍은 중도파이면서도 강한 민족주의 성향을 가진 인물이었다. 그러나 그의 민족주의는 강한 외세의 영향력 안에서 그 방향의 유연성을 발휘했다. 즉 그는 강한 민족주의자를 극우파로 몰아 세웠고, 언론을 통해 이데올로기의 허위의식을 공론화했다.

당시 미 육군 제24군단장 하지(John R. Hodge)는 군정장관에 아놀드(General Arold), 러치(A. Lerch)를 임명하고, 민정장관에 안재홍을 임명했다. 안재홍이 미군정의 관리가 된 것은 어찌 보면 과거의 그의 경력과 모순이라 할 수 있다. 그래서 그 내용을 살펴볼 필요가 있다. 하지는 "군정의 업무와 책임을 한국인에게 넘겨 줄 방침과 민정장관이 책임을 맡고 있는 군정 내 각 부처의 업무를 총괄 조정하는 일을 담당할 것을 공언했다(정윤재, 2010, 51쪽). 더불어 그는 "안재홍이 학력, 경험, 유연한 성품, 그리고 누구 못지않은 애국심을 갖추고 있을 뿐 아니라 한국의 사정에 밝은 인물이기 때문에……"라고 임명의 이유를 밝혔다(상게서, 51쪽).

하지 중장이 언급한 '조정 업무'와 '애국심' 측면에 관해 살펴보면, 안재홍은 중도주의를 택한 인물이므로 어느 정도 유연성을 갖고 있었다. 또한 과거 그의 국제관은 「제남사변(濟南事變)의 벽상관(壁上觀)」[13]에서 보듯 무척 냉정했다. 그는 민족주의 외에는 외세에 대해 냉소적이었다. 일제가 한반도를 강점하고 있을 때도 안 주필은 일본에 대해 대척점을 형성시켰다.

있어야 한다, ③ 상대의 말을 자신의 입맛에 맞게 해석하는 것이 아니라 상대의 관점에서 해석함으로써 공평한 상보성을 보장해야 한다."(Juergen Habermas, 2012. 7. 11)

[13] 안재홍이 『조선일보』 1928년 5월 9일자에 게재한 사설로, 그는 이 사설의 집필로 옥고를 치르게 된다. 그는 초(楚)의 항우(項羽)가 진(秦)을 칠 때, 제후(諸侯)가 성벽에서 관전(觀戰)만 할 뿐 구원치 않았다는 『사기(史記)』의 고사를 인용해(안재홍 편집위원회, 1981, 282쪽), 일본군과 중국 국민군이 제남에서 정면으로 충돌하여, 두 편에 많은 사상자를 낸 제남사변 또한 조선인은 제3자 입장이므로 이러한 남의 나라 내전에 개입이 불가하다는 주장을 하였다(상게서, 277쪽).

당시 안재홍은 '초파벌적 민족주의자'로 간주되었다. 그는 일본 제국주의 시대의 타협적 민족주의자였던 우파도 아니었으며, 그렇다고 비타협적 민족주의자도 아니었다. 즉 그의 중도주의는 일본 편도 아니고, 소련 편도 아닌 독자적 노선이었다. 그리고 이러한 중도주의 철학은 실생활, 혹은 생활 철학으로 서로 공유할 수 있는 부분이었다. 그래서 그는 자연주의적 사실주의에 더욱 관심을 가졌다.

그의 이러한 경향은 해방 이후에도 마찬가지였다. 그는 미소 공동 위원회의 재개가 어차피 불가능한 상황에서 미소 협조에 의한 남북통일정부의 수립은 어렵다고 판단하였다. 그래서 미군정이 종식된 이후 남한만에서라도 정치가 극우나 극좌 세력에 의해 지배되지 않고 '민주주의 민족진영'에 의해 주도될 수 있기를 염원했고, 그러한 분명한 목적에 따라 민정장관직을 수락했다(정윤재, 2010, 52쪽).

안재홍은 취임사에서 "제반 방침과 법규를 준수하되 '행정권의 완전 이양과 독립선의 성취를 지향하는 노선에서' 최선을 다하고……."라고 했다(정윤재, 2010, 53쪽). 그러나 그는 당시 한독당의 폐쇄적 민족주의 정책, 즉 임시정부의 법통과는 달리 시대를 봤다. 따라서 김구(金九) 등은 안재홍의 민정장관 결정에 부정적일 수밖에 없었다.

삼균정치를 주장했던 조소앙은 "토지와 대생산 기관의 국유화를 주장함으로써, 미국에 대해 퍽 비관적이다. 그는 '미국이 국민들의 정치상의 평등이 이뤄졌다지만, 정권은 사실상 자본가가 좌우하며 일반 평민은 옛날과 마찬가지로 자본가에게 대항할 수 없다."라고 했다(김인식, 2010, 42쪽). 이와 같이 독점 자본주의에 대해 냉소적인 조소앙 등의 중도 우파 또한 미국에 인색할 수밖에 없었다.

그러나 안재홍은 미국을 직접적으로 언급하는 것을 피했다. 그는 "미국

기자단과의 비공식적인 인터뷰를 통해 '한국의 영원한 독립을 보장하는 문제는 유엔에 달렸다. 그리고 미군과 소련군 철수는 동시에 이루어져야 한다."라는 견해를 밝혔다(HQ, USAFIK, G-2 Weekly Summary ; 정윤재, 2010, 53쪽).

이처럼 안재홍은 미국을 오히려 유엔의 관점에서 보는 한편, 소련에 대해서 약속을 이행하도록 촉구했다. 그는 "모스크바 3상 회담에서, 그 제1항으로 조선에 민주주의 임시정부를 수립하여 자유 독립 국가를 건설케 할 것을 규정하였으니, 이토록 보장된 국제공약은 카이로와 포츠담선언 이래 줄곧 계속하여 온 바이고, 이 공약을 논거로 우리가 하루빨리 민주주의 임시정부를 수립하여 갈망하는 자주독립을 관철키로 주장 요청하는 것은 당연하다."라고 했다(안재홍, 1946.10.10~13, 『선집 ②』, 154쪽).

안재홍은 소련이 '자주독립 국가 건설'을 방해하는 이유도 설명하였다. 그는 "소련 정부가 전후 즉시 그가 수립한 외교 원칙에서 위반하여 유고 정부를 둘러엎기를 목적으로 반민주주의적 행동을 하고 있다. 스탈린 수상은 기타 슬라브 동방 각국의 독립을 확인하였다고 하나, 이는 이행되지 않고 있다."라고 했다(안재홍, 1949.10.5, 『선집 ②』, 482쪽).

더불어 "공산 독재정권이 유라시아에 걸치어 수립된 것이다. 공산 독재는 그 본질을 여러모로 해석할 수 있으나, 슬라브 인의 지둔성(遲鈍性)과 개인주의 자유 사회에까지 발전되지 못하였다는 아시아적 후진성을 다분으로 포용하고 있는 러시아가, 짜알리즘에 여러 백년 종순하던 굴종적인 국민성을 토대로 현실 지속되는 것이다."라고 소련을 강하게 비판하였다(안재홍, 1950.1.4, 『선집 ②』, 556쪽).

안재홍은 소련을 또 다른 국가주의로 본 것이다. 그는 "일당 전제로 공산주의거나 파쇼주의거나 간에 가장 비민주주의적인 독재를 단행하는 선결 요령으로 되어 있는 것이니, 찬성할 수 없다. 러시아의 공산 독재는 이즈음 우리 정체 또는 정치 평론계에서 가장 많이 지적 비난되는 바이니, 차라리 더 언급하지 않는다."라고도 했다(안재홍, 1949.2.26, 『선집 ②』, 506쪽).

그는 "근대에 있어 국제적 협동 연관성을 무시하는 고립 배타적인 민족주의 혹은 국가주의는 배격되어야 하겠지만, 민족자존의 생존 협동체로서의 주도 이념인 민족주의는 거룩하다."라고 했다(안재홍, 1945.9.22, 『선집 ②』, 16쪽).

이러한 맥락에서 "독일의 민족주의는, 너무 역사학파적 주관 독선적인 그리고 인위적 기획의 테 속에 국척(跼蹐)하여, 역사적 지양 회통의 길을 걷지 못하고 객관 통찰의 원활한 손을 쓰지 못한 까닭에, 구경(究竟)의 실패를 한 바이니, 그는 지리와 역사와의 필연 양성(釀成)한 분위기 중에서도 지도층의 과실이 다분으로 작용한 것이다."라고 했다(안재홍, 1945.9.22, 『선집 ②』, 267쪽).

안재홍은 폐쇄적 민족주의에 근거한, 국민 국가에 의한 종속을 원하지 않았다. 그가 추구하는 세계관과 국가관은 개인뿐 아니라, 국가 사이에도 동등하게 교류하는 것이었다. 즉 그는 "20세기 현 단계의 인류 역사의 특징은, 각개 민족의 세계적 대동의 방향, 즉 국제주의적 방향에 향하여 자동적 구심 운동을 하고 있는 것이 하나이요, 그 반면에 각 민족이 이 세계적, 즉 국제적 영향 하에 있으면서 오히려 각각 각자의 민족문화로서 순화, 심화하려는 의욕 및 그 노력 중에 있다."라고 했다(안재홍, 1935.6, 『선집 ①』, 512쪽).

그는 소련이 신봉하는 마르크시즘에 대해서도 "마르크스는 유물사관을 말하고 계급투쟁을 지적하였다. 그의 유물사관에는, 줄잡아서 계급이 분열된 이래의 사회는 계급투쟁에 의하여 그 역사가 전개되었다고 가르쳤다."라고 비판하였다(안재홍, 1948.10 강연, 『선집 ②』, 357쪽).

따라서 안재홍은 마르크스 이론의 적용 가능성에 대해 비관적이었다. 그

대신 그는 "마르크스에 관해서는 좀 더 그의 역사와 사회의 환경에 대해서 면밀한 검토를 가함을 요하는 터이나, 오늘날 조선인이 맹성할 것은 다만 사회 역사에만 들어붙어 계급투쟁에만 열중할 시대로 되어 있지 않나……."라고 했다(안재홍, 1948.10 강연, 『선집 ②』, 357쪽).

오히려 안재홍은 일제강점기 때부터 계속된 민족주의에 더욱 관심을 가졌다. 그는 또한 민족주의가 형성되는 과정을 설명했다. 그는 "사람은 살음이니 살음은 생활(生活)이요 또 생명(生命)이다. 사람이 사랑에 가까우니 사람이 사회의 가장 특색 되는 것은 사랑에 말미암아 서로 결리고 아끼고 뭉치어 돕는 그것이다. 민족은 겨레이니, 겨레는 즉 결리어 어울리는 것으로, 겨레는 서로 결리어 조직되고 편성됨에서 비로소 그 협동 생활체로서의 기능이 발휘되고 그 자체와 안전한 생존의 자보장(自保障)이 되는 것이다."라고 했다(안재홍, 1949.10.9, 『선집 ②』, 490쪽).

물론 '서로 결리고 아끼고 뭉치어 돕다.'라고 할 때, 사회가 기능하기 위해서는 개인의 행동과 도덕성을 담보로 해야 한다. 그 때에야 비로소 계속성을 유지할 수 있기 때문이다(Anthony Giddens, 1972, p.12).

이런 정서 하에서 안재홍은 언어에도 무척 민감했다. 그는 언어 공동체를 통해 민족주의의 풀이를 시도했다. 언어는 각 문법이 법칙을 갖고 있기 때문에 그 법칙이 가능하다면 언제든 이성적 분석이 가능하고, 그에 따른 객관적·논리적 판단이 가능하게 된다는 것이다. 이 때 안재홍은 폐쇄적인 민족주의가 아닌, '열린 민족주의'를 주장했다.

그는 법칙성을 사회 정책적 차원에서 규정하였는데, 1947년 9월 말 "① 독립 국가의 완성, ② 진정한 민주주의, ③ 경제적 민주주의"라는 '시국대책 요강의 3대 원칙'을 발표하였다(정윤재, 2010, 57쪽).

덧붙여 진정한 민주주의는 '순정 우익'의 사상과 정책을 옹호하고, 경제적 민주주의는 정치적 민주주의의 기본이 되는 것으로 독점 자본과 대지주의 전행을 배제하고 대부분의 민중의 복지를 보장하고 증진시키는 것임을 언급하였다.

한편 '독립 국가 건설'에 대해서는 민족주의 입장을 천명하면서 거기서 끝나는 것이 아니라, 나라 안으로는 국민 각 개인의 균등 생활을 확보하고, 밖으로는 민족과 민족, 국가와 국가 사이의 균등을 실현할 수 있다고 보았다. 그리고 이때의 정치적·경제적 민주주의는 세계의 공동체를 가능케 하는 자유주의 독립 국가의 연합이 가능한 형태라 하였다.

안재홍은 개인이 자유를 갖고 행동의 코드가 항상 변화할 때, 그 체제는 항상 변혁만을 추구하게 된다고 보았다. 또한 그 환경에서 과도한 욕구와 탐욕을 선동하게 되면, 그 사회는 통합력을 상실하게 된다는 것이다. 그 때 등장하는 것이 사회주의이고, 이와 같이 사회주의는 탐욕 등으로 산업의 규제가 불가능한 상태에 대응하여 나타난다는 것이다(Anthony Giddens, 1972, p.13).

안재홍은 자유를 제약하고, 경제를 통제하는 형태를 거부했다. 또한 그는 "좌우 합작의 경우, 반드시 극좌 극우를 다 배척하고 대중공생, 만민공화하는 신민주주의 민족 국가를 만드는 데 그 목표를 두었다.

4. 신민주주의

안재홍은 조선의 민족 정당인 국민당을 창당하고, "사람은 사름이라, 인류 공존의 홍대(洪大)한 이념을 함축한 바인데, 나라는 나로라, 자아의식의 강렬한 충격에서 결성된 것이다. 밖으로 인류 대동의 이념에 적응하고 안으로 민족자존의 의도에서 집결맹진(集結猛進)함을 요청하는 것은 ……." 라는 강령을 발표했다(안재홍, 1945.9.25, 『선집 ②』, 61쪽).

삶, 생활, 생명으로 시작하여, 그는 개인을 규정한다. 그 바탕 위에 개인의 행동과 언론의 자유를 논의했다. 나라는 국민주의자로서 개인 삶의 집합체임을 강조했다. 이것으로써 인류의 대동을 염원하게 된 것이다. 국민당은 위에서 언급한 강령 외에도 "① 민족국가의 건전한 발전과 국제협력의 최선한 분담(分擔)자됨을 기함, ② 국민개로(國民皆勞)와 대중공생(大衆共生)을 이념으로 신민주주의의 실현을 기함, ③ 민족문화의 전면적 앙양과 함께 인류 대동의 조류에 순응키를 기함." 등의 정강을 채택하였다(상게서, 63쪽).

또한 안재홍은 국민이 다 직업을 갖고, 더불어 살아가는 사회를 염원했다. 그 바탕 위에 만민공화, 즉 공화국이 건설된다는 것이다. 그는 사변적 민주주의를 비판하고, 신민주주의를 주장했다. 이는 국민당의 정강·정책 해설의 "만민을 정치에 참여케 하는 것은, 빈부와 직업의 차이를 두지 않고 성(性)의 차별도 두지 않아, 국민총체가 일정 연령에 달한 자는 모두 선거와 피선거권을 가지는 것이다."라는 내용에서도 확인할 수 있다(안재홍, 1945.12, 『선집 ②』, 68쪽).

이때 참정의 방식에 대해서는 "전 국민 각자가 누구나 정치에 참여할 수 있되, 일정한 인구의 비율로 대의원을 보내어 간접으로 국정에 참여케 함은 민주주의 정치의 통칙(通則)이라 하여 의회 중심의 정치가 이뤄진다."라고 했다(김인식, 2002, 122쪽).

안재홍은 "2차 대전 이전까지의 프랑스, 영국 및 미국의 자본적 민주주의가 거대한 금융, 산업 자본과 혹은 소수의 대지주들로 형성된 특권벌(特權閥)의 존재에 의하여 오인이 의도하는 균등공영의 신민주주의와는 그 본질에서 동일하지 않다."라고 했다(안재홍, 1947. 9. 23, 『선집 ②』, 194~5쪽).

그렇다고 안재홍이 소련식 공산주의에 동의한 것은 아니었다. 그의 평소 논리에 따르면, 공산주의 방식은 경제 평등이라는 이상형을 바라기 어렵고, 조선 독자의 사회 정세로 볼 때는 균등경제, 평권 정치로써, 소위 균등사회, 공영국가를 지향 완성한다는 것은 스스로 그 방책이지, 사대주의적인 공산 추수(追隨)는 공염불에 불과한 것이다.

그는 "개인의 자유성과 개성적 자유성을 무시하고 인민을 기계화하는 것 또한 수용할 수 없다."고 강변했다(안재홍, 1947.9.23, 『선집 ②』, 194쪽). 무산자 독재의 방식으로써 사회의 진보적인 역사성을 너무 말살하고 폭압적 인위의 축성 때문에, 소련이 과당한 민족적 노력을 망치는 것으로 본 것이다.

그는 선진 자본주의든, 소련의 사회주의 체제든 맹성을 촉구하면서 그런 민주주의가 아닌, '다사리' 신민주주의를 주장했다. 이는 자유주의 행동 강령이며, 언론 자유의 확장이라 할 수 있다. 안재홍에 따르면, '정치'의 원의(原義)도 '다사리'요, 그 방법에서도 만민공화의 개백(皆白), 즉 '다사리'요, 그 목적도 만민공생(萬民共生), 개활(皆活), 즉 '다사리'인 것이다. 다시 말해, '다사리' 상태는 신민주주의가 싹트고, 커뮤니케이션을 최대한 확장시킬 수 있는 조건이었다.

그러나 모든 사람들이 이런 상태를 찬성하는 것은 아니었다. 안재홍은 이를 모함하는 사람에 대해 "만민공생은 조선식 공산주의라고 하나니, 그도 편벽이 심한 자이다. 대중공생은 균등 경제의 토대 위에 만민공화하는 공영국가를 건설함을 조선인의 독존 자재적(獨尊 自在的)인 대주의인 것이니 하필 외래사상 혼효(混淆) 대비하여 고하를 운위할 바 아니다."라고 했다(안재홍, 1947.10, 『선집 ②』, 215~6쪽).

또한 안재홍은 '균권', '균부', '균지' 등 삼균주의에 대해서도 이야기했다. 그는 한국독립당의 당시(黨是)이었던, 조소앙의 삼균주의를 주장한 것이다

(안재홍, 1947.12,『선집 ②』, 228쪽). 조소앙은 "지력(智力)의 원소적인 것 같지마는, 대중적이요 또 사회적인 제도 기능에서는 부력(富力)이 결정적인 조건으로 되었다."라고 했다(안재홍, 1947.12,『선집 ②』, 228쪽). 현대 사회에서 일체를 지배하는 것이 부력(富力), 즉 경제적 토대인 것이요. 그 위에 정치적 기능, 즉 권력 체제가 건조되는 것이며, 따라서 지력(智力), 즉 교육 문화의 제 기능도 결정된다는 것이다.

당시 '인민의, 인민 때문에, 인민에 의하여' 등 민주주의 3원칙이란 것은, 이미 케케묵은 투어(套語)가 되어 있었다. 이에 대해 안재홍도 "아무리 인민 본위의 철저한 의도에서 출발함이라고 하더라고, 그것이 일편의 정치상 법률상의 평등에만 그치고 그 부의 균등에까지 이르지 못하였을진대, 그 평등은 다만 껍데기의 평등에 지나지 못하는 것이고, 빈부의 차별은 모처럼의 법제상 평등의 공영생활(共榮生活)을 보장할 수 없는 것이다."라고 했다(안재홍, 1947.12,『선집 ②』, 229쪽).

물론 균등 사회 형성과정에서 능률은 사람마다 차등이 있으니, 능률을 무시한 인위적 균등은 악 균등인 것이요, 개성은 각각 허용되어야 할 자유의 한도이다. 그 바탕 위에 대중은 각각 최저생활 수준의 확실성을 보장받는 것이 균등 사회의 기준이다. 신민주주의는 곧 균등 사회의 경제적 토대 위에 대중적 정치평등의 체제를 수립하는 것이다(안재홍, 1947.10,『선집 ②』, 215쪽).

같은 맥락에서 안재홍은 현재 선진국의 독점적 상황에서의 커뮤니케이션의 왜곡 상태를 비판했다. 그는 "프랑스 민주주의란 것은 순전히 소수의 금융·산업 자본벌과 대지주들의 수중에 있어 금권 정치에 타락된다. 그에 의하면 불평이 내재한 사회에 통합이 있을 수 없고, 균등 사회가 조직되지 않는 한에 공영 생활이 성취될 수 없나니, 균등 사회 공영 국가는 우리 조국 재건의 지도 이념이다.”라고 했다(안재홍, 1947.12,『선집 ②』, 230쪽).

결국 삼균주의는 자본적 민주주의에 대립할 만민공생의 신민주주의인 것이다. 즉 만민개로, 대중공생의 신민주주의인 것이다. 그리고 삼균주의는 그것의 실천 형태인 것이다.

안재홍은 “이 신민주주의를 내용으로 홀연 일치되는 단일 민족은 반드시 그 총체가 운명 공동의 신민주주의 집단으로 존립하는 것이다.”라고 하였다(안재홍, 1947. 12,『선집 ②』, 230쪽). 그의 신민주주의가 의도하는 바는 경제적 균등 또는 경제적 민주주의의 실현으로, 민권의 요청이 다만 정치적 평등에만 그치지 않게 하자는 데 그 목표가 있었다. 민생주의라는 점에서 소련 공산주의와는 그 입론의 근거와 실천의 방편이 다를 수밖에 없었다.

신민주주의는 가장 현대 사조와 조응하는 만중(萬衆)이 지지할 대주의로, 이것은 결코 기계적 절충(折衷)의 값싼 산물이 아닌 것이다(안재홍, 1947.12, 『선집 ②』, 232쪽).

5. 신민주주의와 언론

안재홍은 남조선의 공영 국가 건설의 3대 목표를 “① 민족적 자주독립 완성의 지상 명령, 즉 민주 독립 국가의 완성, ② 진정한 민주주의의 확립, 이것은 본인으로서는 순정 우익이라고 규정하는 진정한 민주주의의 사상, 정책의 확립 및 옹호, ③ 민생 문제를 해결하기 위한 경제적 민주주의 강조” 등으로 잡았다(안재홍, 1947. 2,『선집 ②』, 222쪽).

물론 나라와 시기에 따라서 그 현실이 모두 서로 일치하지는 않는다. 그래서 시대의 진운(進運)에 따라 한 걸음씩 소시민, 노동자 및 농민 등 하층 계급의 사람들에게 그 정치 참여의 법을 할양(割讓)한, 소위 자본적 민주주의가 탄생하였다.

안재홍은 "민족적 감정이 다만 희망과 공상의 영역에 저미(低迷)하는 동안, 확고한 대중적 토대를 구축할 수 없다."라고 하였다(안재홍, 1945.9.22,『선집 ②』, 50쪽). 따라서 개개인은 시민적인 일상생활에서 필연적 생각을 가질 필요가 있다. 이는 금후 전 정치·경제적 분야에 뻗치어 면밀한 전문적 기술의 기획 입안을 요구한다.

또한 안재홍은 공허한 좌우의 이념에 대한 경고를 했다. 그는 "대중 때문의 주의이지, 주의 때문에 생긴 대중이 아닌 것이고, 주체의 추상적 존재를 위하여 대중의 이해와 의지를 무시하는 것은 곧 죄악인 것이다."라고 했다(안재홍, 1945.9.22,『선집 ②』, 50쪽). 만민의 대중 생활을 그의 국정과 국제 관련성에서 규정 입안하여 실천 여행(勵行)하는 데서 일개의 생동하는 주의가 구성된다는 것이다.

이때 민족의 특수한 전통과 국제 대동(大同)의 체제는 대립됨이 아니라, 실천에서 회통되는 것이라고 보았다(안재홍, 1945.9.22,『선집 ②』, 47쪽). 어느 주의라는 기성관념에 고정 집착하는 것도 과오이고, 대중의 확고한 이해가 주안이요, 역사의 엄숙한 요청이 지상 명령인 것이다. 모든 고정된 선입관의 국견(局見)이 지양되고, 파벌이 지양되고, 협동 통합의 민족 국가로의 초계급적·초당파적인 회통이 요청된다는 것이다.

안재홍은 열린 민족주의자로서 우리의 문제에 대해 언급했는데, 그 문제는 "① 무기력함이요, ② 불관용이요, ③ 너무 관념적인 점이요, ④ 지속성의 부족한 점이요, ⑤ 비조직적인 점이다."이었다(안재홍 1935.5,『선집 ①』, 491쪽).

그리고 그는 이를 치유하는 방법은 단연 경제적 숙명론이나 기계론적 유물 사관의 관조를 배제하고, 자유와 평등의 다원적 가치로 그 진로를 새로 모색하는 것이라고 보았다. 그는 폐쇄된 민족주의가 아니라, 비판을 가미한 열린 민족주의를 주창한 것이다.

이러한 신민족주의가 세계 보편적 가치를 포함하는 것은 물론이다. 여기서 행동의 강령뿐 아니라, 언론의 역할이 요구되는데, 이는 오직 '공개성의 형태'로 요구된다. 이러한 공개의 가능성은 모든 법적 주장을 함축하는 것이다. 왜냐하면 공개성이 결여된 어떠한 정의도 존재할 수 없고, 정의는 공적으로 알려질 수 있는 것으로만 제한되기 때문이다. 현재 우리 언론이 안고 있는 고질적 당파성에 그는 일찍이 반기를 든 것이다. 지금도 여전히 종북(從北), '꼴통 진보' 언론이 존재하고, 보수는 맹목적 자유 시장주의를 주장하고 있다. 그렇다면, 부의 불평등이 점점 심화되는 상황에서, 과연 자유주의가 가능할까? 안재홍은 민족주의, 열린민족주의를 바탕으로, 공개성 안에서 자아비판과 더불어 불편부당성, 객관성을 확보하는 것을 그 대안으로 삼았다.

또한 안재홍은 제헌 헌법에 근거해 정의로운 사회의 기틀을 다졌다. 그는 "국가의 진격이 곧 나의 자신이요, 생명이요, 생활이라고 전제하고, 각 개인은 자기아로서 자각하며, 현재의 민족아로서 자각함이요, 그리고 국가·민족아로서 자각한다."라고 열린 민족주의에 대해 말하였다. 그는 생활 철학으로 하나하나 더 넓은 사회를 규정하기 시작한 것이다.

안재홍은 "개인이 미래를 바라보면서 금일인 현실에 살아나아 가는 것이니, 생성의 미래인 과거의 역사와, 행진할 미래인 피안의 목표가 모두 '금일'인 현실에서, 일정한 목적의식의 형태로써, 혹은 일상생활로써, 구체적으로 실천된다."라고도 했다(안재홍, 1935.6, 『선집 ①』, 512쪽).

즉 그는 과거를 망각하고 현재와 미래만 추구하는 지금의 언론과 달리, 과거, 현재, 미래를 엮는 생활의 진화론적 철학을 강조함으로써, 인위적·관료적·반시장적 정서를 강하게 배척한 것이다. 그는 생활 철학을 바탕으로 자유와 경제적 평등으로 다원적 가치를 실현하고자 했다. 또한 그는 "신민족주의가 신민주주의 체제를 완성시키기 위해 개인의 자유, 언론의 자유가 어떤 통일보다 앞선다."라고 했다. 물론 안재홍은 행동과 언론을 같이 보았기 때문에 자유주의를 개인의 자유로 그 기점을 잡는다면 언론의 자유는 필연적으로 대두될 수밖에 없었다.

처음 그는 『시대일보』 논객으로서 언론이 '천하 민중의 시대적 요구', '민족적 표현 기관', '사회의 일대 공기'로서 작동하기를 바랐다. 그는 평등사상에 근거하여, 어떤 종파의 언론도 거부하였다. 그의 언론 성향은 다름 아닌 민족 언어를 포함한 민족주의 색깔을 띨 뿐이었다.

안재홍은 신민족주의, 신민주주의, 그리고 중도사상 등 우리에게 많은 유산을 남겼다. 그는 민족주의, 신민족주의를 주장하고 신민주주의를 통해 개인과 그들의 관계를 유지토록 했다.

무엇보다 안재홍은 조소앙의 삼균주의 중 '부의 균등'에 더 관심을 가졌고, 생산의 국가·사회적 지도 및 계획 조정과 분배의 민족적 합리성을 구하는 '경제의 균등'을 실현해야 한다고 제안하였다. 조소앙은 경제균등의 목적이 "국민 각개의 균등 생활을 보장하여 인민의 물적 생활을 제고 향수케 하며 국가의 경제적 토대를 합리화 견고하는 데 있다."라고 했다(김인식, 2010, 39쪽).

또한 조소앙은 경제적 균등과 더불어 지력(智力)의 균등도 내세웠다. 그는 학교·근로 작업장 등에서의 교육에 있어 세 가지 대 본령을 제시했는데, "① 교육은 지식수준을 제고하는 데 제1보를 두어야 한다, ② 일반 대중의 '두뇌 과학화주의'에 제2보를 두어야 한다, ③ 교육의 궁극 목적은 새로운 자아, 민족아, 세계아를 창조하여 세계일가(世界一家)의 이상을 이루는 데 있다."가 바로 그것이다(김인식, 2010, 41쪽).

조소앙은 안으로는 국민 각 개인의 균등 생활을 확보하고, 밖으로는 민족과 민족, 국가와 국가 사이의 균등을 실현함으로써, 궁극적으로 세계일가의 이상을 이루려는 민족국가 건설론에 초점을 두었다.

이러한 그의 논의는 민주공화국의 초석이 된다. 그리고 안재홍은 같은 맥락에서 민족주의, 신민족주의 하에서의 다사리 신민주주의를 주장했다. 다사리 신민주주의는 정론성을 배제한 상태에서 커뮤니케이션 활성화의 최적 상태를 유지할 수 있게 하며, 그것만이 진정한 민주주의를 가능케 한다고 보았다.

칸트(Immanuel Kant)는 그의 『영구 평화론』에서 "이(공화정) 시민적 체제는 첫째 (인간으로서) 한 사회 구성원의 자유의 원리에 의해, 그리고 둘째 (신민으로서) 모두가 단 하나의 공통된 입법에 의존하는 의존의 원리에 의해, 그리고 셋째 (국민으로써) 평등의 원칙에 의해 확립된다."라고 했는데 (Immanuel Kant, 1796/2008, 26쪽), 안재홍은 이 원칙에 경제적 민주주의를 첨가한 것이다.

이와 같은 유일한 세계 체제는 원초적 계약의 이념으로부터 도출할 수 있고, 이것은 모든 법률상의 입법에 근거하는 공화제였다. 제헌 헌법의 "대한민국은 민주공화국이다."라는 표현이 이런 상황에서 만들어진 것이다.

그리고 이러한 맥락에서 안재홍은 자신이 주장한 신민주주의를 통해 '초계급적 통합 민족 국가' 건설을 시도했다. 그 목표 아래 중소 지주, 중소 자본가와 노동자, 농민 등 모든 근로 인민층을 통합함으로써, 어떤 형태의 계급 독재도 거부하는 만민공화의 정치체제를 이루고자 하였다(안재홍, 1945.9.25, 『선집 ②, 61쪽).

즉 안재홍은 영미식의 자유주의와 민주주의를 바탕으로 하고, 여기에 경제 평등을 실현하려는 공산주의 이념을 제도로 입법함으로써 신민주주의를 완성하려 한 것이다(김인식, 2002, 112~3쪽). 그는 자유 · 평등 · 박애를 표방한 프랑스 혁명과 같은 사변적 민주주의가 아닌, 경제적 민주주의, 즉 '신민주주의'를 선호한 것이다.

1919년 고종의 승하 이후 계속 논의된 '공화주의'는 해방 후 제헌 헌법 제정 정신으로 완성되기에 이르렀다. 그리고 이 논의는 '영구 평화론'의 '세계주의'와 맞물렸다. 안재홍은 그 당시 한반도를 둘러싸고 있는 국제주의에 대해 언급했다. 즉 20세기 그 당시 단계의 인류 문화는 각개 민족의 세계적 대동의 방향, 즉 국제주의적 방향을 향하여 자동적 구심 운동을 하고 있었다. 안재홍은 가장 온건 타당한 각 국민 각 민족의 태도를 "민족으로 세계에, 세계로 민족에, 교호(交互)되고 조합되는 민족적 국제주의, 국제적 민족주의를 형성하는 상세(狀勢)이다."라고 했다(안재홍, 1935.6, 『선집 ①』, 512쪽). 안재홍은 신민족주의를 주창하지만, 그의 속내는 좌·우의 파당을 뛰어넘는 중도주의인 '다사리 민족주의'에 정치적 판단의 중심을 둔 것이다.

참고문헌

김인식 외,『민족에서 세계로 : 민세 안재홍의 신민족주의론』, 봉명, 2002.

나종석,「공공성과 민주주의에 대한 철학적 성찰」,『제12회 가톨릭 포럼』, 가톨릭 언론인 협의회, 2012.

안재홍,「신념 희생 노동」,『시대일보』, 안재홍 선집 간행 위원회,『민세 안재홍 선집 ①』(1981), 지식산업사, 1924.5.17.

안재홍,「최초의 일념에 순(殉)할 각오로써 만천하 독자에게 결별(訣別)함」,『시대 일보』,『선집 ①』, 1924.7.10.

안재홍,「조선일보의 신사명」,『조선일보』,『선집 ①』, 1924.11.1

안재홍,「民世筆談 - 민중심화과정」,『선집 ①』, 1925.5.

안재홍,「제남사변(濟南事變)의 벽상관(壁上觀) - 甲中내각의 大冒險」,『조선일보』,『선집 ①』, 1928.5.9..

안재홍,「조선인과 국어문제」,『조선일보』,『선집 ①』, 1925. 5. 28~29.

안재홍,「동방 제국민의 각성」,『조선일보 사설』,『선집 ①』, 1925. 8. 26

안재홍,「자립정신의 제1보 - 의미심장한 '가갸날'」,『조선사설』,『선집 ①』, 1926.2.4.

안재홍,「조선일보의 기념일 - 환휘로부터 긴장에」,『조선일보』,『선집 ①』, 1926. 9.13.

안재홍,「국민주의와 민족주의 - 간과치 못할 현하경향」,『조선일보』,『선집 ①』, 1931.2.18..

안재홍, <조선인의 처지에서 >,『조선일보』,『선집 ①』, 1932.3.2.

안재홍,「집해 결사 문제 제의 - 조선의 시국에 감(鑑)하여」,『조선일보』.『선집 ①』, 1931.9.5.

안재홍,「문화건설 사의(私議)」,『조선일보』,『선집 ①』, 1934.6.

안재홍,「민세필담 = 민중 심화과정」,『조선일보』,『선집 ①』, 1935.5.

안재홍,『민세필담 續 - 세계로부터 조선에』,『선집 ①』, 1935.6.

안재홍, 「국제연대성에서 본 문화특성 과정론」, 『선집 ①』, 1936.1.

안재홍, 「(방송) 海內·海外의 3천만 동포에게 告함」, 『서울중앙방송국』, 1945년
　　　8월 16일; 안재홍(1983),안재홍 선집 간행물 위원회, 『민세 안재홍 선집 ②』
　　　(1983), 지식산업사, 1945.8.16.

안재홍, 『신민족주의와 신민주주의』, 民友社, 1945.

안재홍, 「신민족주의와 신민주주의」, 『선집 ②』, 1945.9.22.

안재홍, 「(선언문) 국민당 선언」, 『선집 ②』, 1945.9.25.

안재홍, 「신민족주의와 신민주주의」, 안재홍(1983), 『선집 ②』, 1945.9.22.

안재홍, 「국민당 정강·정책해설」, 『선집 ②』, 1945.12.

안재홍, 「건국구국의 대사명 -『한성일보』창간사」, 『한성일보』, 『선집 ②』, 1946.2.25.

안재홍, 「(방송) 민족위기 타개의 일로」, 『서울중앙방송』, 『선집 ②』, 1946.7.19.

안재홍, 「합작과 건국노선」, 『한성일보』, 『선집 ②』, 1946.10.10~13.

안재홍, 「민주독립과 공영국가」, 『한성일보』, 『선집 ②』, 1947.2.

안재홍, 「(방송) 소위 '군정연장 策謀, 반역생위' 문제의 진상」, 『서울중앙방송국』,
　　　『선집 ②』, 1947.2.

안재홍, 「몽향 여운형 씨의 추억」, 게재지 미확인, 『선집 ②』, 1947.9.

안재홍, 「(성명) 미소공위의 불성공과 시국 대책」, 『선집 ②』, 1947.9.23.

안재홍, 「순정우익의 집결」, 『한성일보』, 『선집 ②』, 1947.10.

안재홍, 「民主獨立과 共榮國家」, 『한성일보』, 『선집 ②』, 1947.10.

안재홍, 「역사와 과학과의 신민족주의」, 『한성일보』, 『선집 ②』, 1947.12

안재홍, 「민정장관을 사임하고 - 지로에선 조선민족」, 『신천지』, 『선집 ②』, 1948.7.

안재홍, 「한민족의 기본진로 - 신민족주의 건국이념」 안재홍(1983), 『선집 ②』,
　　　1948.10 강연.

안재홍, 「조선민족의 정치적 진로」, 『선집 ②』, 1948.10.

안재홍, 「통일의 요청과 현실」, 『大陽』, 『선집 ②』, 1949.2.26.

안재홍, 「3·1 정신과 민족대의」, 『한성일보』, 『선집 ②』, 1949.3.1.

안재홍, 「(선언) 민족진영강화위원회 선언」, 『선집 ②』, 1949.8.

안재홍, 「8 · 15 당시의 우리 정계」, 『새한민보』, 『선집 ②』, 1949.9.

안재홍, 「결합구국의 신 염원 - 한성일보 속간사」, 『한성일보』, 『선집 ②』, 1949.9.3.

안재홍, 「蘇 · 유 갈등과 중국정부」, 『한성신문』, 『선집 ②』, 1949.10.5.

안재홍, 「한글문화와 민족정신」, 『선집 ②』, 1949.10.5.

안재홍, 「아시아의 여명」, 『한성일보』, 『선집 ②』, 1959.1.4.

안재홍 편집위원회(1981), 『민세 안재홍 선집 ①』. 지식산업사.

안준섭, 「대한민국 임시정부하의 후기 좌우합작」, 『한국의 근대국가형성과 민족
　　　　문제』, 문학과 지성사, 1988.

오영섭, 「대한민국 임시정부하의 후기 좌우합작」, 『한국의 근대국가형성과 민족
　　　　문제』, 한국사회사연구회, 1998.

오영섭, 「해방 후 민세 안재홍의 민공협동운동 연구」, 『태동고전연구』 15집, 한림대,
　　　　1998.

이철순 · 김인식 · 정윤재 · 이황직 · 이진한 · 최재목(2010), 『납북 민족지성의 삶과
　　　　정신』, 제5회 민세학술대회, 2010.

이철순, 「우사 김규식의 삶과 해방 이후 정치활동」, 『납북 민족 지성의 삶과 정신』,
　　　　제5회 민세학술대회, 2010.

이관구, 「민세 선생 20주년에 즈음하여」, 안재홍(1983), 『선집 ①』, 1981.

정진석, 「안재홍, 언론 구국의 국사」, 『한국사 시민강좌』, 일조각, 2008.

천관우, 「解題」, 『선집 ①』, 1981.

HQ, USAFIK, G-2 Weekly Summary, 주한 미군 주간 정보 요약, 9 Feb-16 Feb., 1947,
　　　　한림대학교 아시아문화연구소.

Giddens, Anthony, Emile Durkheim-Selected Writings's, London: Cambridge University
　　　　Press, 1972.

Harbermas, Juergen, 「한상진 교수, 현대철학 거장 獨 위르겐 하버마스 교수와 자택
　　　　대담(상) - 선천적 '언어장애'가 약자도 배려하는 의사소통이론에 영향」,
　　　　『동아일보』, 2012.7.11.

Kant, Immanuel(1796), Zum ewigen Frieden, Ein Philosophischer Entwurf,

Koenigsberg: Friedrich Nicolovius, 이한구 옮김(2008),『영구 평화론』, 서광사.

McQuail, Denis(2005), McQuail's Mass Communication Theory, 5 eds., London: Sage
Publications. j

http//terms.naver.com

Ann Jai Hong's Neo—Democracy and Journalism —Mainly the spirit of the first Korean Constitutional Law

Cho, Maingki (Sogang University)

Ann Jai Hong was the top journalist in Korea during the Japanese colonial rule and the liberation period(1924~1950). His writings from the daily newspapers, weekly magazines, and books are still crucial reading today for understanding the whirlpool of imbroglio of the time.

As a journalist, a political activist, and social theorist, Ann had an important role. The first Korean constitutional law of the democratic republic of 1948 contained a lot of his ideas, including neo-nationalism, which emphasized rational open nationalism, and neo-democracy, which held the position of equality for wealth, education, and power, especially including the stance that "all people must have a job", a popular leftist idea at that time. In this paper, I will compare Ann Jai Hong's theories and how they affected the creation of the first constitutional law.

One of Ann's ideas was that freedom of the press could not be different from a citizens' basic rights in the Democratic Korean Republic. This was bigger than the Western concept of freedom of the press because of his left-leaning views on the general equality of neo-deomcracy and how this could also be applied to the press in a democratic society.

Until now, no one has connected Ann and the first Korean Constitutional Law. As a political theorist, he participated in the legislative process of drafting that document, but at the time(1947~1948) he was also the highest Korean representative in the American military government. So in order to understand the first Korean Constitutional Law, we need fully to study Ann's ideas of neo-nationalism and neo-democracy.

Key words: Ann Jai Hong, Neo-Nationalism, Neo-democracy, The first Constitutional Law, Democratic Republicanism

광복 이후 안재홍의 언론관과 언론활동

박용규

광복 이후 안재홍의 언론관과 언론활동

1. 문제의 제기

한국 언론 초기에는 언론인이며 동시에 민족운동가로 활동했던 인물들이 적지 않았다. 개화기와 일제 강점기라는 현실적 조건 속에서 많은 민족운동가들이 언론계에 투신했고, 이런 언론인들은 민족운동의 일환으로서 언론활동을 했다. 이들에게 언론은 민족운동을 위한 하나의 중요한 수단이자 최소한의 생계를 유지하는 공간이기도 했다. 그러나 이들 중 상당수는 잠시 동안만 언론계에 몸을 담았거나, 또는 직접 글을 쓰지는 않고 단지 언론사 경영진으로만 활동했을 뿐이다.

당시에 활발하게 민족운동에 참여하면서 동시에 오랫동안 직접 글을 쓰는 언론인으로도 활동했던 인물들은 많지 않았다. 그 대표적 인물 중 한 명이 바로 안재홍이다. 안재홍은 일제 강점기부터 1950년까지 매우 활발하게 민족운동에 참여하면서도 줄곧 직접 사설이나 시평 등을 쓰는 언론인으로도 활동했다. 이런 안재홍에 대해 천관우는 "민족운동가로서 언론인으로서 역사가로서, 그리고 광복 후는 정치인으로서, 그 분야마다 굵직한 자리를 차지"했었다고 평가했다.[1] 즉 천관우는 안재홍을 개화기 이래의 '지사적 언론인'의 전통을 이어받아 실천한 대표적 인물로 평가했던 것이다.[2] 실제로 안재홍은 필화로 인한 옥고를 포함해 일제강점기에 무려 9번이나 투옥되었을 정도로 철저하게 비판적이고 저항적인 활동을 한 언론인이자 민족운동가였다. 또한 그는 광복 후에는 통일독립국가의 건설을 위해 적극적으로 노력했던 대표적인 중도파 정치인이기도 했다.[3]

그럼에도 1970년대까지는 안재홍에 대한 연구가 거의 이루어지지 않다가, 1980년대 이후에야 비로소 본격적인 연구들이 나오기 시작했다. 이것은 이 시기에 현대사에 대한 관심이 높아지기 시작했고, 그에 관한 자료집도 나왔기 때문이다.[4] 특히 1980년대 말 이후 광복 직후의 중도파나 좌익 세력에 대한 연구가 본격화되었다는 점도 중도 우파였던 안재홍에 대한 연구가 활성화되는 데 영향을 주었다. 이러한 안재홍에 대한 연구들은 대부분이 그의 정치사상과 정치활동, 그리고 부분적으로는 역사학자로서의 업적에 집중되어 있었다.[5]

---

1) 천관우, 「민세 안재홍 연보」, 『창작과비평』 50호, 1978, 212면.

2) 천관우는 전통적인 유학의 이념과 새로운 문화형태인 저널리즘이 사학을 매개로 접근했다고 하며, '사학-경세학(經世學)-저널리즘'의 밀접한 관계를 강조했다. 즉 개화기부터 일제 강점기의 지사적 언론인은 민족운동가이자 사학자이기도 했다는 것이다. 천관우, 「장지연과 그 사상」, 『백산학보』 제3호, 1967, 506~507면.

3) 정윤재, 『다사리 공동체를 향하여』, 한울, 2002.

4) 『민세안재홍선집』은 지식산업사에서 1권(1982), 2권(1983), 3권(1991), 4권(1992), 5권(1999), 6권(2005), 7권(2008), 8권(2004)이 출간되었다. 『민세안재홍선집』에 실린 자료를 인용할 때, 신문기사는 제호, 일자, 『선집』의 권과 면수의 순으로 표기할 것이며, 사설 이외의 자료는 원래 출처를 밝히고 뒤에 『선집』의 권과 면수를 표기할 것이다. 인용된 글의 애초 집필 시기를 밝히는 것은 집필의 시대적 배경을 이해하는 데 필요하기 때문이다. 『민세안재홍선집』은 『선집』으로 줄여서 표기할 것이다.

5) 2002년에는 안재홍에 관한 논문 모음집인 『민족에서 세계로』와 평전인 『다사리 공동체를 향하여』가 간행되어 그에 관한 학계의 관심이 커지고 있음을 보여주었다. 또한 2006년에는 평전인 『중도의 길을 걸은 신민족주의자』가 나왔고 2010년에는 논문 모음집인 『안재홍의 항일과 건국사상』이 출간되어 안재홍에 대한 관심이 확산되고 있음을 보여주었다. 2000년 10월 21일 안재홍기념사업회가 창립되었던 것이 이런 성과

이렇듯 안재홍에 대한 연구가 상당히 활발해졌음에도 그의 언론활동에 대한 연구는 여전히 매우 부진한 편이다.[6] 그가 민족운동가이며 동시에 언론인이었다는 점을 감안하면, 그의 활동을 총체적으로 이해하기 위해서는 각 영역에서의 활동이 구체적으로 연구되고 종합될 필요가 있다. 그러나 지금까지 언론인으로서의 안재홍에 대한 연구가 제대로 이루어지지 않으면서, 그의 언론활동에 관한 사실들이 정확하게 파악되지 못하거나, 언론활동과 여타 활동과의 관계가 제대로 이해되지 못하는 경우가 많았다.

이런 문제점들은 기본적으로 언론학 분야에서 언론인에 대한 역사적 연구가 제대로 이루어지지 않았다는 점에 기인한다. 특히 언론인이며 동시에 민족운동가였던 많은 인물들에 대해 본격적인 연구가 별로 없고, 그나마 몇 안 되는 기존 연구들도 개화기에 활동했던 일부 인물들에만 집중되어 있기 때문이다.[7] 이런 현실은 언론사 연구가 언론인의 활동에 대한 체계적인 이해 없이 주로 매체사 연구에만 치중하는 결과를 낳았고, 또한 언론을 민족운동과 연관하여 총체적으로 파악하는 것을 어렵게 만들어왔다. 따라서 이제부터라도 언론인의 사상이나 활동에 대한 역사적 연구를 본격적으로 시도할 필요가 있다.

이런 문제의식에 따라 본 연구에서는 일제강점기부터 광복 이후까지 민족운동가이자 언론인으로 활동했던 대표적 인물 중 한 명인 안재홍의 언론관과 언론활동을 살펴보고자 한다. 안재홍은 일제강점기에는 민족의 독립을 위해 투쟁했고, 광복 후에는 통일독립국가의 건설을 위해 활동하면서도 항상

를 낳는 데 큰 영향을 주었다.

[6] 안재홍의 언론인으로서의 면모에 주목한 논문으로는 조맹기의 연구가 있다. 조맹기, 「안재홍의 신민족주의 언론사상」, 『민족에서 세계로』, 봉명, 2002, 161~197면.

[7] 정진석, 『역사와 언론인』, 커뮤니케이션북스, 2001.

언론인으로 글을 쓰며 활동했다. 본 연구는 안재홍의 언론활동을 살펴봄으로써 비타협적 민족주의자이자 중도우파 정치인으로서 주로 언론을 기반으로 활동했던 안재홍의 다양한 활동을 좀 더 총체적인 시각에서 바라보는 데 기여할 수 있을 것이다. 또한 본 연구는 언론인이자 민족운동가인 기자들의 이른바 '지사주의적' 특성이 어떻게 변화되어갔는지를 파악하는 데도 도움을 줄 수 있다. 나아가 본 연구는 언론의 역할과 언론인의 자세에 대한 비판적 여론이 높은 현실에서, 바람직한 언론과 언론인이란 과연 무엇인가를 모색하는 데도 기여할 수 있을 것이다.

이 글에서는 광복 이후부터 1950년 납북되기까지의 안재홍의 언론관과 언론활동을 주로 살펴보려고 한다. 이 논문에서는 먼저 언론의 역할 및 언론인의 자세에 대한 안재홍의 견해를 정리하고, 다음으로는 논객 또는 언론사 경영자로서 안재홍이 어떻게 활동했는지를 살펴볼 것이다. 이 글에서는 안재홍의 언론활동을 그가 창간한『한성일보』를 중심으로 살펴보겠지만, 실제 그가 쓴 사설이나 시평 등에 대한 체계적인 내용 분석을 하지는 않을 것이다. 위와 같은 문제들을 고찰하기 위해 이 글에서는 안재홍이 직접 썼던 사설,[8] 기사, 책은 물론 그 밖의 그에 관한 다양한 자료들을 연대기적으로 체계를 잡아 기술한 뒤, 이를 비판적으로 분석하는 역사적 접근방법을 사용하고자 한다.[9]

---

[8] 원래 사설은 무기명으로 되어 있지만, 안재홍은 자신이 쓴 사설을 따로 정리해놓았고, 이것 중 일부가『선집』에 실려 있기 때문에 이를 연구에 활용할 수 있었다.

[9] 도진순,『한국민족주의와 남북관계』, 서울대학교 출판부, 1997, 7~11쪽.

2. 안재홍의 활동의 특성과 언론

일제강점기의 민족운동은 크게 민족주의 운동과 사회주의 운동으로 나눌 수 있다. 민족주의 세력은 다시 민족주의 우파와 민족주의 좌파로 나뉘고,[10] 사회주의 내에는 화요회·북풍회·서울청년회 등 다양한 분파가 존재했다.[11] 1920년대 중반에 민족주의 세력 내부에 분열이 생겼는데, 일제에 타협적인 세력을 '민족주의 우파', 비타협적인 세력을 '민족주의 좌파'라고 불렀다. 전자는 자치운동에 찬성하며, 대자본가 중심의 자본주의를 지향한 반면에 후자는 자치론에 반대하여 소상품 생산자 중심의 자본주의를 지향했다. 또한 사회주의에 대해 전자가 극히 부정적인 것으로만 간주한 반면에, 후자는 그 연대의 불가피성을 인정하면서도 계급주의 우선으로 흐르는 것을 비판했다. 흔히 민족주의 우파를 '타협적 민족주의' 또는 '민족개량주의'라고도 불렀고, 민족주의 좌파를 '비타협적 민족주의'라고도 불렀다.[12] 대표적인 비타협적 민족주의자였던 안재홍은 자신의 활동을 다음과 같이 정리해 표현하고 있다.[13]

---

10) 박찬승은 '부르주아 민족주의 좌파와 우파'로 나누었고, 김명구는 '부르주아 민족운동 좌파와 우파'로 나누는 등 대체로 민족주의 세력을 둘로 나누어보고 있다. 박찬승, 『민족주의의 시대』, 경인문화사, 2007, 149~164쪽; 김명구, 「1920년대 부르주아 민족운동 좌파 계열의 민족운동 - 안재홍을 중심으로」,『한국사학보』 12호, 2002, 171~173쪽. 진보적 민족주의 등과의 구별을 위해 일부 연구에서는 굳이 부르주아 민족주의 좌파와 우파라고 표현하고 있지만, 많은 연구들은 그냥 민족주의 좌파와 우파라고 표현하기도 한다. 박찬승은 "필자를 포함해 1990년대부터 학계에서 흔히 '민족주의 우파', '민족주의 좌파'라는 용어를 쓸 때, 그것은 '부르주아민족주의 우파', '부르주아 민족주의 좌파'를 줄여서 쓴 것"이라고 했다. 박찬승, 「부르주아 민족주의, 우파민족주의, 문화민족주의」,『역사비평』 75호, 2006, 289쪽.

11) 전명혁,『1920년대 한국 사회주의운동 연구』, 선인, 2006, 182~183쪽.

12) 김명구, 앞의 글, 171~173쪽; 이지원, 「일제하 안재홍의 현실인식과 민족해방운동론」,『역사와 현실』 6권, 1991, 48~56쪽.

나는 소위 합법적인 민족주의자로서 항상 합법적인 수단에 의하여 현실적인 조선에 속하는 방법에 따라 실현 될 수 있는 민족주의를 방법으로 하고 있다. 방법에는 2단계가 있다. 하나는 문서, 강연 등에 따라 위정당국의 반성을 촉구하거나 조선인 유력자의 여론을 움직여 점진적으로 이것을 실현시키고 그 목적은 우선 정치, 교육, 산업 등에 조선인 본의의 조선을 만들어 주는 것, 제2단계에는 합법주의로 정치단체를 조직하여 직접 관계하고 지도하고 싶은 생각으로 있다. 그 후 소화 7년경(1932년: 필자)부터는 그런 방법보다는 순전한 지도와 주의를 주장하여 보고 싶다는 것을 생각하고 있다.

이렇듯 비타협적 민족주의 세력은 일제에 대해서는 비타협적으로 투쟁하되, 투쟁의 방법은 언론이나 교육 등 가능한 한 합법적 수단을 사용했는데, 이에 대해 "일제에 대해 비타협적이라는 정치노선과 합법 활동이라는 투쟁노선과의 모순"이 드러날 수밖에 없었다는 비판도 나왔다.[14] 안재홍은 일제에 대해 비타협적 자세로 합법적 언론활동을 했기 때문에 옥고를 치렀고, 그러면서도 끝내 지조를 지켰다는 점에서 지사적 언론인의 전형이었다고 할 수 있다.

비타협적 민족주의 세력은 광복 후에는 대체로 중도파,[15] 그 중에서도 중

<hr>

13) 국사편찬위원회 홈페이지(www.history.go.kr) '한국사데이터베이스'에서 검색할 수 있는, 1936년 5월 '중국군관학교 입교주선사건'으로 구속되었을 때의 안재홍에 대한 '경찰신문조서'와 '검사신문조서'는 중요한 내용을 담고 있다. 위에 인용된 내용은 안재홍에 대한 검사신문조서(2회)에서 나와 있는 것이다. 이 내용은 신문조서에 나와 있다는 점에서 한계가 있기는 하지만, 비교적 안재홍의 입장을 잘 드러내주고 있다고 할 수 있다.

14) 이지원, 앞의 글, 54~55쪽.

15) 미군정기의 좌우익을 제외한 나머지 세력들을 '중도파'로 불러야 할지 아니면 '중간파'로 불러야할지 논란이 있다. 서중석과 윤민재는 중도파로 부르고 있고, 도진순과 정용욱은 중간파로 지칭하고 있다. 본고에서는 일단 이들을 중도파로 부르려고 한다. 도진순, 앞의 책, 167~198쪽; 서중석, 『한국현대 민족운동연구』, 역사비평사, 1992.

도우익 세력을 형성했다. 흔히 광복 직후의 정치세력을 이승만과 한민당, 김구와 임정을 지지하는 우파, 김규식이나 안재홍을 중심으로 하는 중도우파, 여운형이나 백남운 계열의 중도좌파, 조선공산당과 뒤를 이은 남로당 계열의 좌파로 분류해왔다. 다만 1948년 이후의 김구 세력을 중도우파의 범주 안에 포함시키기도 한다.[16] 미군정기에는 신문들도 이런 대립에 영향을 받아 우익, 중도우익, 중립, 중도좌익, 좌익 등으로 나뉘어졌다.[17] 이러한 신문들 사이의 논조의 대립은 신탁통치 이후 신탁통치, 좌우합작, 남북협상 등의 정치적인 계기들마다 다양한 적대적 양상을 보여주었다.

중도파 세력의 특징은 "일제시기에 국내외에서 민족통일전선을 펴왔고, 민족국가 건설을 어떤 가치보다도 최우선시"해 왔다.[18] 이들은 "식민지 청산 문제(토지 문제와 친일파 청산)와 미국과 소련에 대한 자주적 입장, 좌우합작의 추구와 분단극복이라는 문제에 대하여 시기마다 차이는 있었지만 능동적·주체적으로 대처"했다.[19] 중도파의 또 다른 특징은 이들 중 다수가 '학자풍'이었고, "교육과 계몽을 중시"했다는 것이다.[20] 조직을 통해 세력을 확산하려고 하기보다는 언론을 통한 여론 형성에 더 큰 비중을 두었기 때문에

570~572쪽; 윤민재,『중도파의 민족주의 운동과 분단국가』, 서울대학교 출판부, 2004, 5~8쪽; 정용욱,『해방 전후 미국의 대한정책』, 서울대학교 출판부, 2003, 349~356쪽.

16) 윤민재, 앞의 책, 6면.

17) 미군정의 분류가 절대적이라고 할 수는 없지만, 큰 틀에서 신문의 이념적 분포를 파악하는 데는 도움이 된다. 다만 시기마다 이념적 분류 방식이 달라 어떤 시기에는 '극좌-좌-중립-우-극우'로 분류했다가, 어떤 때에는 단순히 '우-중립-좌'로만 구분하기도 했다는 점을 고려해야 한다. 또 때로는 '극좌-좌'라는 용어 대신 '극좌-온건좌'라는 용어를 사용하기도 했다. 김영희, 「미군정기 미디어 보급과 미디어 접촉 현상」, 한국사론44『광복과 한국 언론의 형성』, 국사편찬위원회, 2006, 159~160쪽.

18) 서중석(1992), 앞의 책, 388쪽.

19) 윤민재, 앞의 책, 6~7쪽.

20) 도진순, 앞의 책, 190~191쪽.

중도파 중 적지 않은 수가 언론인으로서 활동했다. 즉 중도파의 주요 정치인들은 대체로 직접 언론인으로 활동하는 경우가 많았다는 것이다. 좌익의 '조직'이나 우익의 '자금'에 맞서기 위해 중도파가 동원할 수 있는 가장 중요한 수단이 '언론'이었기 때문이었다.

안재홍은 이런 중도파의 특성을 지닌 대표적인 인물이었다. 안재홍은 일제강점기 때와 마찬가지로 광복 이후에도 언론활동과 정치활동을 병행해 나갔다. 즉 안재홍은 민족운동가이자 정치인으로서 조직적, 재정적 기반을 갖추고 활동하기보다는 주로 언론활동을 통해 "자신의 주의주장을 펼치면서 주요한 정치적 문제들과 관련한 지적 리더십을 발휘하고 여론을 일으키는" 형태의 활동을 했던 것이다.[21] 이러한 활동방식 때문에 안재홍은 흔히 '학자형' 또는 '선비형' 인물이라는 평을 들었다.[22] 안재홍 스스로도 "나는 서생이요 독서자이다. 소년시대에 이미 술사가(述史家)가 될 입지"를 굳힌 바 있었다고 밝히기도 했다.[23] 이런 특성이 언론인으로 활동하는 데 도움이 될 수도 있었겠지만, 정치인으로 현실을 헤쳐 나가는 데는 한계가 되기도 했을 것이다.

이글에서는 이런 특성을 지닌 안재홍이 광복 이후 어떤 언론관을 지니고 있었고, 또한 어떻게 언론활동을 해 나갔는지를 살펴보고자 한다. 특히 중도파 정치인으로서의 활동과 『한성일보』 사장으로서의 활동을 종합적으로 살펴볼 것이다. 정치활동과 언론활동을 병행했던 안재홍의 언론활동을 살펴봄으로써 그의 광복 이후의 활동을 총체적으로 파악할 수 있게 될 것이다.

---

21) 정윤재(2002), 앞의 책, 211~212쪽.

22) 신극, 「인물소묘-안재홍」, 『신천지』 1946.2, 25쪽.

23) 안재홍, 『조선상고사감』, 1946, 『선집』 3, 2쪽.

3. 광복 이후 안재홍의 언론관

광복 이후 안재홍의 언론관은 그의 정치사상의 핵심으로 그가 광복 직후부터 표방하기 시작한 '다사리 이념'에 잘 함축되어 있다. 다사리 이념은 "모두를 다 사리어(말하게 하여) 정치에 참여케 하는" 정치방식으로서의 진백(盡白)의 가치와 "복지를 증진시켜 모두를 다 살리는" 정치목표로서의 진생(盡生)의 가치가 결합되어 있는 것이다.[24] 여기에서 나타난 그의 언론관은 '전 민중'이 아무런 차별 없이 발언할 수 있는 언론이 되어야 한다는 것이었다. 그의 이런 언론관은 계급적, 민족적 대립을 뛰어넘어 민족 구성원 모두가 단결하여 '통합·독립 민족국가'의 건설을 위해 노력해야 한다는 정치사상과 맥락을 같이 하는 것이었으며,[25] 동시에 일제강점기부터 표방했던 언론관의 연장선상에 있는 것이었다. 이런 언론관은 안재홍이 집필한『한성일보』창간사에도 그대로 나타난다.[26]

8·15 혁명 이후 우리 조국 재건의 대업은 아직도 성취치 못하였고 불안 속에 방황하는 대중의 고통은 날로 심하다 40년의 폭학(暴虐)을 발보이던 제국주의 일본이 도궤(倒潰)되고 우리에게 민족해방과 자주독립국가의 광

---

[24] 다사리는 '다섯'이라는 우리말 해석에서 비롯된다. 안재홍,『신민족주의와 신민주주의』, 민우사, 1945,『선집』2, 37~38쪽. 따라서 다사리 이념은 "순 우리말에 대한 자의적 해석"에 따른 것이라는 비판을 듣기도 한다. 그러나 이에 대해 정윤재는 "국토분단과 외래 이데올로기에 입각한 정치 갈등이라는 민족적 비극에 당면한 지식인이 언어는 생활이념의 표현이라는 이론적 전망에 입각하여 펼친 정치와 민주주의에 대한 문제해결적 상상력의 결과"라고 하며, 그 중요성을 높게 평가하고 있다. 정윤재, 앞의 책, 210쪽.

[25] 김인식, 「안재홍의 만민공화의 국가상」,『민족에서 세계로』, 봉명, 2002, 93~160쪽.

[26] 「건국 구민의 대사명」,『한성일보』, 1946.2.25, 사설,『선집』2, 97~98쪽.

복이 약속되었으나 정치·경제·문화 등 사회 전 부면에 뻗치어서의 잔인한 파괴와 침식(侵蝕)과의 자취를 이어받은 것인 만치 이 회천(回天)의 대업은 워낙 요이할 수 없는 바인데, 38선의 장벽으로 강토가 양단되어 있음과 사상 상의 귀일 집중을 결하게 된 민족대업의 현실은 더욱 더 광복과 중명의 거대한 진통을 깨닫게 한다. 이때에 있어 우리들의 신문을 냄이 존귀하고 또 중난(重難)하다는 책임감을 갖는다.

안재홍은 "강토가 양단되어 있음과 사상 상의 귀일(歸一) 집중을 결(缺)하게 된 민족대중의 현실 속"에서 신문이 "민족통일, 민주주의, 자주독립국가를 완성"하는 데 중요한 역할을 해야 한다고 주장했다. 즉 그는 국토분열과 이념 갈등의 현실 속에서 신문이 자주독립국가를 건설하는 데 주도적인 역할을 해야 한다고 주장했던 것이다. 또한 그는 사장 취임사에서 "불초 비재로써 그 임(任)에 맞갖지 못하오나 감히 동인 제씨의 합동한 노력을 힘입어 이 역사적 과제요 시대의 요제(要諸)이요 대중의 희구인 지대한 사업에 주장·지지·고취·선양의 일방의 임무를 부책(負責)키로 하는 바입니다. 귀중한 것은 신조와 주의와 정견과를 굽히지 않은 채 극명하게 시조(時潮)의 저앙(低昻)에 책응하는 것입니다"라고 하며, 자신이 통일독립국가를 만드는 데 앞장서는 언론활동을 하겠다는 입장을 밝혔다.[27] 안재홍은 언론이 시대적 과제의 해결을 위해 적극 나서야 하고, 이를 위해 언론은 민족구성원 모두의 결집된 목소리를 표현할 수 있어야 한다고 주장했던 것이다.

그는 이를 위해서 "신문기자는 순전한 생활전선의 직업이란 생각을 떠나 일세를 지도한다는 신념을 가져야" 한다고도 주장했다.[28] 정부수립 이후에

27) 「사장 취임의 사」, 『한성일보』 1946.2.26, 기명논설, 『선집』 2, 99~100쪽.
28) 안재홍, 「신문기자가 되려면」, 『신문평론』 2호, 1947, 28쪽.

도 안재홍은 여전히 신문이 '민주·통일·독립'의 완수를 위해 나름대로의 역할을 해야 하고,[29] 언론인들은 "조국재건 성패의 대의에 투철하여 지성봉공(至誠奉公)·멸사위국(滅私爲國)의 언론인의 양심과 함께 경세가적, 지도적 견식, 기량을 가지기에 정진 또 매진하여야 할 것"이라고 주장했다.[30] 안재홍은 언론인이 하나의 직업인이 아니라 지도자와 같은 자세를 갖고 활동해야 한다고 주장했던 것이다. 특히 그는 "대중으로 하여금 국가기본의 정치 이념과 난국 극복의 확호(確乎)한 신념 및 결심과 국내외 제 정세의 정확한 인식과 또는 국정 및 사회 사태에 대한 정당한 비판, 파악 있도록 함이 언론인으로서의 중대 또 존귀한 과업"이라고 하며, 그 과업은 "진정한 민주주의 민족자주 국가로서 통일 귀합된 완전 독립의 체세(體勢)를 확립하는 것"이라고 주장했다.[31] 안재홍의 이런 언론관은 일제강점기부터 지속되어온 것이었지만, 이제 언론활동의 목표가 민족해방에서 '민주·통일·독립'국가의 수립으로 바뀌었고, 이를 위한 언론인의 역할을 더욱 강조하는 경향을 보여주었다.[32]

그러나 일제강점기와는 달리 국토가 분단된 채 이념적 대립과 투쟁이 치열하고, 신문이 그 수단으로 이용되던 현실에서 이러한 주장은 한계가 있을 수밖에 없었다. 광복 후 한 동안 경제적 기반도 없이 특정 이념에 따른 정치 활동의 수단으로 발행된 신문들이 폭증했고, 이런 신문들에서 활동하는 기자

---

29) 「본보 지면 확장에 제하여, 한성일보의 사명」, 『한성일보』 1948.11.2.

30) 안재홍, 「현하 한국 언론기관의 사명」, 『신천지』 1949.2, 61~62쪽.

31) 「한성일보 속간사-결합 구국의 신염원」, 『한성일보』 1949.9.3., 사설. 『선집』 2, 449쪽.

32) 박한용은 안재홍이 "자신과 같은 도덕적이고 실무 능력이 있는 지식인(선구자)이 주도적 역할을 하는 것으로 규정해 엘리트주의의 냄새를 짙게 풍기고" 있다고 주장했다. 박한용, 앞의 글, 242쪽. 언론인의 역할에 대한 강조에서도 마찬가지로 안재홍은 엘리트주의를 드러내고 있는 것이다.

들도 대부분이 스스로 특정 정치 세력에 소속되지 않으면 안 되는 듯 생각하며 활동했던 것이다.[33] 이런 현실 속에서 그는 신문이 어떻게 '민주·통일·독립'의 완수에 기여할 수 있는가, 그리고 언론인은 어떠한 자세로 활동해야 하는가 하는 문제에 대해 구체적인 방안을 제시했다고 할 수는 없었다.[34]

다만 안재홍은 광복 직후부터 이념적 대립과 투쟁 속에서 수많은 신문들이 쏟아져 나오는 것을 보며, 이런 혼란 속에서 신문과 언론인에게 "결코 영합적, 추종적, 부동(浮動)적인 과오는 허치 않는다"라고 주장한 바 있었다.[35] 이런 주장은 "8·15 이후 이른바 해방과 함께 언론자유는 상당히 허용되어 왔으므로, 언론의 자유는 때로는 한도를 밀고 넘어 선동가적, 음모가적인 파벌싸움 때문에 지나치게 악용된 면조차 없지 않았다"는 현실 인식과 연관되어 있었다.[36] 즉 안재홍은 일제 강점기와 달리 언론의 자유가 대폭 주어지면서 이제는 언론이 '파벌 싸움'에 악용되는 등 정파성이 심각한 문제가 되었다고 비판했던 것이다. 이런 주장에는 대체로 좌익이 '선동가적' 언론활동을 했다면, 우익은 '음모가적' 언론활동을 했다는 인식이 깔려 있었다. 나아가 이런 비판에는 통일독립국가 수립을 위해 한 목소리를 내지 못하는 언론 현실에 대한 안타까움이 작용했다고도 할 수 있다.

이런 언론관은 경우에 따라서는 언론의 자유를 제약할 수도 있다는 견해로 이어졌다. 이미 민정장관으로 재직 중이던 1947년 5월에 안재홍은 "국가

---

33) 우승규, 「조선 신문계의 전망」, 『백민』 1947.4.5, 24쪽.

34) 박찬승은 안재홍의 '초계급적 해방론'이나 '균등사회·공영국가'에 대한 주장들이 '관념론적 한계'를 완전히 탈피하지 못했다고 비판했다. 박찬승, 「1930년대 안재홍의 민세주의론」, 『민족에서 세계로』, 봉명, 2002, 57~92면. 언론의 역할과 언론인의 자세에 대한 주장도 같은 맥락에서 문제점을 지적할 수 있을 것이다.

35) 「건국 구민의 대사명」, 『한성일보』 1946.2.25, 사설, 『선집』 2, 98쪽.

36) 안재홍, 앞의 글, 1949. 56쪽.

의 통일과 독립을 방해"하는 언론에 대해서는 "철저한 제재가 있어야 할 것"이라는 입장을 두 번씩이나 밝힌 바 있었다.[37] 물론 이런 입장 표명은 민정장관으로서의 업무 때문에 불가피했기 때문일 수도 있겠지만, 어느 정도는 언론자유의 남용을 막기 위해 규제가 필요하다고 하는 인식을 드러낸 것으로 볼 수 있다. 그는 언론의 자유는 민주국가의 기본요소로서 매우 중요하지만, 그렇다고 "자유와 방자(放恣)를 뒤섞고" 또 "민주와 무절제를 혼동"해서는 안 된다고 주장했다.[38] 그는 광복 이후 언론자유가 악용되면서 나타난 "언론기관의 무기획, 무정견한 난립"을 해결하기 위해 언론 스스로도 자제해야 하고, 정부도 "난립을 방지, 제약하는 방도"를 강구해야 한다고까지 주장했다.[39] 즉 이제 안재홍은 언론의 자유가 어느 정도 주어진 만큼 언론의 책임도 중요하다는 주장을 했던 것이다.

이렇듯 안재홍은 광복 이후에도 여전히 민족적 과제의 해결에 앞장서야 하는 신문의 역할과 지도자적 신념을 가지고 활동해야 하는 언론인의 자세를 강조하는 입장을 보였다. 그러나 그는 이제 오히려 언론의 자유가 남용되면서 나타나는 언론의 지나친 정파성이 언론과 언론인이 제 역할을 하기 위해 극복해야 할 가장 큰 문제라고 주장하기도 했다. 또한 그는 언론인의 지도적 역할만을 너무 강조함으로써 엘리트주의적 경향을 드러내기도 했고, 언론자유의 남용을 막기 위해서는 규제가 필요할 수도 있다는 인식을 나타내기도 했다. 본인이 이념과 계층을 뛰어넘는 정치를 꿈꾸었다고는 하지만, 현실 속에서는 정치인으로서 특정 정당에 소속되어 활동했다는 점에서 그의 언론관에도 어느 정도 한계가 있었던 것이다. 그럼에도 안재홍이 주장한 '언론의

------

37) 『한국언론연표』 Ⅱ, 243, 251쪽.
38) 「이대통령의 대정(大政) 방향」, 『한성일보』 1948.8, 『선집』 2, 293~295쪽.
39) 안재홍, 앞의 글, 1949, 62쪽.

민족적 책임'과 '언론인의 지도자적 역할'은 당시 시대 상황 속에서 대단히 큰 의미를 지니는 실천적 과제였던 것만큼은 분명하다.

4. 안재홍의 광복 이후의 언론활동

일제 강점기에 언론인이었던 인물 중 상당수가 광복 이후에는 정치인으로도 활동했다.[40] 식민지 시기에는 한국인의 정치활동이 있을 수 없었기 때문에 불가피하게 언론인이 되었던 인물들이 광복 이후에는 본격적으로 정치활동에 나섰던 것이다. 한편 광복 이후에는 정치인들이 자신들의 정치적 목적을 달성하기 위해 신문사를 경영하는 경우가 많았고, 일부 신문사는 재정난 등을 해결하기 위해 정치인을 사장으로 초빙하기도 해 '거물사장주의'라는 비난을 듣기도 하였다.[41] 이 같은 경향은 정치적 수단으로 신문을 인식하던 역사적 전통과 광복 직후의 특수한 정치적 상황이 모두 작용한 결과로서, 당시의 상황에서는 불가피한 측면이 없지 않았다.

안재홍도 광복 직후 한 동안 정치활동으로 분주하였다.[42] 안재홍은 국민당 당수로 있던 1946년 2월 26일에 『한성일보』를 창간하면서 다시 언론계에

---

[40] 정진석, 『인물한국언론사』, 나남, 1995, 365~367쪽.

[41] 한경수, 「신문계의 동태」, 『백제』, 1947.2, 33쪽.

[42] 안재홍이 결성하거나 활동했던 정당은 조선국민당(1945.9), 국민당(1945.9), 한국독립당(1946.3), 신한국민당(1947.6), 민주독립당(1947.10) 등이다. 이외에도 안재홍은 건국준비위원회(1945.8), 남조선대한민국대표민주의원(1946.2), 좌우합작위원회(1946.7), 남조선과도입법의원(1946.12), 민족자주연맹(1947.12) 등에 참여해 활동했다. 특히 안재홍은 1947년 2월부터 1948년 6월까지는 민정장관으로 활동했다. 김인식, 「안재홍의 신민족주의 사상과 운동」, 중앙대학교 사학과 박사학위논문, 1997, 399~404쪽; 정윤재, 『다사리 공동체를 향하여』, 한울, 2002, 218~219쪽.

서도 활동하게 되었다. 총독부 기관지였던『경성일보』의 시설을 이용하게
된『한성일보』는 사장 안재홍, 상무 김종량, 주필 이선근, 편집국장 양재하
체제로 출범하게 되었다. 이들 외에『한성일보』에 참여한 인물로는 편집부
장 송지영, 정치부장 남국희, 사회부장 김제영, 문화부장 조중옥 등을 들 수
있다.43) 이들 중에서 남국희, 김제영, 조중옥은 모두『신조선보』출신들이었
다.44) 1945년 10월에 양재하가 창간했던『신조선보』를 개제하는 형식으로
창간되었기 때문에 초기에는 주로『신조선보』기자들이 옮겨와 활동했다.45)

  안재홍이 이선근과 양재하를 주필과 편집국장에 앉혔던 것은 이 둘이 일
제강점기에『조선일보』에서 자신과 함께 근무했던 인연이 있었기 때문이었
다. 이선근은 친일 행적을 남겼고46) 보수우익적 성향을 지녀, "순수민족주의
를 견지"하여 "중도노선을 표방하는 안재홍"과 '사상적 격차'가 있다고 평가되
기도 했었다.47) 반면 양재하는 1934년에 안재홍의 주례로 결혼했을 정도로
안재홍과의 인연이 깊었고,48) 일제 말기 친일 행적을 보인 적도 있었지만,49)
광복 이후 중도파로서 다소 진보적 성향을 보이기도 했었다.50) 정치적, 이념

---

43)『한국언론연표』Ⅱ, 65쪽.

44) 한국신문연구소,『한국신문백년 사료집』, 1975, 198쪽.

45) 강영수, 「8·15이후 신문계의 동태」,『신천지』1946.8, 148쪽; 송지영, 「산하와 겨레에
    얽힌 한」,『신동아』1977.9,『선집』3, 465쪽.

46) 이선근은 만주국에서 친일단체인 협화회 의원으로 활약하는 등 친일행적을 보였다.
    반민족문제연구소,『청산하지 못한 역사』, 청년사, 1994, 80~83쪽.

47) 瑟浦汕人, 「현역 기자 백인평」, 김사림 편,『일선기자의 고백』, 모던출판사, 1949. 173쪽.

48) 「삼천리 색쇄판(色刷版)」,『삼천리』1935.1, 123쪽.

49) 양재하는 1941년 10월 조선임전보국단 평의원을 역임했고, 자신이 간행하던 잡지『춘
    추』에 지원병 제도를 찬양하는 글을 쓰기도 했다. 친일반민족행위진상규명위원회,
    『친일반민족행위진상규명보고서』Ⅳ-9, 2009, 742~758쪽.

50) 양재하는 1945년 9월의 건국준비위원회부터 1948년 9월의 신당 창립 활동에 이르기
    까지 안재홍과 정치활동을 함께 했다.『매일신보』1945.9.7;『동아일보』1948.9.27.

적 성향에서 차이가 나는 이선근과 안재홍을 모두『한성일보』에 참여시킨 것은 '다사리 이념'에 따라 다양한 의견을 신문에 반영하기 위한 의도에 따른 것일 수도 있겠지만, 한편에서는 신문의 논조에 대한 명확한 방향을 설정하지 못한 것일 수도 있다.

『한성일보』에는 초기부터 기자들 사이의 이념적 대립으로 내분과 혼란이 생겼다.[51] 이것은『신조선보』에서 건너 온 기자들이 대체로 중도 또는 좌익적 성향을 보였다면,[52] 나중에 새로 채용된 기자들은 주로 우익적 성향을 지니고 있었기 때문이었다. 이런 대립과 갈등 속에 최홍조 같은 보수우익 성향 기자들의 건의를 안재홍이 받아들여 함대훈이 편집국장으로 새로 들어오면서 1946년 5월 9일에 양재하는 편집고문으로 물러앉고,『신조선보』출신 기자들이『한성일보』를 떠났다.[53] 이때 양재하와 함께 정경부장 남국희, 사회부장 김제영, 문화부장 조중옥 등이 모두 사임하였고, 함대훈과 함께 편집부장 우승규, 사회부장 강영수, 문화부 차장 정인준 등이 입사하였다.[54] 함대훈은 그의 "반공정열은 가관일 때"가 있다는 평을 들었을 정도로 보수적이었는데,[55] 이렇듯 이선근과 함대훈 같은 보수우익 성향의 인물들이 주필과 편집국장을 맡은『한성일보』가 중도우익적인 안재홍의 뜻대로 역할을 하기가

---

[51] 강영수, 「반트럭 타고 임상시찰이 큰 나들이」,『언론비화 50편』, 한국신문연구소, 1978, 434~435쪽.

[52] 사회부장 최홍조, 「정치파동·국민방위군 사건과 그 패기」,『언론비화 50편』, 한국신문연구소, 1978, 265쪽. 실제로 사회부장 김제영은 나중에 월북을 했고, 한국전쟁 중에『해방일보』에서 근무하기도 했다. 정진석,『전쟁기의 언론과 문학』, 소명출판, 2012, 120~121쪽.

[53] 최홍조, 앞의 글, 265쪽;『한국언론연표』 Ⅱ, 90쪽.

[54] 강영수, 「해방이후 남조선 신문인 동태」, 김사림 편,『신문기자수첩』, 모던출판사, 1948, 櫻 3쪽.

[55] 최홍조, 앞의 글, 265쪽.

어려웠을 것이다.

이선근, 양재하, 함대훈부터 뒤에 주필 겸 편집국장을 맡은 이관구에 이르기까지 광복 이후 안재홍과 언론활동을 함께 했던 인물들 중 상당수는 일제 강점기의 『조선일보』에서 인연을 맺었던 사람들이다. 정치적 성향이 다양했던 이들이 근무했기 때문에 중도우익적인 안재홍의 정치적 입장을 펼치는 데 『한성일보』가 제 역할을 하기 어려웠던 것이다. 정치적 입장보다 개인적 인연을 중요시했던 이런 태도는 정치지도자로서는 일종의 한계였지만, 이런 점이 그가 정치적 사심이 없던 증거라고 주장되기도 했다.56)

함대훈이 편집국장을 맡은 이후 『한성일보』의 논조는 급변했다. 『한성일보』 는 『동아일보』, 『대동신문』, 『조선일보』 등 다른 우익신문들과 함께 1946년 5월 7일부터 3일 동안 조선공산당의 조봉암이 박헌영에게 보낸 편지를 대대적으로 보도하여,57) 좌익의 활동에 대해 일대 타격을 가하기도 했다. 더 나아가 함대훈이 국장이 된 후에는 그의 지시로 좌익을 공격하기 위해 조봉암에 대한 '정략적인 허위 인터뷰' 기사를 게재하는 일도 있었다.58) 위와 같이 안재홍이 중도우익적 성향을 지니고 있었음에도, 그가 정치활동으로 바쁜 가운데 주필 이선근과 편집국장 함대훈의 영향력이 크게 작용하여 『한성일보』는 대체로 보수우익적인 논조를 보였다. 이점은 미군정이 『한성일보』를 『조선일보』와 함께 우익으로 분류했고,59) 또한 당시에 『한성일보』에 대해 "조선,

---

56) 이승복선생 망구송수기념회 편, 『삼천백일홍』, 인물연구소, 1974, 251~252쪽; 임홍빈, 「안재홍론」, 『정경연구』, 1965.9, 116쪽.

57) 『한국언론연표』 Ⅱ, 89쪽.

58) 최홍조, 앞의 글, 265~268쪽.

59) 미군정은 신문들의 성향을 극우·우익·중도·좌익·극좌 등 5가지로 나누었는데, 『동아일보』와 『대동신문』은 극우로, 『조선일보』와 『한성일보』는 우익으로 분류했다. 박용규, 「미군정기 한국언론구조의 형성과정에 관한 연구」, 서울대학교 석사학위논문, 1988, 67쪽.

동아와 대동소이한 성격"을 가졌다는 평가가 있었던 것에서도 잘 나타난다.[60] 비록 안재홍이 『한성일보』를 통해 적극적으로 '초계급적인' 통일민족국가의 건설을 주장했지만, 주필 이선근이나 편집국장 함대훈 등 때문에『한성일보』의 전체적인 논조가 중도적이었다고 보기는 어려웠다는 것이다.

1946년 8월에 『한성일보』는 미군정이 접수했던 조선총독부 기관지『경성일보』시설의 관리권을 『동아일보』와 함께 위임받았고, 정치활동으로 바쁜 안재홍을 대신해 상무였던 김종량이 경영을 전담하다시피 했기 때문에 초기에는 비교적 안정적으로 운영될 수 있었다.[61] 특히『한성일보』는 미군정의 선전매체였던『농민주보』를 대신 인쇄해준다는 이유 때문에『경성일보』시설을 이용할 수 있게 된 것뿐만 아니라 친일 경제인들로 구성된 대한경제보국회로부터 5백만 원의 지원까지 받아서 경영이 비교적 안정될 수 있었다.[62] 대한경제보국회가『농민주보』를 적극 활용하려는 미군정의 의도를 고려해 정치적 판단을 한 것이었지만, 이 조직의 결성을 주도했던 이승만은 자신에게 돌아올 자금이 헛되이 쓰인다고 크게 반발했고, 이로 인해 이승만과 대한경제보국회의 관계가 멀어지게 되었다.[63]

---

60) 안덕근, 「조선신문론」, 『신세대』 1946.7, 30쪽.

61) 상무였던 김종량은 당시『동아일보』사장 설의식과 함께『경성일보』시설로 새로 출범한 서울공인사의 관리인으로 임명되었는데, 이는 그가 사실상 경영을 책임지고 있었다는 것을 보여준다. 『동아일보』 1946.8.3. 김종량은 1947년 2월에 서울공인사 시설을 이용해 휴간 중이던 『세계일보』를 속간시키며 새로이 전무이사를 맡았다. 『동아일보』 1947.2.7. 당시『한성일보』에 재직하던 사람들은『세계일보』를 자매지라고 불렀다고 한다. 대한언론인회, 『한국언론인물사화』8 · 15전편 하, 1992, 405쪽. 김종량은 안재홍의 처남이었다고 한다. 대한언론인회, 『한국언론인물사화』8 · 15전편 상, 1992, 397쪽. 김종량은 국민당을 함께 결성하며 안재홍과 정치노선을 함께 하다가, 어느 순간 갈라서서 김구 중심의 정치세력에 참여했다. 『매일신보』 1945.9.30; 『동아일보』 1947.6.21; 『조선일보』 1949.6.18.

62) 대한언론인회, 『한국언론인물사화』8 · 15전편 하, 1992, 405~406쪽; 이관구, 『하루살이 글 인생』, 휘문출판사, 1978, 241~242쪽.

안재홍이 1946년 7월 이후 좌우합작운동에 나서게 된 이후에도 그와는 다른 입장을 지녔던 함대훈과 이선근은 한 동안 계속『한성일보』에서 활동했다. 결국 함대훈은 1947년 1월에 군정청 공보국장이 되어 떠났고, 다시 양재하가 편집국장을 맡게 되었다.[64] 이선근은 1946년 12월에 조선청년당을 결성하고, 1947년 8월에는 대동청년단 부단장을 맡는 등 우익청년단체에서 적극적으로 활동하면서도『한성일보』에 계속 재직하다가 1947년 8월경에야 퇴사했다.[65] 이렇듯 이선근이 우익 단체에 적극적으로 참여하게 되면서 안재홍과 정치적 입장 차이로 인해 갈등을 겪었을 가능성이 높았는데, 이런 점이 이선근이『한성일보』를 떠나는 데 어느 정도 영향을 주었을 것이다. 또한 이선근이 안재홍과 관계가 멀어진 데는『서울신문』관리권을 둘러싼 갈등도 작용하였던 듯하다. 1947년 중반 과도정부가『서울신문』을 기관지화하려고 했는데, 민정장관을 맡았던 안재홍이 처음에는『서울신문』의 '관리권'을 이선근에 맡아달라고 했다가, 민주독립당 창당을 함께 논의하던 홍명희가 요청하자 이선근에게 "서울신문으로부터 완전히 손을 떼도록" 하였고, 이로 인해 이선근은 "나무 위에 오르게 하고 흔들어 떨어뜨리는 격을 당하고" 말았다고 한다.[66] 홍명희가 이런 요청을 했던 것은 당시 자신의 아들인 홍기문이『서

---

[63] 정병준, 「대한경제보국회의 결성과 활동」,『역사와 현실』33, 1999, 279쪽.

[64]『한국언론연표』Ⅱ, 189쪽.

[65] 이선근은 대동청년단 결성 이후인 1947년 8월에『한성일보』를 떠나 보수우익의 입장을 대변하는『대동신문』의 부사장 겸 주필이 되었다고 한다. 반민족문제연구소, 앞의 책, 84쪽. 그러나『한국언론연표』등의 자료를 통해 이를 확인할 수는 없었다. 다만 그가 1947년 11월 5일에 서울대학 학생처장으로 옮기며 사실상 언론계를 떠난 것만은 분명하다.『한국언론연표』Ⅱ, 318쪽.

[66] 이런 주장이 여러 신문사의 기자들이 참여한 좌담회에서 공개적으로 거론되었다는 점에서 신빙성이 높다고 할 수 있다. 정광현 외, 「기자좌담회」, 김사림, 앞의 책, 1949, 20~21쪽.

울신문』 총무국장으로 있으면서 사실상 경영을 주도하고 있었기 때문이었다.

안재홍은 1947년 2월에 민정장관이 되어 신문사를 떠났는데, 그 뒤에도 틈틈이 사설 등을 집필했지만 그 활동이 전보다는 다소 줄어들 수밖에 없었다. 안재홍이 민정장관이 되어 떠난 후 주필 이선근과 편집국장 양재하 사이에는 정치적 견해 차이로 갈등이 벌어졌을 가능성이 크다. 양재하가 편집국장을 맡고 있던 1947년 7월에 『한성일보』는 경찰에 대한 비판기사로 경무부장 조병옥의 비위를 건드려 양재하가 소환되어 조사를 받는 등의 여러 가지 일이 벌어졌다.[67] 안재홍이 민정장관이 된 이후 조병옥 등의 한민당 세력과 갈등이 있었던 점이[68] 『한성일보』에 대한 탄압에 영향을 주었을 것이다.

안재홍은 자신이 발행한 『한성일보』뿐만 아니라 다른 잡지에 글을 쓰거나 방송에 출연하는 등의 언론활동을 하기도 했다. 특히 그는 당시 정치인치고는 비교적 방송에 자주 출연한 편이었다. 해방 바로 다음 날인 1945년 8월 16일에 건국준비위원회 부위원장으로서 "해내(海內) 해외의 3천만 동포에게 고함"이라는 방송을 했던 것을 시작으로 하여, 1946년부터 1947년까지 방송에 자주 출연했다.[69] 이런 방송 출연은 그가 미군정이 주도한 좌우합작운동과 과도입법의원에서 활동했고, 민정장관을 지내기도 했던 덕택이었을 것이다. 방송을 통해 자신이 몸담고 있는 정치세력의 입장을 대변하기도 했지만, 때로는 과도입법의원이나 미소공동위원회에 관한 비교적 공식적 견해를 밝히기도 했다.

이선근이 떠난 후 한 동안 『한성일보』의 주필 자리가 공석으로 있다가

---

67) 대한언론인회 편, 『한국언론인물사화』 8 · 15전편 하, 406쪽.

68) 김인식, 『중도의 길을 걸은 신민족주의자』, 역사공간, 2006, 208~216쪽; 정용욱, 『해방 전후 미국의 대한정책』, 서울대학교 출판부, 2003, 350~353쪽.

69) 광복 이후에 쓴 그의 글을 모아놓은 『선집』 2권과 7권에 나타난 것만 해도 1945년 2번, 1946년에 11번, 1947년에 3번 방송 출연한 것으로 나와 있다.

1948년 4월부터는 양재하가 주필도 겸직하게 되었다.[70] 이 시기『한성일보』
편집간부로는 양재하 외에 편집부국장 남국희, 편집부장 조규희, 정경부장
구철회, 사회부장 김창훈, 문화부장 최금동, 교정부장 김인승, 체육부장 이해
창 등이 있었고, 일선 기자로는 김형균, 채문식, 이인세, 엄기형, 전광용, 김영
수 등이 있었다.[71] 이들 중에 채문식, 엄기형, 전광용 등은 서울대 대학원이
나 학부에 재학 중에 기자로 활동하기도 했다.[72] 여전히 편집국 내에 갈등이
남아 있기는 했지만, 좌우익 성향이 강했던 기자들이 일부 물러남으로써 과
거에 비해 비교적 통일된 목소리를 낼 수 있었다. 이 시기에 안재홍은 민정장
관으로 바쁜 와중에도 직접 글을 써서, 당시 기자였던 엄기형은 "한성일보는
민세 선생의 기명논설과 사설이 인테리의 인기였고, 장안의 지가를 올렸다"
고 평가했다.[73]

함대훈과 이선근이 떠나고 양재하가 편집국장과 주필을 맡으면서『한성
일보』는 비로소 중도우익의 논조를 보일 수 있었다. 그러나 1948년 3월부터
추진되던 남북협상을 둘러싸고 안재홍은 이를 다소 비현실적인 것으로 보았
지만,[74] 양재하는 이를 적극 지지하는 문화인 108명 서명에 참여하여,[75] 이

---

70) 『한국언론연표』 Ⅱ, 364쪽.

71) 엄기형, 「주간 내외정세난 신설·집필로 인기」, 『신문과 방송』 1986.8, 31~32쪽.

72) 엄기형은 안재홍이 민정장관을 그만두고 돌아온 1948년 6월 8일 전에 입사했는데,
그전부터 이미 채문식은 기자로 활동하고 있었다고 한다. 그러나 채문식은 1949년에
문경군수가 되면 신문사를 떠났다. 전광용은 1949년 10월에 입사하여 폐간 때까지
근무했다. 대한언론인회,『한국언론인물사화』8·15전편 하, 1992, 406쪽; 백사 전광
용선생 고희기념논총 간행위원회,『백사 전광용선생 고희기념논총』, 세종대학교 출
판부, 1988, '연보'.

73) 엄기형, 앞의 글, 31~32쪽.

74) 남북협상에 대한 그의 입장은『한성일보』1948년 4월 3일자 사설인 '남북협상에 기
(寄)함'에 잘 나타난다. 이와 관련해 박한용은 "김규식처럼 끝까지 좌우통합의 길로
나아가지 못하고 이승만의 단정노선을 승인하고 남한정치에 참여한 안재홍 특유의

둘 사이에도 어느 정도 입장의 차이가 나타났다. 이런 가운데『한성일보』는 발행부수가 계속 줄어들어[76] 경영난이 점차 심각해졌는데, 이것은 그 동안의 정체성의 혼란과 경영능력의 부족에 기인하는 것이었다. 특히 사장 안재홍이 민정장관으로 나가 있어서 제 역할을 하지 못했고, 실질적으로 경영을 책임지던 김종량도 자신이 발행하는『세계일보』에 더 많은 신경을 쓰면서 경영상태가 악화되어 1947년 중반 이후에는 월급이 제대로 지불되지 못할 정도가 되었다.[77]

안재홍은 1948년 6월 8일에 민정장관을 사임하고『한성일보』사장으로 복귀했다. 사장으로 복귀한 지 얼마 안 된 6월 24일에 안재홍은 서재필과 함께 조선언론협회의 명예회장으로 추대되었다. 조선언론협회는 좌익이 주도했던 조선신문기자회와 우익이 결성했던 조선신문기자협회와는 별도로 남북협상을 지지했던 중도파 언론인들이 중심이 되어 새로 결성했던 언론인 단체였다.[78] 즉 이 단체에는 회장 설의식, 사무국장 양재하를 포함해 주로 남북협상을 지지하는 문화인 서명에 참여했던 언론인들이 다수 참여했는데,[79] 이 단체에서 남북협상에 비교적 소극적이었던 안재홍을 명예회장으로 추대했던 것이다.[80] 이것은 안재홍이 기본적으로 통일독립국가의 수립을 절실히

현실주의 노선은 그의 입론이 과연 굳건한 것인가" 하는 의문마저 들게 한다고 주장했다. 박한용, 앞의 글, 206쪽.

[75] 『한국언론연표』Ⅱ, 743쪽.

[76] 『한성일보』의 발행부수는 1946년 5월에는 35,000부, 1947년 3월에는 26,000부, 1947년 9월에는 23,000부로 꾸준히 줄어든 것으로 나타났다. 박용규, 앞의 글, 67쪽.

[77] 대한언론인회,『한국언론인물사화』8·15전편 상, 1992, 397~398쪽.

[78] 박용규, 「미군정기 언론인 단체의 특성과 활동」,『한국언론학보』51권 6호, 2007, 154~158쪽.

[79] 이 단체 창립 당시 사무소는 한성일보사 내에 있었다. 정광현 외, 앞의 글, 23~25쪽.

[80] 안재홍은 조선언론협회의 창립발기인으로 참여한 바 있다. 의외인 것은 이미 보수우익 단체에 참여하고 있던 이선근도 창립발기인으로 이름을 올려놓았다는 것이다.

염원하고 있었고 또 오랫동안 언론계에서 존경받으며 활동해 왔다는 점을 감안한 것으로서, 중도파 언론인들이 분단정부 수립을 목전에 두고 새로운 언론인단체를 만들면서 그를 상징적으로 내세울 수 있는 가장 적합한 인물이라고 판단했기 때문이었다.

안재홍은 복귀한 이후『한성일보』를 통해 적극적으로 자신의 주장을 펼치기 시작했다. 또한 편집국 조직을 개편하고 지면을 개선하는 등 경영혁신을 위한 다양한 노력을 기울였다. 1948년 11월 1일에 양재하가 주필과 함께 겸직하고 있던 편집국장 자리에 논설위원 남국희를 임명했고, 다음 날인 11월 2일부터 배대판을 발행하며[81] '주간 내외정세난'을 신설하여 큰 인기를 끌기도 했다.[82] 이런 가운데『한성일보』는 당시의 신문들 중에서 가장 정치기사가 많은 편이었는데,[83] 이것은 정치인 안재홍의 영향력 때문이었다고 볼 수 있다. 또한 정부수립 이후『한성일보』는 안재홍의 활동으로 이승만 정권에 대해 비교적 비판적 논조를 보였다.

그러나 안재홍의 사장 복귀 후 그가 "기사까지 손을 대는 노익장의 정열"을 보였음에도『한성일보』의 "성가는 말이 못되게 떨어지고 말았다"는 평을 들었다.[84] 이렇게 된 데는 김종량이 자신이 직접 운영하던『세계일보』에만 더욱 치중하면서 재정난이 매우 심각해졌고, 이에 따라 유능한 기자들도 많이 떠나버렸기 때문이었다.[85] 비록『한성일보』는 정부수립 후 한 때『동아일보』,

----

다만 창립 이후 조선언론협회 관련 명단에서 그의 이름을 찾아볼 수는 없다.『한국언론연표』Ⅱ, 398~400쪽.

[81] 『한국언론연표』Ⅱ, 451~452쪽.

[82] 엄기형, 앞의 글, 31~32쪽.

[83] 최준,『한국신문사』신보판, 일조각, 1990, 352~353쪽.

[84] 곡수장인, 「도하 신문 만평」,『민성』, 1948.11, 15~16쪽.

[85] 김형균, 「'민족반역자', 돈과 바꾸려던 모 재벌」,『언론비화 50편』, 한국신문연구소, 1978, 414~415쪽.

『조선일보』,『경향신문』,『국제신문』 등과 함께 언론계의 '5대 유력지'라는 평가를 받기도 했지만,[86] 실제로는 앞의 세 신문과 달리 매우 어려운 처지에 놓여 있었다.

김종량이 자신이 직접 운영하던『세계일보』의 필화로 구속되면서『한성일보』는 1949년 2월 4일부터 휴간하게 되었다가, 7개월 뒤인 9월 1일부터 속간하게 되었다.[87] 속간되면서 "최후까지 남아 있는 안민세의 측근"이라고 평가되던[88] 양재하도 떠나고 안재홍의 "권유에 못 이겨" 입사한 이관구가 주필 겸 편집국장을 맡게 되었고,[89] 1949년 11월 20일에는 김찬승이 편집국장을 맡았다.[90] 안재홍은『한성일보』 1천호 기념호(1949.12.13)에서 "본보 항상 중정(中正)한 견지에서 민족주의진영 기본이념을 견지하면서 자못 기동적인 책응을 일삼아왔던 것"이라고 하며,『한성일보』가 중도파의 대변지 역할을 해왔음을 밝혔다.[91]

속간 이후에도 안재홍은 여전히 주로 정치활동에만 몰두하다가,[92] 1950년 3월 2일에는 2천만 원의 주식회사 체제를 만들면서 자신은 회장으로 물러나고 장내원을 사장으로 앉혔다.[93] 그러나 이들마저 적자로 인해 다시 신문을 안재홍에게 돌려주어야 했을 정도로 경영난은 더 심각해졌다.[94] 그는 1950년 5월 30일에 실시된 2대 국회의원 선거에 출마했는데,『한성일보』 5월 17일자

---

86) 한국신문연구소(1975), 앞의 글, 530~531쪽.

87)『한국언론연표』Ⅱ, 552쪽.

88) 瑟浦汕人, 앞의 글, 180쪽.

89) 이관구, 「민세선생 20주기에 즈음하여」 1977,『선집』1, 574쪽.

90)『한국언론연표』Ⅱ, 577쪽.

91) 「본보 1천호 됨에 임하여」,『한성일보』 1949.12.13. 사설,『선집』6, 204쪽.

92) 서중석,『한국현대 민족운동』2, 역사비평사, 1996, 302~320쪽.

93)『한국언론연표』Ⅱ, 610쪽.

94) 안정용, 「아버지와 나」, 1992,『선집』4, 375~377쪽.

에 실린 "선거특집 전국입후보자 지상정견발표"에서 "민주통일독립이 평생 염원"이라고 밝혔다.95) 안재홍은 2대 국회의원 선거에서 당선되었으나 곧 납북되고 말았고, 『한성일보』도 다시는 발행되지 못했다. 안재홍의 측근으로 오랫동안 활동을 같이 했던 양재하도 안재홍과 마찬가지로 2대 국회의원에 당선되었다가 납북되는 비운을 겪었다.96)

광복 이후 안재홍은 각종 정당 및 단체에 참여하는 등 본격적으로 정치에 뛰어들면서도, 『한성일보』를 창간해 사장을 맡고 틈틈이 사설을 집필하는 등 언론인으로서도 상당히 활발하게 활동했다. 특히 그는 중도우익으로서 통일독립국가 수립을 위해 노력했고, 또한 이를 위한 언론의 사회적 책임을 다하고자 노력하기도 했다. 다만 그가 특정 정당이나 단체에 소속해 활동하던 정치인으로서 직접 사설을 쓰는 등의 언론활동을 했던 것을 일제강점기의 저항적·비판적 언론활동과 같은 차원에서 평가할 수는 없을 것이다. 또한 그는 인사상의 문제나 경영능력 부족으로 자신이 창간한 신문을 정치적 이상을 실현하기 위한 수단으로 제대로 활용하지 못하는 한계를 보이기도 했다. 그럼에도 그가 통일독립국가의 수립을 위한 언론활동을 일관되게 수행하며, 시대가 요구하는 언론인의 사회적 책임을 몸소 실천했다는 점은 높이 평가해야 할 것이다.

5. 요약 및 결론

안재홍은 1924년에 본격적으로 언론계에 뛰어든 이후 1950년에 납북될 때까지 상당 기간을 언론인이며 동시에 민족운동가 또는 정치인으로 활동했다.

---

95) 『한국언론연표』 Ⅱ, 552쪽.
96) 정진석, 앞의 책, 2012, 166쪽.

그는 일제강점기부터 한국전쟁 발발까지의 역사적 격변기에 민족의 시대적 과제를 해결하기 위해 고민하며 온 몸으로 현실에 부딪쳐 나간 인물이었다. 그는 개화기에 시작된 '지사적 언론인'의 전통을 일제강점기를 거쳐 광복 이후까지 이어준 대표적인 인물이었다.

안재홍은 신문이 '민중적 표현기관'이나 '사회적 공기'로서의 역할, 특히 민족적 과제를 해결하기 위한 역할을 해야 한다고 주장했다. 즉 안재홍은 일제강점기에서는 신문이 민족해방을 위해 나름대로의 역할을 해야 한다고 보았고, 광복 이후에는 통일독립국가의 수립을 위해 중요한 역할을 해야 한다고 보았던 것이다. 마찬가지 맥락에서 그는 언론인이 단순한 직업인이 아니라 민족적 과제를 실천하는 '지도자' 또는 '국사'(國士)와 같은 자세를 가지고 활동해야 한다고 요구했다. 또한 그는 이를 위해 일제강점기에서는 기업화에 따른 지나친 이윤추구 경향을 경계해야 한다고 주장했고, 광복 이후에는 지나치게 정략적이고 파벌적인 언론활동을 지양할 것을 주장했다. 안재홍의 이러한 언론관은 당시 민족이 처한 현실 속에서 바람직한 언론의 역할과 언론인의 자세를 제시한 것으로서 큰 의미가 있었다.

그는 일제 강점기의 민족운동가나 해방정국의 정치인 중에서 줄곧 직접 글을 쓰는 언론인으로도 활동했던 거의 유일한 인물이었다고 해도 과언이 아닐 정도였다. 이는 그에게 있어서 민족운동이나 정치활동이 곧 언론활동과 뗄레야 뗄 수 없는 관계에 있었기 때문이었다. 따라서 안재홍은 논객으로서 민족해방이나 통일독립국가 수립이라는 민족적 과제의 해결을 위해 적극적인 언론활동을 했고, 이는 분명히 높이 평가할 만한 일이었다. 특히 그는 광복 이후 사설이나 칼럼을 통해 통일독립국가의 수립을 줄곧 주장하였고, 이런 주장은 당시 지식인들에게 큰 반향을 일으키기도 했다.

다만 그가 언론에 대해 지나치게 당위적인 주장만으로 일관하고 구체적인 현실을 고려하지 못했다는 점에서는 한계도 없지 않았다. 또한 이런 한계는 그의 언론활동을 통해 구체적으로 나타나기도 했다. 그는 신문을 민족운동의 중요한 수단으로 이해하면서도 자신의 민족운동가 또는 정치인으로서의 활동을 위해 효율적으로 활용하지는 못했으며, 신문을 합리적으로 운영할 수 있는 능력을 보여주지도 못했다. 어떤 면에서 그는 '도덕적 이상주의자'로서의 면모를 보이고 말았던 것이다.

결국 안재홍은 개화기 이래의 지사적 언론인의 전통을 이어받은 인물로서 매우 활발한 언론활동을 했지만, 일제강점기 이후의 파란 많던 역사 속에서 그 전통을 바람직하면서도 현실적인 형태로 계승시키지는 못했다고 할 수 있다. 즉 그가 줄곧 민족적 과제의 해결을 위해 비판적이고 계몽적인 언론활동을 했던 것만은 분명하지만, 일제강점기의 언론탄압과 기업화 경향, 광복 이후의 비정상적 경영 풍토와 정파적 대립이라는 현실은 그의 활동에 한계를 드러내도록 만들었다. 그가 그토록 일제강점기 신문의 기업화나 미군정기 신문의 정파성을 경계했지만, 결국 그 자신도 이런 현실적 요인들의 영향으로부터 자유롭지 못했던 것이다. 그는 시대적 과제의 해결을 위한 비판적이고 계몽적인 언론의 역할과 언론인의 자세를 강조하고 또 실천했지만, 이런 지사적 언론인의 전통이 현실적 조건의 변화 속에서 어떻게 발전적으로 계승되어야 하는지에 대해서는 구체적 전망을 보여주지는 못했다. 또한 그가 광복 이후 언론활동보다는 정치활동에 치중하면서 통일독립국가의 수립을 위한 언론의 바람직한 역할을 보여주지 못했다는 점은 아쉬움으로 남는다.

안재홍의 언론관과 언론활동을 살펴본 이 논문을 통해 이른바 지사적 언론인의 전통이 지니는 긍정적 측면을 파악하고, 이를 오늘날의 현실에 맞추어 바람직한 방향으로 계승할 필요가 있다는 것을 알 수 있다. 무엇보다도 안재홍은 역사적으로 기업화나 정파성을 경계하며 민족적 과제의 해결을 위한 언론의 역할과 언론인의 자세를 강조하고 실천했는데, 이는 지나친 이윤 추구 경쟁에 내몰리고, 또 정파적 대립에 휩쓸리고 있는 오늘날의 언론 현실에서 여전히 중요한 의미를 지니고 있다. 특히 통일독립국가를 염원하며 언론활동을 했던 안재홍의 삶은 분단체제가 지속되고 있는 현실에서 정파적 언론활동을 하고 있는 언론인들에게 올바른 언론인의 자세를 되돌아보게 만들 것이다.

참고문헌

강영수, 「반트럭 타고 임상시찰이 큰 나들이」, 『언론비화 50편』, 한국신문연구소, 1978, 421~436쪽.

계훈모 편, 『한국언론연표』 Ⅱ, 관훈클럽신영연구기금, 1987.

김명구, 「1920년대 부르주아 민족운동 좌파 계열의 민족운동 - 안재홍을 중심으로」, 『한국사학보』 12호, 2002, 171~201쪽.

김사림 편, 『신문기자수첩』, 모던출판사, 1948.

김사림 편, 『일선기자의 고백』, 모던출판사, 1949.

김영희, 「미군정기 미디어 보급과 미디어 접촉 현상」, 한국사론 44 『광복과 한국언론의 형성』, 국사편찬위원회, 2006, 149~197쪽.

김인식, 「안재홍의 신민족주의 사상과 운동」, 중앙대학교 사학과 박사학위논문, 1997.

김인식, 「안재홍의 만민공화의 국가상」, 『민족에서 세계로』, 봉명, 2002, 95~160쪽.

김인식, 『중도의 길을 걸은 신민족주의자』, 역사공간, 2006.

김형균, 「'민족반역자', 돈과 바꾸려던 모 재벌」, 『언론비화 50편』, 한국신문연구소, 1978, 403~420쪽.

대한언론인회 편, 『한국언론인물사화』 8·15 전편 상·하, 1992.

도진순, 『한국민족주의와 남북관계』, 서울대학교 출판부, 1997.

박용규, 「미군정기 한국 언론구조의 형성과정에 관한 연구」, 서울대학교 석사학위논문, 1988.

박용규, 「미군정기 언론인 단체의 특성과 활동」, 『한국언론학보』 51권 6호, 2007, 154~158쪽.

박한용, 「안재홍의 민족주의론: 근대를 넘어선 근대」, 『민족에서 세계로』, 봉명, 2002, 201~247쪽.

박찬승, 『한국근대정치사상사 연구』, 역사비평사, 1992.

박찬승, 「1930년대 안재홍의 민세주의론」, 『민족에서 세계로』, 봉명, 2002, 59~91쪽.

박찬승, 「부르주아 민족주의, 우파민족주의, 문화민족주의」, 『역사비평』 75호, 2006, 286~290쪽.

박찬승, 『민족주의의 시대』, 경인문화사, 2007.

반민족문제연구소, 『청산하지 못한 역사』 3, 청년사, 1994.

백사 전광용선생 고희기념논총 간행위원회, 『백사 전광용선생 고희기념논총』, 세종대학교 출판부, 1988.

서중석, 『한국현대민족운동연구』, 역사비평사, 1992.

서중석, 『한국현대민족운동』 2, 역사비평사, 1996.

엄기형, 「주간내외정세난 신설·집필로 인기」, 『신문과 방송』 1986.8, 31~32쪽.

유광열, 『기자 반세기』, 서문당, 1969.

윤민재, 『중도파의 민족주의 운동과 분단국가』, 서울대학교 출판부, 2004.

이관구, 『하루살이 글 인생』, 휘문출판사, 1978.

이균영, 『신간회 연구』, 역사비평사, 1993..

이승복선생망구송수기념회 편, 『삼천백일홍』, 인물연구소, 1974.

이지원, 「일제하 안재홍의 현실인식과 민족해방운동론」, 『역사와 현실』 6집, 1991, 23~64쪽.

전명혁, 『1920년대 한국사회주의운동 연구』, 선인, 2006.

정병준, 「대한경제보국회의 결성과 활동」, 『역사와 현실』 33, 1999, 256~295쪽.

정용욱, 『해방 전후 미국의 대한정책』, 서울대학교 출판부, 2003.

정윤재, 『다사리 국가론』, 백산서당, 1999.

정윤재, 『다사리 공동체를 향하여』, 한울, 2002.

정진석, 『인물 한국 언론사』, 나남. 1995.

정진석, 『역사와 언론인』, 커뮤니케이션북스, 2001.

정진석, 『전쟁기의 언론과 문학』, 소명출판, 2012.

조맹기, 「안재홍의 신민족주의 언론사상」, 『민족에서 세계로』, 봉명, 2002, 161~197쪽.

천관우, 「장지연과 그 사상」, 『백산학보』 3호, 1967, 487~514쪽.

천관우, 「민세 안재홍 연보」, 『창작과비평』 50호, 1978, 212~254쪽.

최봉영, 「유교 문화와 한국사회의 근대화」, 『사회와 역사』 53집, 1998, 61~92쪽.

최준, 『한국신문사』 신보판, 일조각, 1990.

최흥조, 「정치파동·국민방위군 사건과 그 패기」, 『언론비화 50편』, 한국신문연구
        소, 1978, 259~275쪽.

한국신문연구소, 『한국신문백년: 사료집』, 1975.

해방 후 『한성일보』의 중도주의

조맹기

해방 후 『한성일보』의 중도주의

2012년 대선 정국에서는 중도주의란 말이 회자되었다. 유권자의 1/3 이상이 이 중도주의에 자기 정체성을 맞췄으며 『한국일보』는 중도주의 신문으로서의 자기 정체성을 드러내기도 했다. 공자는 '정치는 정명(正名)'이라고 했다. 이에 중도주의에 대한 논의를 정리할 필요가 있다.

중도주의의 원류는 해방정국에서 찾을 수 있다. 『한성일보』 창간의 주역인 안재홍 등 신간회 사람들이 중도주의를 표방했기 때문이다. 미·소의 이데올로기 각축장에서 중도주의자들은 '민족통일전선'을 주장하며, 소수의 특정 계층에 반대한 인류 대동의 사상을 표방하고 나섰다. 그리고 신민족주의, 열린 민족주의, 신민주주의 등의 용어들을 즐겨 사용했다.

본 연구에서는 이러한 중도주의에 대한 최근 논의를 시작으로 해방 정국의 시대적 상황, 『한성일보』 사람들, 해방 후 『한성일보』의 중도주의 등에 대해 순서대로 서술하고자 한다.

1. 중도주의에 대한 최근 논의

18대 대선이 끝난 후 지식인들은 민주통합당(이하 민주당)을 향해 중도주의를 주문하고 있다. 이는 민주당이 중도를 표방해야 할 이유가 존재함을 보여준다.

2013년 1월 1일『경향신문』은 현대리서치연구소와 함께 실시한 여론조사 결과를 발표했다. 이 조사에서 '자신의 정치적 성향이 어느 쪽에 가깝다고 생각하는가.'라는 물음에 응답자의 37.5%가 자신을 '보수'라고 대답했으며(안홍욱, 2013. 1. 1). 36.0%는 '중도'라고 대답했다. '진보'는 21.2%로 '보수'보다 16.3% 포인트 적었고, '잘 모름'은 5.3%였다.

『경향신문』은 동 기사에서 "2011년 말 진행한 '2012년 신년 여론조사'와 비교할 때, 보수는 28.8%에서 8.7% 포인트 늘었고, 진보는 28.0%에서 6.8% 포인트 줄어든 것이다. 중도는 37.2%에서 1.2% 포인트 감소해 별다른 변화가 없었다."라고 했다.

2012년은 4 · 11 총선과 12 · 19 대통령선거를 함께 치룬 해이다. 이렇듯 정치적으로 민감한 양대 선거가 실시된 시기의 유권자 여론조사 결과는 필자에게 '중도'에 대한 관심을 불러 일으켰다.

여론조사뿐 아니라, 일간신문에도 '중도'란 말이 자주 등장한다. 중도주의는 오랜 역사의 산물이다. 물론 언론에서 이야기하는 중도는 좌 · 우의 중간에 있는 중도라는 뜻도 있겠으나, 그 중도는 오히려『한성일보』[1]에서 이야기

---

[1] 『한성일보(漢城日報)』는 타블로이드판 2면으로, 1946년 2월 26일에 창간하여 1956년 6월 폐간된 신문이다. 이 신문은 당시 다른 신문과 같이 서울공인사(公印社)에서 발행했으며, 간여한 사람은 발행 겸 편집인 양재하(梁在廈), 사장 안재홍(安在鴻), 인쇄인 김종량(金宗亮, 안재홍 처남), 주필 이선근(李瑄根), 편집국장 함대훈(咸大勳), 편집부장 송지영(宋志英), 정치부장 남국희(南國熙), 사회부장 김제영(金濟榮), 문화부

하는 '열린 민족주의', '신민주주의'에서의 중도와 일맥상통한다.

『한성일보』는 일제 강점기 시대 대표 논객이었던 안재홍(安在鴻, 1891~1965)이 창간한 것이다. 이후 그의 납북 사실로 『한성일보』는 사람들에게 잊혀 왔으나, 최근 안재홍 기념 사업회를 통해 활발히 연구되었다. 그러나 그것도 역사·정치학 영역에서의 연구를 거듭한 것일 뿐이다. 물론 언론학 분야에서도 정진석(2008), 박용규(2012) 등이 연구를 해 왔으나, 여전히 『한성일보』 신문에 대한 연구는 초보 단계에 머물고 있는 실정이다.

당파성적 속성을 지닌 이러한 신문은 경영·조직보다 논조가 부각되게 마련이다. 즉 『한성일보』는 '열린 민족주의'로, 파시즘의 논리가 아닌 개개인이 처한 시간적·공간적 상황 하에서 중도주의의 보편적·일반적 논리를 추구했다. 뿐만 아니라 『한성일보』는 평권 정치(平權政治)로, 프롤레타리아 등 소수의 특수 계층에만 봉사하지는 않았다.

최근에는 『한국일보』가 이러한 중도적 가치를 대변하고 나섰다. 『미디어오늘』과의 인터뷰를 통해 이종재 전 『한국일보』 편집국장은 "55년 한국일보 역사에서 한순간도 버리지 않은 것은 중도라는 가치다. 그 행보를 이을 것이

장 조중옥(趙中玉) 등이 창간했다(방상훈, 2001, 303쪽). 1946년 8월 1일 경제보국회가 기금 500만 원을 모아서 한성일보 재단을 설립하였다. 그리고 당시 사장 안재홍, 부사장 공진항, 전무 박기효, 상무 김종량, 주필 이선근, 편집국장 함대훈의 편집 진용에 이사진도 강화하였다(정진석, 2008, 360쪽). 그 후 1949년 2월 4일부터 7개월간 휴간에 들어갔다가 9월 1일에 속간하였다. 휴간 중에 자본금 2천만 원의 주식회사 설립을 추진하던 안재홍은 1950년 2월 새 재단에 판권을 이양하여, 한성일보사는 1천만 원의 주식회사가 되었다. 그 때 사장으로는 장내원이 취임했다(361쪽). 이 신문은 최초 창간사에서 "민족통일, 민주주의, 자주 독립국가를 완성하는 도중에 있어 '건국구민(建國救民)'의 목적을 두고, '보도와 주장과 선양(宣揚)과의 성능을 갖추어 갖는 언론 기관인 것이니 일개인에게 있어 그 자아를 기점으로 사회에 서서 생활(生活), 생존(生存) 앙양 발전하는데 일상에 없지 못할 기능인 것이 일 국가 민족에게 있어서는 더욱 그러한 것이다."라고 했다.

다."라고 했다(김원정, 2009.8.5). 이 편집국장은 "우리 사회는 극과 극으로 갈리고 있다. 진보는 진보대로 보수는 보수대로 극단으로 치닫는다. 하지만 '반대를 위한 반대'는 독자들이 더 잘 안다. 신문은 사회 통합 기능도 중요한 덕목인데 언론이 앞장서 분열을 조장하고 있다. 신문이 '촛불'을 들고 있으면 안 된다. 과거 민주화 운동하던 시기에는 국민을 앞에서 이끄는 역할이 필요했으나, 지금은 시대의 거울이어야 한다,"라고도 했다(김원정, 2009. 8. 5). 또한 인터뷰에서『미디어 오늘』기자는 "중도는 양비론으로 흐르기 쉽다. '가치 있는 중도'가 구체적으로 뭔가?"라고 물었고, 이에 이 국장은 " '기계적 중도', '소극적 중도' 모두 반대한다. 우린 적극적 중도를 지향한다. 옳은 것은 옳다 하고 그른 것은 그르다 얘기할 것이다. 미디어법 예를 들어볼까? 적어도 법안이 지향하는 가치는 맞지만 그걸 통과시키는 과정에서 국민의 환멸을 불러일으켰다. 민생법안을 뒤로하고 '그렇게 밀어붙여야 했나' 그건 아니다. 우린 1면 톱으로 대리투표 논란을 다뤘다."라고 했다.

소수 권력층의 안락을 위한 이데올로기의 허위의식을 더 이상 용납할 수 없다는 소리다. 지지자가 얼마 되지 않는 그들만의 논리를 배제시킨다는 것이다. 이 국장은 인터뷰에서 현실에 밀착해 '옳은 것은 옳다 하고 그른 것은 그르다 얘기할 것이다.'라고 했다. 그는 우리 언론이 좌·우 이데올로기 논쟁에 머물고 있음을 지적한 것이다. 그는 이데올로기의 경향을 신문에서 배제시키겠다고 한다. 이 국장은 현재 언론의 정파성(政派性)이 노골적이란 소리를 하고 있는 것이다.

2012년 총선과 대선 과정에서 정파성 신문과 방송은 우리 언론의 문화를 대변했다. 1945년 해방 정국에서 다뤄졌던 냉전의 이데올로기가 여전히 작동함을 보여주었다. 과거 美·蘇 양국 사이에서 줄타기하면서, 상대를 배척했던 것과 별로 달라진 것이 없다. 여전히 종북(從北) 정당이 존재하고 야당은 그들에 동조하고, 이런 형태를 일부 언론이 앞장서서 옹호하고 있다. 일부 진보 신문·방송은 무조건 새누리당이 싫고, 일부 보수 신문·방송은 무조건 진보당이 싫은 것이다. 심지어 민주통합당 후보들은 종편 방송 근처에 가는 것도 거부했다.

앞서 언급한 『경향신문』의 정치적 성향을 묻는 여론조사에서 이러한 편 가르기 언론에 염증을 느낀 2040세대 유권자는 동 조사에서 20대는 42%, 30대는 42.1%, 40대는 40.6%로 중도를 각각 지지했다. 이데올로기에 맹목적으로 봉사하는 신문의 정파성과 유권자와의 괴리 현상이 노출된 것이다.

이데올로기의 형성 상황을 이야기한 왓킨스는 "모든 이데올로기가 공통적으로 지니고 있는 하나의 성격, 즉 지나치게 문제를 단순화시킨 외곬스런 성격을 설명하는 것이다. 급속한 변화의 시대에는 모험과 기회가 불가피하게 경험보다 앞서는 것이다. 산업혁명 이후 오늘날에 이르기까지 인간은 언제나 한 문제를 해결하자마자 다른 새로운 문제에 쫓길 수밖에 없었다. 이러한 상황 속에서 단호하고도 효율적인 지도력은 대담하고 자신에 찬 인간들로부터 나올 수밖에 없다."라고 했다(Frederick Mundell Watkins, 1964/1989, 35쪽).

2012년 총선과 대선 과정에서 우리의 언론은 이러한 '외곬스런 성격', 혹은 '확증 편향'을 그대로 노출한 것이다. 그리고 2040세대는 그런 언론에 환멸을 느낀 것이다. 만약 언론이 해방 이후 관행을 그대로 답습하고 있다면 문제가 아닐 수 없다. 여기서 유권자가 내놓은 대안은 다름 아닌 중도주의였다. 그러나 문제는 『한국일보』와 같은 중도 성향의 신문이 독자를 흡수하지 못하는 것이다. 같은 맥락에서 해방정국의 냉전 상황에서 '중도주의'[2]를 표방한 『한

---

[2] 당시 중도파 세력은 '일제시기에 국내외에서 민족통일전선을 펴왔고, 민족국가 건설을 어떤 가치보다도 최우선시'함을 특징으로 한다(서중석, 1992, 388쪽; 박용규, 2012, 32쪽). 중도파의 또 다른 특징은 이들 중 다수가 '학자풍'이었고, '교육과 계몽을 중시'

성일보』도 지금의『한국일보』와 같은 고민을 하였을 것이다.

이에 본 연구는『한성일보』가 당시의 시대적 상황 하에서 어떻게 이데올로기적 요소를 걷어내고 현실에서 중도주의를 지킬 수 있었는가 하는 문제의식의 측면에서 비롯되었다. 즉 중도주의의 원류를 찾아 2012년에 실시된 총선·대선의 의미를 역사적으로 조망하여 보고자 한다. 또한 민족 분단의 상처에서 비롯된 과거의 정치적 갈등이 정리되지 않고 계속되는 문제에도 관심을 갖는다.

따라서 필자는 당시『한성일보』의 중도주의 성향을 설명하고, 그 신문이 당시에 설득력을 가질 수 있었던 이유를 현재와 비교하면서 서술하고자 한다.

2. 해방 정국의 시대적 상황

『한성일보』는 창간사에서 "보도와 주장과 선양(宣揚)과의 성능을 갖추어 갖는 언론기관인 것이니 일개인에게 있어 그 자아를 기점으로 사회에 서서 생활(生活), 생존(生存) 앙양 발전하는데 일상에 없지 못할 기능인 것이 일 국가 민족에게 있어서는 더욱 그러한 것이다."라고 했다. 즉 이 신문은 창간사에서 보도와 논평을 통하여 개인의 생활과 생존, 그리고 민족의 생활과 생존을 위해, 그 실체를 '드러내어 널리 떨치게 한다.'라고 했고, 언론의 자유가 민족의 생존과 직결된 것으로 간주하였다. 당시 이데올로기의 허위의식에 사로잡힌 편향된 보도와 논평에 일침을 가한 것이다.

했다는 것이다(도진순, 1997, 190~1쪽; 박용규, 2012, 32쪽). 이들 중 적지 않은 수가 언론 활동을 했던 이유는 언론이 계몽을 위한 중요한 수단이었기 때문이다.

'중도주의'3)를 표방한 『한성일보』는 창간 당시 냉전의 이데올로기 상황에 직면하게 되었다. 그 과정에서 순탄치 않은 민족의 역사가 펼쳐졌다. 1941년 8월 1일 미국과 영국은 '대서양헌장'을 발표하고, 그 3조에서 '일절 국가의 인민이 자기에 의거하여 생존할 정부의 형태를 선택할 권리를 존중한다. 동시에 주권과 자치권이 강제적으로 박탈(剝奪)되고 있는 각국 인민은 그것을 회복하기를 희망한다.'라고 했다.

한편 1943년 12월 카이로에서 회담을 한 미·영·중 3국의 수뇌는 한국을 직접적으로 언급하며 "한국인민의 노예 상태에 유의하여 적당한 시기에 한국을 자유 차(且) 독립케 할 것을 결정한다."라고 했다(이기백, 1986, 437쪽). 이어 1945년 5월 독일이 항복한 이후 그 7월에 베를린 교외의 포츠담에 다시 모인 위의 3명의 거두들은 전날의 카이로 선언을 재확인하였다. 그 해 8월에는 소련도 포츠담 선언에 참가하였다.

그러나 한국에 관한 국제협약은 전혀 선언의 원론대로 이행되지 않았다. '중도주의'를 표방한 『한성일보』는 창간(1945.2.26)하자마자 곧 냉전의 이데올로기 전쟁에 휩싸이게 되었다. 즉 영국 수상 처칠(Winston Churchill, 1874~1965)이 1946년 3월 5일 미주리 주 폴턴의 웨스트민스터 대학(Westminster College)에서

---

3) 중도주의는 『中庸章句序』에서 '인심은 위태롭고 도심은 은미하니, 정갈히 하고 한결같이 하여야 진실로 그 중을 잡을 수 있다는 것은 순임금이 우임금에게 전수해 주신 것"(人心惟危, 道心惟微 惟精惟一, 允執厥中者, 舜之所以授禹也)이라고 규정하고 있다(강영철, 1988, 149쪽; 윤대식, 2005, 180쪽). 여기서 '中'은 '中道로 풀이되는데, '중도'의 의미는 '도에 적절한' 또는 '도에 맞는 이라는 의미이다. 말하자면 어떤 경도된 경향에서 벗어나, 현실의 고차원적 삶이 의미를 지녔다. 실제 해방정국의 현실에서 중도주의는 좌와 우의 중간의 의미를 지녔다. 한편 안재홍은 "정치적, 법적 평등이 경제적 평등 또는 균등의 토대 위에서만 가능하다는 인식을 보여주는데 주목해야 할 것이다. 그 이유는 이후 그가 국민당의 정책으로 표현했듯이 경제적 균등의 토대 구축을 국가건설의 제일요건으로 규정하는 단서이기 때문이다."라고 했다(윤대식, 2005, 161쪽).

‘철의 장막’을 경고함으로써 냉전의 임박을 알렸다(Iron Curtain had descended From the Baltic to the Adriatic) (Craig R. Smith, 1998, p.2). 이후 냉전으로 美·蘇 각축전이 벌어지기 시작했다.

한반도도 냉전의 분위기에서 예외가 될 수 없었다. 미·영·소 3국의 외상은 1945년 12월 7일 전후 처리를 위하여 모스크바에서 회담을 가졌다. 당시 민족 통일을 위한 공작에 실패한 우리나라 정계 지도자들은 물론이고, 그 지도자에 실망한 민중들은 오직 3상 회담 결과를 듣기에 열심이었다. 그러나 냉전의 국제 정치적 상황에서 한반도 문제는 쉽게 풀리지 않을 것이 명약관화(明若觀火)했다. 그리하여 한반도 신탁(信託) 통치의 문제가 대두된 것이다. 그 때 발 빠르게 대처했던 좌파는 기선을 잡고, 인민당·한민당·공산당 등이 좌·우가 함께 행동 통일을 하자고 나섰다(성준덕, 1955, 147쪽). 즉 이 3당은 ‘① 막부(莫府) 3상회담의 한국에 관한 결정에 대하여 한국의 자주독립을 보장하고 민주주의적 발전을 원조한다는 정신과 의도는 전면적으로 지지한다. ② 정쟁의 수단으로 암살과 테러 행동을 감행함은 민족 단결을 파괴하며 국가 독립을 방해하는 자멸 행동이다. 건국의 통일을 위하여 싸우는 우국 지사는 모든 이러한 반민족적 테러 행동을 절대 반대하는 동시에 모든 비밀 테러 단체와 결사의 반성을 바라며 그들이 자발적으로 해산하고 각자 진정한 애국 운동에 성심으로 참가하기 바란다.’라는 의견의 일치를 보았다.

미·소의 노력은 1946년 3월 20일 결실을 보았다. 그 결과를 덕수궁 석조전에서 하지(John R. Hodge) 중장이 먼저 발표를 했다. 그는 “세계의 2대 강국이 압박과 학살을 타파하고 얻은 그 승리를 선용하여 원만한 노력을 하느냐 또한 불행하고 오래 압박을 받은 나라를 자유열국 중의 일개 독립자주국으로 회복시킬 능력이 있느냐는 이 공동위원회의 결과가 증명할 것이다. 이 위원회가 성공하여 성과를 얻으면 이것은 조선의 장래와 세계의 평화 행복에 항구한 결과를 남길 것이다."라고 말하여 공정한 해결을 자신하고 회의 성공은 세계 평화의 기초라고 했다(하지, 1946.3.21).

하지의 개회사가 끝나자 이어 스티코프(Terenti F. Stykov) 소련 수석대표는 "과거 일본 통치 잔재 요소를 영원히 숙청하고 국내 반동분자의 반민주주의적 정당과 경쟁적 투쟁을 할 수 있고 한국을 미래에 소련을 침범함에 필요한 요새지와 근거지가 되지 않게 하기 위해서는 민주주의 사회단체를 망라한 대중적 기반 위에 정부를 수립하여야 한다."라고 했다(스티코푸, 1946. 3.21).

이 내용이 제1차 미소공동위원회[4]의 회의 결과 내용이었다. 양측은 한국의 자유주의·독립국가 건립에 이의를 제기하지 않았다. 그러나 미·소 공동위원회의 회의 내용은 냉전의 이데올로기로 인해 과거의 언급 내용과는 전혀 달랐다. 이후 미소공동위원회는 계속 진행되었고 소련 대표는 1947년에 이르러 1946년도 (미소)공동위원회에서 그들이 취하였던 태도를 재차 확인했다. 소련 대표는 '막부(莫府) 결정에서 온 탁치안을 반대한 정당은 등록을 할 수 없다.'라고 하여 의사 발표 자유의 근본 문제는 재차 극복하기 어려운 난관에 봉착하였다(성준덕, 1955, 177쪽).

소련이 한반도에 깊게 관여하기 시작한 것이다. 그 역사를 보면 북한에 진주한 소련군은 1945년 8월 10일 일본의 무조건 항복 후 지방적으로 조직된 소위 인민위원회가 행정권을 이양하는 것뿐 아니라 행정기구 확립 운동도 적극 원조했다(성준덕, 1955, 140쪽). 광복 직전에 조직되었던 독립운동단체

---

4) 1차 미소공동위원회는 1946년 3월 20일부터 시작하기로 결정했다. 그 이틀 전 하지 중장의 발표가 있었다(성준덕, 1955, 154쪽). 미국 측 위원으로는 수석위원에 아치발트 뵈 아놀드 소장, 위원에 윌리암 R. 랭돈, 찰스 W. 데이어, R.H. 부스 大佐, 프랭크 H. 뿌리론 대좌이었으며, 소련 측 위원으로는 수석위원에 토렌티 포밋치 스티코프 중장, 위원에 니코라이 죠지빗치 레버데프 소장, 세미온 콘스탄치노비치 차랍킨, 게리십 말티노빗치 말라사노프, 치콘 이바노비치 칼 쿨렌케 中佐 등이었다. 그들은 덕수궁 석조전에서 2일 하오 1시에 회의를 속개했다.

인 건국동맹(建國同盟)도 그 준비 작업을 차근차근 실시했다. 이후 여운형(呂運亨)과 안재홍이 주동이 되어 건국준비위원회(이하 건준)를 설립하기에 이른다. 그러나 좌파의 속성이 노골적으로 표출되자 안재홍은 탈퇴를 선언했고, 건준은 곧 해산되었다. 물론 그 경향을 보면 안재홍도 좌파와 전혀 무관한 인물은 아니었다.[5]

한편 해외 혁명세력의 입국도 계속되었고, 건국동맹이 주축이 되어 조선공산당을 건설하기에 이른다. 이렇듯 발판을 잡은 소련 군정이 존재하는 한 국내정치는 더욱 안개 정국을 면치 못했다.

이와 같이 해방 후 전개된 좌우 대립 혼선은 정계를 혼미 상태를 이끌었으며, 이를 보도하는 신문 통신들도 좌우로 분열이 된 채, 각기 정강 정책을 선전하기 위해 예리한 필봉을 휘둘렀다. 특수한 사람들이 모인 특수한 정당들이 난립하게 된 것이다. 즉 소수자가 다수자를 지배하려고 든 것이다. 카이로선언에서 결정한 '자유주의(自主)', '독립국가'는 역사의 뒤안길로 사라질 판국이었다. 언론은 개인에게 자유를 부여하는 것이 아니라, 미·소에 줄서기를 강요하였다. 이데올로기의 허위의식이 난무하고, 색깔이 다른 편을 인정하지 않기 시작했다. 물론 좌파에서 이야기하는 마르크스 이데올로기가 작동할 상황은 아니었다. 마르크스주의자들은 이데올로기를 늘 사회적 관계와 결부시킨다(John Fiske, 1990/ 2005, 301쪽). 즉 마르크스주의자들은 노동의 분업으로 인한 계급이 이데올로기를 결정하는 사회적 실체라고 보고 있는 것이다. 그렇다면 식민지 상태에서 이제 막 해방된 국가에서는 마르크스 이

---

[5] 안재홍은 1942년 12월 조선어학회 사건으로 함남 홍원 경찰서에 수감되었다가 1943년 7월에 석방되었다. 그 후 그는 일본의 패망 조짐을 감지하고 국내의 민족주의 및 사회주의 계열의 인사들과 활발하게 접촉했다(오영섭, 1998, 192쪽). 안재홍은 당시를 언론과 정치를 분리할 수 없는 상황으로 보았다. 그는 '언론도 곧 행동의 하나이니 언론은 곧 실천을 개시하는 자아의식의 나타남.'이라고 규정하였다(정진석, 2008, 359쪽).

데올로기가 작동할 이유가 없는 것이다. 결국 좌·우의 편을 갈라 한국은 허위의식의 이데올로기 각축장이 된 것이다.

소련 군정 대표는 당시 반탁지(反託紙)였던 『동아일보』, 『조선일보』, 『한성일보』, 『대동신문』, 『대한독립신문』 등은 신문으로 인정하지 않았고, 『조선인민보』, 『자유신문』, 『서울신문』, 『중앙신문』, 『현대일보』, 『독립신보』, 『중외일보』, 『해방일보』 등만을 신문으로 인정하였다(김민남 외, 1988, 290쪽). 신문을 당파성으로 제한해버린 것이다.

한편 미군정은 1945년 9월 8일 뒤늦게 한국 땅을 밟게 되었다. 그리고 미군정 대표도 언론 정책을 발표하기에 이른다. 그들은 1945년 10월 30일 '군정법령 제19호로 '신문 및 기타 출판물에 대한 등록제'를 실시했다(김민환, 1997, 385쪽). 그러나 좌파 신문들은 등록을 거부했다. 이후 1946년 5월 29일 군정법령 제88호, '신문 기타 정기간행물 허가에 관한 건'으로 미군정의 색깔을 띠지 않는 신문은 폐간을 시키기에 이른다. 이에 소련 군정과 미군정 당시 언론은 당파성의 이데올로기를 대변하기 시작하였다.

해방 직후 우리나라에는 50여 개의 군소 정당이 난립하였다. 인공, 인민당, 공산당이 좌측을 형성하였고, 우측은 한민당, 국민당, 한독당 등이 그 중에 주요 정당으로 이름을 올렸다. 한편 건준위에서 탈퇴한 안재홍은 국민당을 창당했다. 국민당이 취한 정강 정책은 중도주의였고, 그는 『한성일보』가 그 당파성에 몰두하도록 했다.

무엇보다 미·소 냉전의 이데올로기 하에서 남한에 생존하기에 적합한 신문은 극우 신문도, 극좌 신문도 아닌, 그 중간 지점에 있는 중도파들이었다. 즉 중도 좌를 택하거나, 중도 우를 택하는 것이 생존에 적합할 수 있었다. 『한성일보』는 당시 별로 인기 없는 신문이었으나, 시대 조류를 잘 간파하였다. 이 신문은 미군정보다 유엔을 앞세우고, 좌·우에 편승하기를 거부하고,

민족주의에 기대는 것이 더욱 설득력이 있는 것임을 알았다.

그러나 중도주의가 현실성에 바탕을 둘지라도 유권자는 아직 자유주의 훈련이 되지 못한 상태였다. 또한 독립국가 건설은 여전히 미·소 군정에 의해 지배를 받을 수밖에 없는 상황이었다. 냉전은 다름 아니라 상대는 '악(惡)'으로, 자기편은 '선(善)'으로 간주하는 것이었다. 미·소의 각축전이 곧 우리의 삶의 양식이었던 것이다. 그리고 이 같은 원리가 해방정국을 넘어 2012년 대선에도 이데올로기로 작동했다. 즉 친노(親盧)의 패권주의, 안철수 현상, 그리고 민주당의 단일화 논쟁은 유권자와는 전혀 관계없는 진영 논리의 이데올로기로 작동하였다.[6]

과거든 현재든 좌·우의 극단 상황은 점검할 필요가 있다. 『한성일보』의 안재홍 사장은 중도주의를 표방한 정치인이었으며, 언론인이었다. 그는 '언론도 곧 행동의 하나이니 언론은 곧 실천을 개시하는 자아의사의 나타남.'으로 간주했다. 안재홍 사장은 무척 정치적 언론인임에 틀림없었다. 그는 세계의 주류에 편승하여 제국주의·국제주의 이데올로기 전쟁에 미군정 장관으로서의 정치력을 발휘했다.

안재홍이 미군정 장관을 수락할 당시의 정황은 호의적일 수 없었다. 당시 우익은 해방 후 미군정과 결탁하여 반혁명의 선두에 섰고, 일제가 남긴 강력한 관료제의 유산은 미군정의 물리적인 반혁명 수단이 되었다(최장집, 1989,

---

[6] 이데올로기로 작동한 2012년 민주통합당 전략이 소개되었다. (2012년 대선에서) 진보 좌파의 선거 구호에서 '복지', '경제 민주화'는 사라지고 '역사 심판', '과거 청산'이 그 자리를 대신했다(이선민, 2013.1.18). 물론 보수 우파의 박근혜 후보가 '복지', '경제 민주화'를 내건 것도 영향을 미쳤지만, 그것을 맞받아쳐 정면대결을 벌이지 않고 전선을 옮긴 데에는 진보 좌파 내부의 파워 게임이 작용했다. 그 결과로 세계적인 안목을 바탕으로 진보 좌파적 미래를 설계하는 데 공들여 온 정책 전문가들은 밀려나고, 폐쇄적인 역사 인식을 토대로 우리가 힘들게 만들어 온 과거를 부정하는 데 몰두하는 정치 선전·선동가들이 전면에 등장했다.

15쪽). 그러나 이에 대한 비판을 거부한 미군정은 군정 장관 러치(A. L. Lerche)를 내세워 1946년 4월 16일 "대한 경제 원조의 진의는 한국의 정치적 자립, 나아가 자주독립을 신속히 함에 있다."라고 했다(러치, 1946.4.17).

안재홍은 무조건적으로 세계의 주류에 편승한 것은 아니었다. 미소공위의 미국 측 수석대표이던 브라운(A.C. Brown) 소장은 안재홍을 미군정의 민정 장관직에 권유하면서, "안재홍이 학력, 경험, 유연한 성품, 그리고 누구 못지 않은 애국심을 갖추고 있을 뿐 아니라 한국의 사정에 밝은 인물이기 때문…." 이라고 했다(김재명, 1986, 439; 정윤재, 2010, 51쪽). 브라운 대표는 안 사장의 강한 민족주의 성향을 언급한 것이다.

다른 한편으로 정윤재는 "안재홍은 적어도 1947년 2월 초 미군정의 민정 장관 취임 이후, 6·25 발발 직후 납북되기까지 극단주의적인 정치세력들을 통제하고, 통합적이며 건강한 민주정치를 정착시키기 위해 노력했다."라고 했다(정윤재, 2010, 50쪽).

안 사장이 민족주의, 자유주의 성향으로 좌·우 통합의 중도주의를 위해 노력한 것을 쉽게 알 수 있는 대목이다. 그러나 이는 미군정을 둘러싸고 상호 간 갈등을 초래하였으며, 결국은 민족 통합을 저해하는 하나의 요인으로 작용했다(오영섭, 1998, 189쪽).

당시 우익에는 이승만·김구·김규식, 좌익에는 여운형·박헌영 등의 인물들이 있었다. 이들 외에도 많은 인사들이 나름대로의 노선에 따라 민족국가 건설을 위해 헌신하였는데, 그 중 한 사람이 바로 안재홍이었던 것이다.

그는 해방 후에 중도우파의 지도급 정치가는 신민족주의론과 신민주주의론에 입각하여 우파를 중심으로 좌파까지 망라하자는 이른바 민공협동론(民共協同論)을 주장했다(오영섭, 1998, 190쪽). 당시 '민족주의계와 공산주의계가 사심 없이 합심 협력해서 민족국가를 건설하자.'라는 논의를 한 것이다.

물론 안재홍의 민공협동론은 남북 분단 상황을 극복하고 자주적인 통일 민
족국가를 건설해야 하는 당면 과제를 안고 있었다.

안재홍의 중도주의는 곧 우파로 경도된다. 즉 그는 미·소 간 냉전 체제가
고착되어가는 국제정세 하에서 민공협동론의 실현 가능성이 점차 희박해지
자 이승만과 유엔 및 미국이 제안·지지하는 남한 단정수립론을 적극 수용함
으로써 이상주의자에서 현실주의자로 변신했다(오영섭, 1998, 190쪽).

3. 『한성일보』 사람들

중도우파의 안재홍이 좌·우의 이데올로기에서 일정한 부분 거리를 둘 수
있었던 것은 그의 '민족주의'7) 성향 때문이었다. 그는 1914년 와세다 대학을
졸업한 후 1924년 '혁신 조선일보' 신석우(申錫雨) 체제에 주필로 참여했다.

안재홍은 1927년 2월 15일 민족주의 단체였던 신간회(新幹會)를 사실상 주
도했다(조선일보 사료연구실, 2004, 98쪽). 좌·우 합작이었던 신간회에서 안
재홍의 역할은 우파의 일제와 어느 정도 타협하는 타협적 민족주의자가 아
닌, '좌파 계열의 비타협적 민족주의'8)에 속했다.

---

7) 안재홍은 민족주의를 논하면서, 조선 민족은 "① 동일 혈연체, 씨족공동체이며,
② 일정한 지역, 일정한 공간에서의 협동체인 생활을 논함에 있어서, ③ 운명공동체
로서의 생활협동체."라고 했다(안재홍, 1983, 16~17).
8) 좌우의 색깔은 임정(臨政)에서 시작한다(안준섭, 1988, 205쪽). 임시 정부 헌법 개정은
좌우 합작 운동과 관련시키지 않고는 적절하게 파악될 수 없다. 그 후 결성된 신간회
는 좌우의 합작임이 쉽게 감지되는 측면이다. 여기서 비타협적 민족주의는 좌파에
가까웠는데, 그들의 논리는 사공표(司空杓)의 "조선의 정세와 조선 공산주의자의 임
무"에서 "신간회에 대한 지지가 금후에도 계속적으로 타당하다고 말하고 그것에 대
한 프롤레타리아의 당면 임무를 다음과 같이 규정하였다. 즉 ① 신간회의 구성원은

안재홍이 1928년 밝힌 신간회의 당면 문제로 "① 우선 특수한 정세 하에 있는 조선의 현실에서, 그들은 어떠한 구체적 방침으로써 그 당면한 직능을 다하여 할 것인가, ② 당면 문제의 구체적 방침으로, 농민 교양에 적극적 노력이 들 것이니, 경제적으로 낙후한 조선으로서 전 인구의 8할의 3분을 차지한 농민층에 놓여야 할 것이 길게 말할 바 아니다, … ⑤ 언론·집회·결사·출판의 자유 획득 및 이를 위한 운동이니……."라고 했다(안재홍, 1928.3.27).

신간회는 이데올로기의 허위의식에 머물지 않는, 대안 있는 일제에 대한 항거였던 것이다. 또한 안재홍은 여기서 '소위 소부르주아지의 생활력 있는 분자를 지원하여 그의 약진적 사상을 가지는 프롤레타리아로 변하는 것을 지양하는 수단으로서의 협동조합과 소비, 그리고 생산 공동체의 기구로서…' 라고 신간회의 사명을 논하였다. 이를 바탕으로 그는 각 개인의 자아, 민족아, 피압박 민족, 민족심 등의 자각 등을 당면 문제로 부각시켰다.

안재홍은 프롤레타리아의 존재를 부각시켰지만, 그는 그들의 혁명보다 협동조합을 통한 공동체 형성에 더욱 관심을 가진 것이다.

주필 안재홍은 『조선일보』의 논조를 주관했으며, 그 인맥들이 신간회를 주도했다.

뿐만 아니라 이들은 『한성일보』 창간과 그 운영의 주역도 담당했다. 당시 대학이 여전히 황폐한 상황에서 언론은 국내 최고의 지성을 영입할 수 있는 좋은 위치에 있었다. 『한성일보』의 사장은 안재홍이었고, 발행 겸 편집인은

노농 대중에 기반을 두어야 한다, ② 추상적·일반적 강령이 아닌 구체적 강령이 필요하다, ③ 신간회 내부에서 민주주의를 확립하는 것이 필요하다, ④ 우익 간부를 고립시켜야 한다, ⑤ 공산주의자는 신간회 내에서 정치적으로, 조직적으로 지도적 지위를 정해야 한다, ⑥ 신간회를 절대시해서는 안 된다. 혁명의 주도적 역할은 오직 공산당이 할 뿐이다, ⑦ 민족 개량주의를 분쇄해야 한다."라고 했다(장상수, 1988, 151쪽).

양재하9)였다. 안재홍과 더불어 신간회에 참여한 양재하 편집인은 '민족혼의 환기와 민족문화 유지에 힘썼으며, 혼란기의 국민 여론 지도와 자주민주국가 창건에 앞장섰다.'고 한다(엄기형, 1992, 400쪽). 또한 양재하는 여운형(呂運亨), 안재홍과 같이 건국준비위원회를 조직하고, 양재하, 최익한(崔益翰), 이여성, 김광수 등과 더불어 건준의 신문위원으로 참여했다. 양재하는 이들과 『매일신보』를 접수하여 『해방일보』를 발행하려 했으나, 1945년 8월 17일 그때까지 남아있던 일본군의 방해로 좌절되고 말았다(엄기형, 1992, 404쪽).

『한성일보』운영진은 국제 감각을 가진 인사들이었다. 그들은 조선의 독립이 고립되어서는 결코 이루어질 수 없다는 것을 감지하였다. 그래서 주필 이선근(霞城 李瑄根, 1905~1983)은 1923년 2월 와세다(早稻田) 대학 사학과를 졸업하고, 1924년 유학생들과 비밀결사 '한빛회'를 결성, '외국문학연구회', '협동조합운동회', '농우연맹' 등을 내세워 야외에서 자주 모였다(엄기형, 1992, 348쪽). 이후 1927년 와세다 학부 서양사학과에 진학한 이선근은 그해 1월 국내에서 이상재(李商在), 안재홍 등이 신간회(新幹會)를 창설하자 '한빛회'를 바탕으로 신간회 도쿄 지회를 창설하기도 했다. 그는 귀국 후 김동설(金東瀅)의 소개로 『조선일보』부사장 겸 주필이던 안재홍을 만나게 되고, 안 주필

---

9) 양재하(建初 梁在廈, 1906~6·25납북)는 경성법학전문에서 법을 공부하고, 『조선일보』에 입사했다. 당시 사장은 신석우, 부사장 겸 주필에 안재홍, 편집국장은 한기악(韓基岳) 등의 진용이었다(엄기형, 1992, 401쪽). 한편 1927년에 김규식(金奎植)이 남경에서 조직된 피압박민족연합회회장에 취임하고, 국내에서는 조선공산당조직에 대비하여 신석우, 안재홍 등이 민족단일전선을 위하여 신간회를 조직했다. 양재하도 신간회에 참여하였다. 그는 광주학생사건 이후 전 조선학생회대표위원으로 활동하는 한편 유학생 친목회 간사로도 일했다. 해방 후 그는 『해방일보』 창간에 공모했으나, 실패하고, 『한성일보』에 발을 디뎠다. 『한성일보』는 창간 후 곧 공진항, 박기효 등이 5백만 원을 출자하여 서울공인사를 설립하였다. 그 때 양재하는 고문으로 물러났으나, 1947년 4월 19일 함대훈이 국장직을 사임하고, 군정청 공보처장에 취임하자, 다시 편집국장에 복귀했다(엄기형, 405~6).

은 "신간회 지회 결성 때의 인연과 와세다 대학 후배라서인지 급료에 구애받지 않는다면 곧 출근해도 좋다."라고 했다고 한다(348쪽). 이선근은 그 길로 정치부 기자로 입사하게 된다. 당시 『조선일보』 사장에는 신석우(申錫雨), 편집국장에는 한기악(韓基岳), 정경부장에는 이관구(李寬求), 선임기자에는 유완희, 사회부장에는 이광열(柳光烈) 등이 있었다.

1929년 4월 18일 신석우 사장은 '협동조합운동에 대하여'란 글로 필화를 당하고, 1932년 4월 22일 부사장에게 업무를 인계하고 회사를 떠난다. 그해 한기악 편집국장은 경영 지원을 위해 평 이사로 자리를 옮기고 이선근 정치부장이 편집국장 대리를 겸임하였다. 안재홍과 이선근은 같은 노선을 오랫동안 유지한 것이다.

한편 안재홍이 민정 장관을 끝내고 『한성일보』 사장에 복귀한 1949년 9월 1일 주필 및 편집국장에 이관구(誠齋 李寬求, 1898~1991)[10]가 임명되었다. 그 또한 신간회 활동을 도와 신간회 중앙위원 겸 정치부 간사로 임명됐다. 그는 신간회와의 인연으로 곧 『조선일보』의 정치부장을 맡으면서 안재홍 등과 함께 사실과 시평을 썼다(조선일보사 사료연구실, 2004, 107쪽).

좌·우의 이데올로기전(戰)에서 중도주의는 강한 민족주의적 색깔을 낼 수 있었다. 당시 소련 군정에 경도된 좌익 인사는 그들의 특수 이익을 챙길 수 있었고, 한민당계의 우익은 '타협적 민족주의자'로 일제강점기 시대의 특권을 계속 누릴 수 있었다. 양자는 이데올로기의 허위의식을 통해 소수의 특수 이익을 채울 수 있었던 것이다.

----

10) 이관구는 "1926년 일본 교토제국대학 경제학부를 졸업하고 동 대학원을 수료했다. 당시 교토대 경제학부는 마르크스 경제학이 주류를 이루었다(조맹기, 2009, 380쪽), 그는 일제강점기 시대 조선일보, 조선중앙일보를 거쳐, 해방 후 서울신문 주필로 근무했다.

그러나 신간회 주동의 민족주의자들은 국제 감각을 가진, 혹은 쇼비니즘을 거부한 열린 민족주의자들이었다. 그들은 냉전의 이데올로기 속에서 소수 권력층의 기득권 유지를 강하게 비판했다. 그들은 해방 이후 정치적으로 중도주의뿐 아니라, 사실주의로 중도주의를 표방하였다. 당시 『한성일보』에 사실주의를 강하게 부각시킨 소설가와 시인들이 등장한 것이 이를 잘 보여준다. 이 신문의 함대훈 편집국장과 송지영 편집부장이 그 역할을 담당했다.

편집국장 함대훈(咸大勳)[11]은 조만식이 이끄는 조선민주당 황해도당부 해주위원장을 맡아 반탁운동을 주도했다(조선일보사 사료연구실, 2004, 495쪽). 그는 도쿄 외국어대 러시아학과 출신으로 1946년 『한성일보』가 창간되자 편집국장을 맡았다.

또 다른 『한성일보』 창간 주역은 편집부장 송지영(宋志英, 1916~1989)[12]이다. 그는 이데올로기를 제외한 사실주의라는 측면에서 『한국일보』의 중도주의와 일치하는 부분이 있다. 송지영은 문인이며 한학에 조예가 깊은 묵객(墨客)이었고, 말년의 한때는 정치인이기도 했다. 할아버지와 아버지가 모두 항일의병에 종사했기 때문에 학교에 가는 것이 절대로 허락되지 않았다(김상

---

11) 함대훈(一步, 咸大勳, 1907~1949)은 도쿄 외국어대학교 러시아학과를 졸업했다. 문학에 소질을 갖고 있었으며, 1931년 유치진, 장기제, 이헌구 등과 극예술연구회를 만들어 문학과 연극 운동을 주도했다. 그는 『조선일보』 정경부·학예부 기자로 활동하다 1932년 임경래가 『조선일보』를 인수하자 퇴사했다가 방응모 사장의 취임 이후 1935년 다시 복귀했다(조선일보사 사료연구실, 2004, 494쪽). 그는 장편소설 『폭풍전야』(1934), 『순정해협』(1936), 『무풍지대』(1937)를 발표했고 단편소설 『빈사의 백조』, 『방파제』, 『첫사랑』, 『성애』, 『체조선생』, 『묘비』 등을 내놓았다.

12) 송지영(宋志英, 1916~1989)은 6살 때부터 마을 글방에서 천자문을 배우기 시작, 사서삼경을 읽었고, 15세 때 남경 중앙대학 재학 중 일본 경찰에 의해 구속되었다. 그는 1934년 월간잡지 『일월시보』에서 논문과 시조를 발표했으며, 1935년 『동아일보』에 '화전민들과 같이'란 생활 기록을 14회 연재했다. 1936년 『신동아』, 『신가정』에 수필, 기행문을 발표했고, 1937년 『동아일보』에 입사하여 '횡설수설'을 집필했다(김상현, 1992, 477쪽),

현, 1992, 477쪽).

그는 자신의 일기에서 "우리의 땅덩어리를 금수강산이라고 말로만 내세울 것이 아니라 정말 비단으로 수놓은 듯 빛나고 아름답게 하기 위하여 한국의 구석구석마다 사람 사는 마을 주변에 온갖 화초를 심어 힘들여 가꾸지 않더라도 잘 자라는 꽃들이 봄·여름·가을 내 활짝 피어있게 한다면 그야말로 글자 그대로 금수강산이 되지 않겠는가." 하고 하소연한 바 있다(김상현, 1992, 477쪽).

이처럼 그는 중도주의자로서 현실의 사실적 묘사에 민감한 사람이었다. 자연주의적 사실주의(리얼리즘)에 경도된 것이다. 열린 마음으로 자신이 서 있는 시간과 공간의 위치에서 자연의 현실을 직시했다.

송지영은 1943년부터 중경 임시정부의 특파원인 김병호와 함께 남경 지역 지하공작 상황을 보고하는 등의 활동을 하다가 1944년에 일제에 의해 체포되었다(김영희·박용규, 2011, 138쪽). 그는 1944년 6월 상해에 있는 일본 영사관에서 치안유지법 위반의 죄목으로 징역 2년형을 받은 후 일본 나가사키 형무소로 이감되어 옥고를 치르다가 해방을 맞이하게 되었다.

송지영은 해방이 된 지 두 달 뒤인 10월 9일 맥아더 사령부의 정치범 석방 명령으로 출옥해 귀국할 수 있었다. 서울로 온 뒤 그는 정치 상황을 관망하다 한동안 중도주의자 조소앙의 비서로 일하였고, 이후 새로 창간된 『한성일보』에 입사했다. 사장 안재홍과 주필 이선근이 권유했다고 한다(김영희·박용규, 2011, 138쪽).

그 후 그는 『조선일보』 편집국장 때 4·19혁명이 일어나 연일 학생들을 중심으로 한 대규모 군중 시위가 거리를 메웠을 무렵, 『조선일보』 1면 톱에 '학해는 해일(學海는 海溢)'이란 제목을 초 특호 활자로 장식하여, '젊은 학생들과 교수들이 합세한 성난 지성인들의 아우성이 전국의 학원가와 방방곡곡에 메아리쳐서 노도처럼 출렁여 바다를 메운다.'라는 뜻으로 풀이하기도 했다.

그리고 송지영과 더불어『한성일보』편집진에 참여했던 정치부장 남국희, 사회부장 김제영, 문화부장 조중옥 등은『신조선보』기자들이었는데, 이들은 일제강점기에『조선일보』에 근무한 경력이 있다(박용규, 2012, 35쪽). 이들은 주로 중도 또는 좌익적 성향을 보였으나, 1946년 5월 9일 양재하가 편집고문으로 물러앉을 때『한성일보』를 떠났다.

『한성일보』는 요즘『한국일보』와 같은 대중지와는 달리 정파성을 띤 신문이었다. 즉 이 신문은 조선국민당[13)]과 더불어 발전한 것이다. 정파성 신문은 당의·당강·당책 및 각종의 선언문 등을 확실하게 노출하였기 때문에 그 경향을 쉽게 알 수 있는데『한성일보』의 중도주의는 콘텐츠 면에서 확연한 것이었다. 더욱이 이 신문은 좌·우가 격돌하는 소련 군정과 미군정의 찬탁·반탁의 와중에 창간되었다.

---

12) 해방과 더불어 건국준비위원회(建國準備委員會)가 설립을 서둘렀다. 그 주요 인사는 여운형 위원장과 안재홍 부위원장 등이었다. 한 사람은 중도좌파였고, 다른 한 사람은 중도우파였다. 우파인 안재홍은 곧 건준을 탈퇴하고, 조선국민당을 창설했다. 조선국민당은 서울 영보빌딩에서 1945년 9월 1일 안재홍 등 100여 명이 '신민족주의'와 '신민주주의'의 새로운 깃발을 내걸고 창당했다(최영희, 1996, 15쪽). 앞서 김병로, 유억겸 등에 의한 건준 확대 공작이 좌절되고, 그 중 우파가 이탈되어 신당의 주축이 된 것이다. 조선국민당은 위원장에 안재홍, 위원에 조헌식, 서범석 등 25명을 선출했다. 그들은 중경 대한임시정부 절대 지지, 국내의 건국 준비, 치안 유지에 협력, 해외 동포 보호 귀환의 긴급 실시 등을 결의하고 국민당은 만민개노(萬民皆勞), 대중공생(大衆共生)의 대의에 투철하여 새 민족 문화를 드높일 것을 선언했다. 또한 조선국민당은 제1회 중앙위원회를 열고 각파·각층의 대동단결로써 전민족전선의 순화귀일(純化歸一), 중요 산업기관의 공영화, 농민 자작 본위의 농지 이용, 자위 군비의 급속 준비, 민족의식에 의한 국민 재교육 운동 등 10개조의 강령을 발표했다. 건준 우파가 조선국민당을 조직함으로써 건준은 사실상 좌익의 집결체로 변하여 갔다(19쪽).

4. 해방 후 『한성일보』의 중도주의

이렇듯 정파성이 난립한 시기에 창간한 『한성일보』이었지만, 소수의 특수 계층에 봉사하는 신문은 아니었다. 창간일 이성근 주필은 "(8 · 15 해방 이후) 무엇보다도 통일이 급선무인 줄은 알면서도 대립과 분열로 기울었고 생산과 시설이 요긴하다고 외치면서도 소모와 파괴에로 치우친 것이 엄연한 현실로 되었으며 자유 독립 이외에 갈 길이 없는 줄을 (뼈 깊이) 깨닫고도, 타력 의존의 사대(사상)에 의존한 것이 사실이다."라고 했다(이선근, 1946.2.26). 이 주필은 해방이 된 현실에서도 좌 · 우의 이데올로기에 매몰된 현실을 직시한 것이다. 그는 여전히 '자주독립국'의 현실에 관심을 가졌다.

또한 동 창간사에서 현실의 왜곡을 더욱 강조했는데, 그는 "8 · 15 이후 우리 조국 재건의 대업은 아직도 성취치 못하였고, 불안 속에 방황하는 대중의 고통은 날로 심하다. 40년의 폭학(暴虐)을 발보이던 제국주의 일본이 도궤(倒潰)되고 우리에게 민족 해방과 자주독립 국가의 광복이 약속되었으나, 정치 · 경제 · 문화 등 사회의 전부 면에 뻗치어서의 잔인한 파괴와 침식과의 자취를 이어받은 것인 만치, 이 회천의 대업은 워낙 용이할 수 없는 바인데, 38선의 장벽으로 강토가 양단되어 있음과 사상의 귀일집중을 결하게 된 민족 대중의 현실은, 더욱더 광복과 중명의 거대한 진통을 깨닫게 한다."라고 했다. 미 · 소의 냉전의 이데올로기적 대결이 가져온 현실이 파괴 자체인 것이었다.

그리고 안재홍은 카이로선언 등 국제회의에 근거하여 '미 · 소 회담'에 대한 로드맵을 따졌는데, "제1단계는 민주주의 제 정당 및 사회단체들과 협의하여 한국의 민주주의 임시정부를 수립함이요, 제2단계는 탁치 문제에 관한 처리 방법이다. 이번 회담의 목적이 이에 있는 이만치, 발표된 순서는 당연에 지니는 일이다."라고 했다(안재홍, 1946.4.2).

더불어 안재홍은 열린 민족주의 입장에서 이데올로기적 냉전 상태에서 벗어날 수 있다면 문제가 될 것이 없다고 강변했다. 동 칼럼에서 "오인은 미소공동위원회가 먼저, 한민족의 의사가 자주독립 민족주의국가 건립 및 그 보유를 절대 요청하고 있음을 인식하여 주기 바란다. 우리가 비록 약소민족의 반열에 저회(低徊)하고 있으나 그 영토 · 인구 · 자원과 고도의 문화를 가진 탄력성이 부(富)한 단일민족으로서, 통일 불가분의 독립국가가 되어야 할 권리 및 실력이 있다."라고 했다.

안재홍은 민족주의를 언급했다. 그러나 실제 그는 국수주의를 거부하고, 열린 민족주의를 논의하고자 했다. 이것은 카이로 선언과 얄타회담 등 국제 조약과 맥을 같이 한다. 같은 맥락에서 그는 『한성일보』 창간사에서 "연합국의 승리와 나치스 독일 및 군국주의 일본의 패퇴(敗退)는, 즉 국제 파쇼의 몰락과 민주주의의 승리인 것이다. 하물며 우리에게는, 근세 이래 그릇된 전제정치 기구의 그늘 속에서 생존했을지라도, 상대(上代) 이래 민족 고유한 정치문화로서의 만민공생의 민주주의가 있었다. 우리는 이 문화의 전통과 세계 인류의 양심과 국제정치의 요청 및 사회 객관의 정세에 터를 잡아, 근로 대중의 복리에 중점을 두는 전 국민 각 계층의 평권적(平權的) 생존 및 생활을 구현하는, 진정한 민주주의, 즉 신민주주의를 주장키로 한다."라고 했다.

이와 같이 『한성일보』는 조선의 현실에 맞는 평권적 민주주의를 논했다. 창간사에서 이 점이 더욱 부각되었다. 동 창간사에서는 "전 국민 전 계층의 복리, 즉 그의 평권적인 생존 및 생활을 정치적 · 경제적 · 문화적으로 구현하되, 우리의 조국과 동포, 역사와 문화의 전통을 사랑하고 동경하면서 그를 현대적으로 순화 앙양하여, 널리 인류 대동의 조류에 적응케 하기로 한다. 이는 진보적인 민족주의요, 또 선량한 국제협동주의인 것이다."라고 했다.

이는 신민주주의·신민족주의의 실체를 이야기한 것이다. 그 바탕에서는 "지력(智力)을 고르게 하고 부력(富力)을 고르게 하고 권력(權力)을 고르게 하는 것, 이른바 '삼균(三均)'[14]"이 있다고 했다(안재홍, 1947.12; 안재홍, 1983, 228쪽). 안재홍은 분열, 대립은 불평등에서 온 것으로 간주했다. 그는 3가지 균등을 통하여 소수의 특권 계층이 소멸되기를 바랐다. 이는 조소앙(趙素昻)의 삼균주의와 맥을 같이 한다.

조소앙은 삼균주의를 '인여인(人與人), 족여족(族與族), 국여국지균등생활위주의(國與國之均等生活爲主義)'라고 정의했다(정학섭, 1988, 179쪽). 정학섭의 논의에 의하면 '인여인'의 균등을 이루기 위해서는 정치·경제·교육의 균등을 이루어야 한다고 전제하고, 정치적 균등은 보통선거제에 의해 민주공화국의 수립, 국민의 제반 기본권의 확립에 의해 가능하다고 보았다.

조소앙의 논리에 안재홍은 독특한 해석을 단 것이다. 안재홍은 이것을 '과학(科學)'으로 간주했다(안재홍, 1947.12; 안재홍, 1983, 228~9쪽). 그는 구체적 사건의 맥락 속에서 결정하는 칸트의 '맥심(maxim)'의 원리로 설명한 것이다. 안재홍의 논리는 정교했다. 즉 "민주주의는 '인민의, 인민 때문에, 인민에 의해서'라는 3원칙을 언급하는데, 이는 이미 케케묵은 투어(套語)로 되어있지마는, 아무리 인민 본위의 철저한 의도에서 출발함이라고 하더라도, 그것이 일편의 정치상, 법률상의 평등에만 그치고 그 부의 균등에까지 이르지 못하였을진대, 그 평등은 다만 껍데기의 평등에 지나지 못하는 것이고, 혹심한 빈부의 차별은 모처럼의 법제상의 평등이 아무런 실질적 공영 생활을 보전

---

13) '삼균'은 거시적 차원에서 "① 개인과 개인 간의 균등, ② 민족과 민족 간의 균등, ③ 국가와 국가 간의 균등"을 의미한다(정학섭, 1988, 178쪽). 그 중 개인과 개인 사이의 균등을 실현하기 위하여 안재홍은 '균권(均權)', '균부(均富)', '균지(均智)' 등을 언급했다.

할 수 없는 것이다.”라고 했다.

안재홍은 민정장관직에 재임할 당시인 1947년 9월 26일, 제2차 미소공동위원회가 결렬되자 각 도지사와 부처장의 합동회의에서 ‘시국대책요강’을 발표했다. 그 요강에는 “독립국가의 완성, 진정한 민주주의 및 경제적 민주주의의 확립”이라는 ‘남조선의 3대 목표’가 명시되어 있었다(안재홍, 1947.2; 정윤재, 2010, 57쪽).

안재홍은 진정한 민주주의란 그의 ‘순정우익의 사상과 정책을 옹호하는 민주주의’이며, 경제적 민주주의는 정치적 민주주의의 기본이 되는 것으로 독점 자본과 대지주의 전횡을 배제하고 대부분의 민중의 복지를 보장하고 증진시키는 것임을 부연 설명하였다. 요컨대 이 3대 목표는 ‘공산당의 집권을 반대하고, 더불어 극우적인 편향도 방지하면서 진정한 민주주의 정책에 대중을 집결시키어 민족자주독립을 완성하자.’는 것이었다.

즉 안재홍의 중도주의는 공산당도 거부하고, 극우적 인사도 거부하는 것이었다.『한성일보』는 보편성의 논리를 따지지만, 여전히 강한 민족주의 성향을 지니고 있었다. 이는 “통일과 합작이 완전 독립을 전취하는 무조건적인 첫 단계임을 빤히 알면서도 단계에 오르기도 전에 계단 앞에서 등단선후를 다투고 있는 것이 현재 조선의 정치적 현실이라 할지라도 신성하여야 할 피와 눈물과 광영의 기억인 3·1 기념식전이 소위 좌우 양분되어 따로따로 준비되고 있다.”라는 사설을 통해서도 알 수 있다(사설, 1946. 2. 27). 3·1 운동의 민족적 경험을 이야기하지만, 동 사설은 민족 앞에서 모두 솔직하기를 원하고 있다.

또한 동 사설은 이데올로기의 허위의식으로 소수 권력층을 옹호하는 주의를 거부한 것이다. 즉 당시 지식인은 좌·우로 편을 갈라 치열한 논쟁을 했지만, 그 추종 세력은 일부에 불과했다. 요즘의 ‘시민 없는 시민사회’와 같은 맥락으로, 앞서 언급한 2013년에 발표한『경향신문』의 여론 조사에서 나타난 유권자의 냉소적 논리와도 일맥상통한다.

종합해 보면, 안재홍이 말하는 '순정우익'은 자주독립 국가, 즉 민족 해방의 완성을 지향하고, 계급 대립이 아닌 균등 경제와 평권 정치를 지향하며, 미국의 경제 원조는 받되, 그로 인한 주권 침해는 배제한다(안재홍, 1947. 10.12: 정윤재, 2010, 64쪽).

안재홍은 좌도 아닌, 우도 아닌 중도(中間)를 택했다. 그는 좌·우의 난립 속에서 소수 권력층의 이익만을 위한 폐쇄적이고 억압적인 체제를 거부한 것이다. 같은 중도주의를 택한『한국일보』이계성 국제부장은 "어정쩡한 중간이 아니라 특정 정서에 영향을 받지 않고 선입견 없이 진실과 실체를 추구함으로써 적극적 중도 이미지를 확고하게 구축해야 한다."라고 했다(정은경, 2004.10.29)

또한『한국일보』사주 장기영(張基榮)은 '창간 이념'을 지키는 언론의 역할을 논의했다. 그는 '진실하다고 확인한 사실만 보도함으로써 시대의 호흡을 같이하는 독자의 귀와 입과 눈이 될 것'임을 밝히고 '신문은 누구도 이용할 수 없고 누구도 억제할 수 없다.'라고 했다(방상훈, 2001, 384쪽).

중도주의를 표방했던『한성일보』는 구체적 방법을 이미 논의했었다. 동 신문은 사설에서 "우리 조선 민족이 걷는 대도에는 좌측을 통행하든, 우측을 통행하든 우리는 각 개인의 자유에 따라 걷게 하는 적어도 긴절(緊切)히 요구되는 점은 통행자 각자가 모든 질서와 공적 도덕을 존중하고 앞서 달아나겠다고 보조를 어지럽게 하는 일없는 호양(互讓)과 겸손의 미행이 충분히 발휘되는 일이다."라고 했다(사설, 1946.5.4).

그리고 안재홍은 신간회를 회고하면서 언론·집회·결사의 자유의 의미를 부각했다. 언론을 중도주의를 실현시킬 수 있는 도구로 본 것이다. 더욱이 안재홍은 『한성일보』를 통한 중간노선을 "그 '중간'의 어귀부터 단연 배격의 요(要) 있는 것은 오늘 재론치 말자. 소위 극좌 극우의 편향 노선 있음에 비추어 진정 민주주의 노선은 그 상대성에서 당연 중앙노선 되나니, 이 의미에서 중앙 노선은 그 어(語)와 의(義) 아울러 가하다. 다만 중앙 노선의 노선 됨이, 민족주의 노선이요, 독립 기본 노선이요, 신민주주의 사회 건설의 토대 위에 구축 현현되는 신민족주의 노선인 것이며, 이는 실로 비교 상대로 모름 짓지 않는 독자적인 민주 독립 노선인 것이니, 좌와 우를 논할 바 아니다."라고 했다(안재홍, 1947.10.14).

즉 안재홍은 '語(언어)'와 '義(옳음)'를 의제로 간주한 것이다. 정치는 곧 정명(正名), 이름을 바르게 하는 것이고(임철순, 2013.1.25), 이 논리의 정당성은 "특정 정서에 영향 받지 않고 선입견 없이 진실과 실체를 추구"하는 것에서 얻어지게 된다(정은경, 2004. 10. 29).

같은 맥락에서 안재홍은 사실주의로 진실, 정의, 올바름 등의 현실을 직시하였다. 자연을 있는 그대로 그려내듯이, 언론은 사건을 '진실하다고 확인한 사실만' 보도해야 한다는 것이다. 이에 안재홍은 함대훈 편집국장, 송지영 편집부장 등 문인들을 『한성일보』의 핵심 부서에 배치했다. 또한 그는 신간회에서 좌·우도 아닌, 독특한 민족주의, 열린 민족주의를 논하였다. 그는 『한성일보』 사설에서 "오인의 독립전취운동이 그 독자성에서 합작 노선으로 설명되는 진보적인 민족주의, 즉 균등 사회, 공영 사회를 건설하는 신민주주의 노선으로 일로매진함을 요청하는 것임과 아울러 반탁 공작의 배외화(排外化) 혹 배미화(排美化) 등을 계신(戒愼)하게 되는 이유이다."라고 했다(사설, 1947. 1. 22).

그는 창간호에서 신문의 사명에 대해서도 논의했다. 『한성일보』 창간사에서 '보도와 주장과 선양(宣揚)과의 성능을 갖추어 갖는 언론 기관인 것이니 일개인에게 있어 그 자아를 기점으로 사회에 서서 생활(生活), 생존(生存) 앙양 발전하는데 일상(日常)에 없지 못할 기능인 것이 일 국가 민족에게 있어서는 더욱 그러한 것이다.'라고 했다.

참고문헌

강영철, 「민세 안재홍의 사상과 통일의지」, 『북한』(7), 1988.

김민남 · 김유원 · 박지동 · 유일상 · 임동욱 · 정대수, 『새로 쓰는 한국언론사』, 아침, 1993.

김민환, 『한국언론사』, 사회비평사, 1997.

김상현, 「雨人 宋志英」, 『韓國言論人物史話』, 한국언론인회, 1992.

김재명, 「민정장관의 번민 하」, 『정경문화』, 10월호, 1986.

김원정, 「한국일보는 '적극적 중도'로 간다」, 『미디어 오늘』, 2009.8.5.

김영희 · 박용규, 『한국현대 언론인열전』, 커뮤니케이션북스, 2011.

도진순, 『한국민족주의와 남북관계』, 서울대학교 출판부, 1997.

러치(A. L. Lerche), 「조선의 독립준비는 완성-自主現實만을 念願」, 『한성일보』, 1945.4.17.

박용규, 「제6회 민세학술대회-언론구국의 국사 안재홍」, 민세안재홍선생기념사업회, 2012.

방상훈, 『한국신문통람』, 조선일보사, 2001.

사설(1946.2.27), 「가능과 불가능」, 『한성일보』.

사설(1946.5.4), 「임정수립과 오인의 태도」, 『한성일보』.

사설(1047.1.22), 「신탁과 민족적 지성」, 『한성일보』.

사설(1946.2.26), 「건국구민의 대사명」-창간사」, 『한성일보』.

서중석, 『한국현대민족운동연구』 2판, 역사비평사.

성준덕(1955), 『한국신문사』, 신문학회발행.

스티코푸(1946. 3. 21), 「성과 있도록 실행」, 『한성일보』.

안재홍(1928. 3. 27), 「실제운동의 당면문제-신간회는 무엇을 할까」, 『조선일보』.

안재홍(1983), 「신민족주의와 신민주주의(1945.9.22)」, 『민세안재홍선집 ②』, 지식산업사.

안재홍(1946. 4. 2), 「미소회담에 기(寄)험」, 『한성일보』.

안재홍(1947. 2), 「(방송) 소위 ‘군정연장책모, 반역행위’ 문제의 진상」, 『서울중앙
방송』, 『민세안재홍선집 ②』, 지식산업사. 222쪽.

안재홍(1947. 10.12), 「순정우익의 결집」, 『한성일보』, 『민세안재홍선집 ②』, 지식
산업사, 208쪽.

안재홍(1947. 10), 「순정우익의 결집 再」, 『한성일보』, 『민세안재홍선집 ②』, 지식
산업사, 211쪽.

안재홍(1947.12), 「역사와 과학과의 신민족주의」, 『한성일보』,

안준섭(1988), 「대한민국 임시정부하의 후기 左右합작」, 『한국의 근대국가형성과
민족문제』, 한국사회사연구회.

안홍욱(2013. 1. 1), 「〔신년 기획-여론조사〕 1년 전보다 보수 8.7%P 늘고 진보
6.8%P 줄어… 이념 지형 우클릭」, 『경향신문』.

오영섭(吳瑛燮, 1998), 「해방 후 민세 안재홍의 민공협동운동 연구」, 『태동고전연구』
15집, 한림대.

엄기형(1992), 「건초 양재하」, 『한국언론인물사화』, 대한언론인회.

윤대식(2005), 「안재홍에 있어서 정치적 의무」, 『민세 안재홍 심층연구』, 황금알.

이기백(1986), 『한국사 신론』, 일조각.

이선근(1946. 2 .26), 「和協과 통일의 길」. 『한성일보』.

이선민(2013. 1. 18), 「‘미래’가 ‘과거’에게 밀린 진보 좌파」, 『조선일보』.

임철순(2013. 1. 25), 「우리 모두의 빈곤한 국어실력」, 『한국일보』.

조맹기(2009), 『현대 커뮤니케이션 사상사』, 나남출판사.

정상수(1988), 「일제하 1920년대의 민족 문제 논쟁」, 『한국의 근대국가형성과 민족
문제』, 한국사회사연구회.

정윤재, 「대한민국 정부수립 전후 민세 안재홍의 정치활동(1947~195)」, 『납북 민족
지성의 삶과 정신』, (사)민세안재홍선생기념사업회.

정은경(2004. 10. 29), 「적극적 중도가 우리의 살길’-한국일보 편집국 지면혁신안

고민 중… 29일 간부세미나 열리로」, 『미디어 오늘』.

정진석(2008), 「안재홍, 언론 구국의 국사」, 『한국사 시민강좌』, 43호.

정학섭(1988), 「일제하 해외 민족 운동의 左右 합작과 三均主義」, 『한국의 근대국
　　가형성과 민족문제』, 문학과 지성사.

조선일보사 사료연구실((2004), 『조선일보 사람들-일제시대 편』, 랜덤하우스 중앙.

최영희(崔永禧, 1996), 『격동의 해방 3년』, 한림대학교 아시아문화연구소.

최장집·정해구(1989), 「해방8년사의 총체적 인식」, 『해방전후사의 인식 ④』, 한길사.

하지(1946. 3. 21), 「공정한 해결기대」, 『한성일보』.

Fiske, John(1990), Introduction to Communication Studies, 강태완·김선남 옮김
　　(2005), 『커뮤니케이션학이란 무엇인가』, 커뮤니케이션 북스.

Smith, Craig R.(1998), Rhetoric and Human Consciousness, Illinois: Waveland Press,
　　INC.

Watkins, Frederick Mundell(1964), The Age of Ideology-Political Thought 1750 to the
　　Present, 이홍구 옮김(1989), 『이데올로기의 시대』, 을유문화사.

The 'Middle Road' Position of Hansung Daily Newspaper during the Korean Liberation Period(1946~50)

Cho Maingki(Sogang University)

During the Korean presidential and national assembly elections of 2012, swing voters taking the 'middle road' between leftist and rightist factions appeared to be a main issue. One third of Korean voters identified themselves as 'middle road', and this group decided the winners of both elections. And while most Korean newspapers were divided between being left or right leaning, the Hankook Daily took the middle-of-the-road position during the election process.

In this paper, I will deal with the Hansung Daily newspaper, the first newspaper in Korea to take the center position between the political left and right during the Korean Liberation Period (1945~1950). The president of the Hansung Daily at that time, Ann Jai Hong, who held a high position with the American military government in Korea at the time, chose to present the 'middle road' viewpoint in the newspaper. I am very concerned about what 'middle road' meant to Ann in regards to the neo-nationalism, which emphasized rational open nationalism, and neo-democracy, which held the position of equality for wealth, education, and power.

Ann Jai Hong was also one of the key leaders of Singanhoe, a Korean nationalist organization under Japanese colonial rule, that was founded on February 15, 1927. This organization was made up of unified Korean Socialist and Nationalist factions and maintained the independence movement until May 1931. Following liberation from Japan, Ann and his staff from Singanhoe, started the Hansung Daily newspaper, hiring many novelists and poets as contributors who all shared a unique view towards naturalists of reality.

In this paper I will look at those writers who joined the Hansung Daily, and the meaning of the 'middle road' in that newspaper. This will help to identify the characteristics of the 'middle road' position through Korean history and where stands today.

Key words: 'Middle Road', Ann Jai Hong, Hansung Daily Newspapers, Neo-Nationalism, Neo-Democracy

필자소개

┃김영희┃

서울대학교 언론정보연구소 책임연구원

┃윤상길┃

신흥대학교 언론방송창작과 조교수

┃안종묵┃

청주대학교 신문방송학과 교수

┃조맹기┃

서강대 언론대학원 교수

┃박용규┃

상지대학교 언론광고학부 교수